纸上的文人

詹谷丰

著

图书在版编目（CIP）数据

纸上的文人 / 詹谷丰著 . -- 太原：山西人民出版社 , 2018.4
ISBN 978-7-203-10347-9

Ⅰ . ①纸… Ⅱ . ①詹… Ⅲ . ①知识分子—研究—中国—民国 Ⅳ . ① D693.71

中国版本图书馆 CIP 数据核字 (2018) 第 040890 号

纸上的文人

著　　者：詹谷丰
责任编辑：王新斐
复　　审：贾　娟
终　　审：员荣亮
装帧设计：三形三色

出 版 者：山西出版传媒集团·山西人民出版社
地　　址：太原市建设南路 21 号
邮　　编：030012
发行营销：0351-4922220　4955996　4956039　4922127（传真）
天猫官网：http://sxrmcbs.tmall.com　电话：0351-4922159
E-mail：sxskcb@163.com　　发行部
　　　　　sxskcb@126.com　　总编室
网　　址：www.sxskcb.com

经 销 者：山西出版传媒集团·山西人民出版社
承 印 厂：山东新华印务有限责任公司

开　　本：710mm×1000mm　1/16
印　　张：14.75
字　　数：233 千字
印　　数：1—5000 册
版　　次：2018 年 4 月　第 1 版
印　　次：2018 年 4 月　第 1 次印刷
书　　号：ISBN 978-7-203-10347-9
定　　价：42.00 元

如有印装质量问题请与本社联系调换

右一为《大公报》总经理兼副总编辑胡政之（1889—1949）
摄于1946年南京国民大会期间，时任《大公报》社长

《大公报》总编辑兼副经理张季鸾（1888—1941）

《大公报》社长吴鼎昌（1884—1950）

《我们在割稻子》，载于重庆《大公报》，1941年8月19日

《抗战四周年纪念辞》,载于重庆《大公报》1941年7月7日

林白水（1874—1926）

邵飘萍（1886—1926）

史量才（1880—1934）

范长江（1909—1970）

陈宝箴（1831　1900）

陈三立（1853—1937）

刘文典（1889—1958）

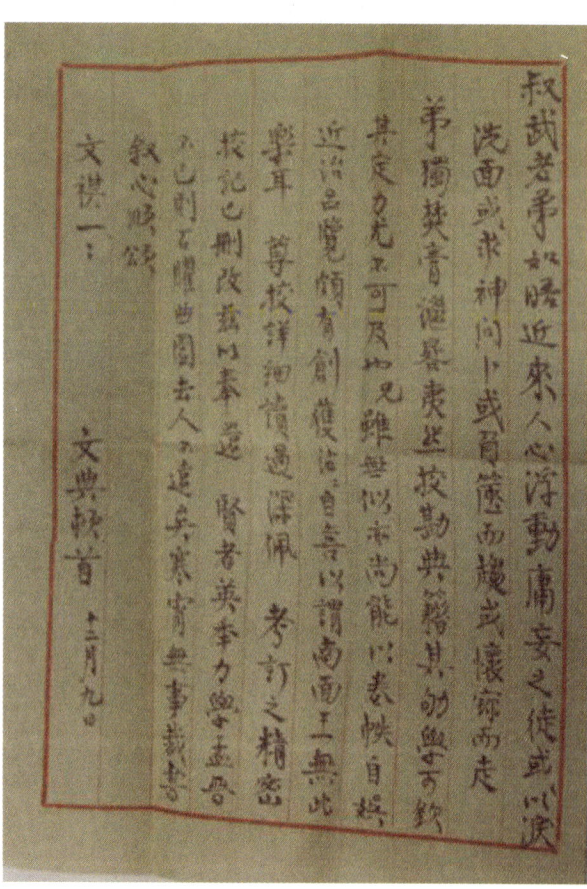
刘文典与王叔武书信

胡适（1891—1962）

蔡元培（1868—1940）

陈寅恪（1890—1969）

吴宓（1894—1978）

高詞先其雲門世

樂章出圖會萃夷

宗安仁兄雅屬
廿二年秋 傅斯年

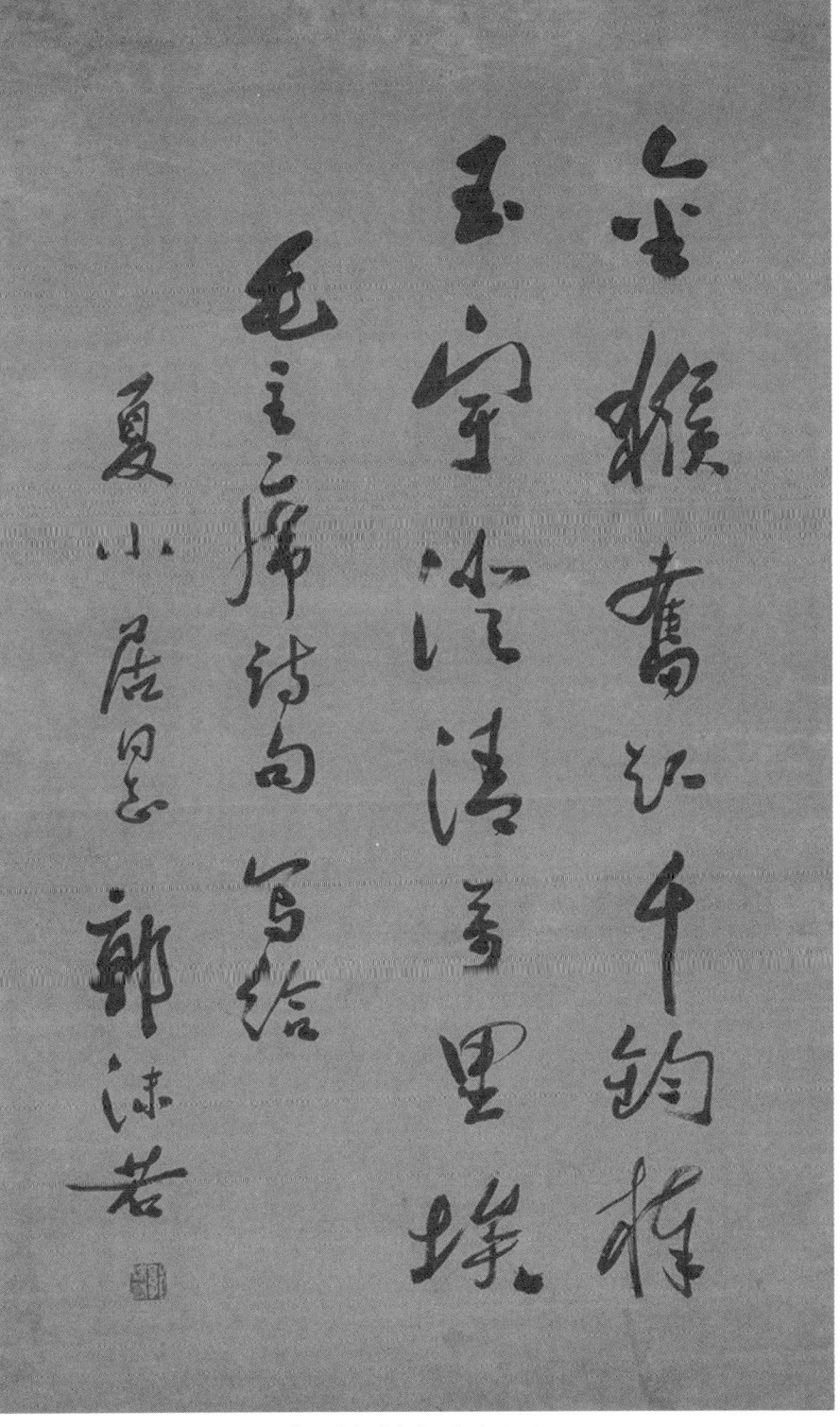

《毛泽东诗句》 郭沫若 书

国立西南联合大学校门

国立西南联合大学新校舍

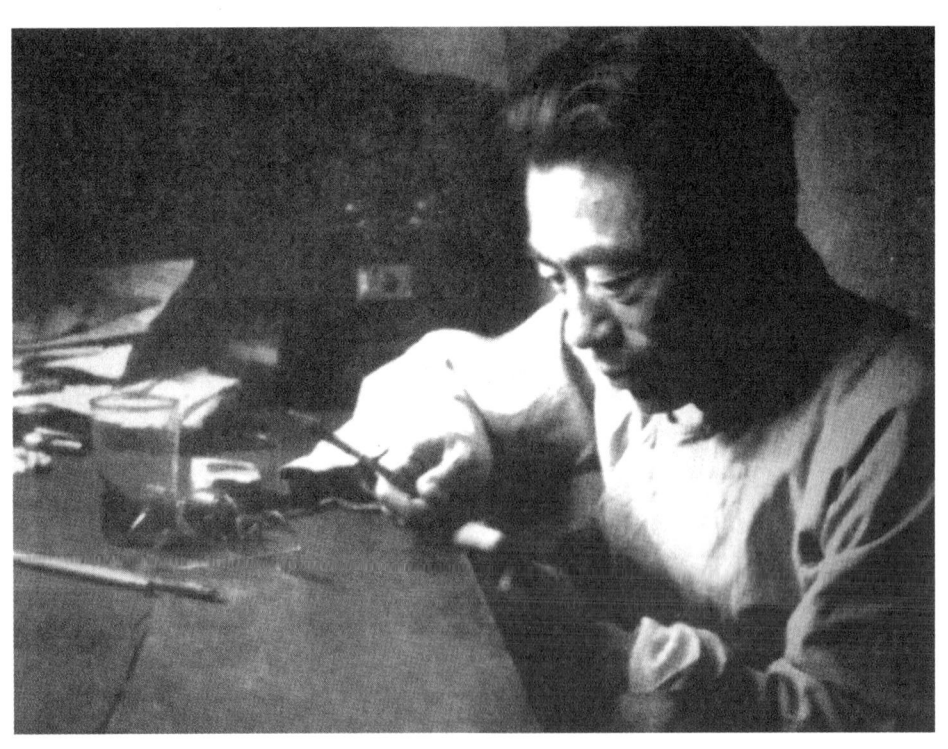

抗战时期的闻一多在治印补贴家用。

1946年5月4日，在西南联大图书馆梅贻琦宣布联大胜利结束。

北京大学校长蒋梦麟(1886—1964)

清华大学校长梅贻琦(1889—1962)

西南联大中国文学系师生合影(二排左起:浦江清、朱自清、冯友兰、闻一多、唐兰、游国恩、罗庸、许骏斋、余冠英、王力、沈从文)

民国：历史是现实的观照（自序）

我是一个在小说里虚构了二十多年，却突然转向散文的小道攀爬的莽汉。坐下来喘息的时候，我总是惴惴不安地回望来路，"散文"，脚印里的这两个汉字时隐时现、东倒西歪，有的时候，与自由选择无关，更多的是一种机缘巧合。

我的散文创作，从小说开始。在别人看来，这是违反文学创作伦理的倒行逆施，但却是我的亲身实践。在我三十年的文学工龄中，小说是主流，散文的时光不及它的四分之一。一种门槛极低，几乎人人可以进入的文学体裁，极少有人把它当成唯一的职业追求。在文学的巍峨大厦中，散文成了小说和诗歌的附庸和边角料，它站立的身影比其他体裁矮了一头。散文的独特性和唯一性，被小说和诗歌巨人的身影遮蔽了。

作为一个从小说到散文的写作倒退者来说，历史可能是我创作散文的救世主。

有缘同《人民文学》主编施战军先生见过几面，在最近的一次见面中，施主编对我说，你的神态有民国人物的影子。见我一脸诧异，战军先生沉思之后缓缓说道，你的形神让我想起冯至。我当然知道这是战军先生的戏言，但是，他的话击中了我的要害。近年来，我用民国书籍作围城，在历史中徜徉，天天仰视那些知识渊博、气节如钢的知识分子。而冯至，则是我在散文《民国的长衫》中写到过的一个人物。近朱者赤、近墨者黑，无人能拒绝接受阳光的熏陶。但愿施战军主编的戏言成真，因为他说这些话的时候，面无谐谑，我们眼前，是一片三百亩的荷塘，圣洁的莲花，正在阳光下盛开。

民国史是长期被遮蔽的历史，有时甚至是篡改了的历史。它被遮蔽的时光长度远远超出了它三十八年的短暂岁月。导致民国热的那截引线，在我眼里比炸药包更有分量，更值得后人思考。

我对民国知识分子的关注始于《义宁的源头》。由于义宁乡贤的缘故，我对历史学家陈寅恪先生的仰慕比一般人多了些乡情的因素。陈寅恪先生在身后以一座巍峨纪念碑的形式为后人敬仰，并非政治、地域的原因，他只是以一种学术研究的自由思想为知识分子代言，为人格的独立精神立命。从文学创作的角度说，陈寅恪先生是我进入民国的引路人。在义宁的漫长源流上，我见到了王国维、梁启超、傅斯年、刘文典、胡适、梅贻琦、吴宓、李济、叶企孙、马寅初、张季鸾、梁漱溟等众多大师，虽然我不懂他们的学术和专业，但我看到了他们的坚硬气节和高贵人格。

历史是一种既成的事实，尤其是那些水落石出的记录，它引领后人穿过陈腐僵冷的文字进入到了灵魂的深处。虚构的小说和空灵的诗歌显然无法承担起历史客观再现的重负，只有散文，才是最好的盛放历史的容器。

历史散文的写作，始终风险重重。自余秋雨之后，文化散文因知识崇拜、史料罗列、题材宏大、字数超长等被人诟病，模仿者盲目跟风，形成了一种新的散文八股。而传统的散文写作，更是声名狼藉。大量充斥于报纸副刊的游记、名人印象、鸡毛蒜皮的生活琐事、儿女情长的亲情抒写、怀念故乡的陈词滥调、采风应景的浮光掠影，等等，直接败坏了读者的胃口，让散文在黑暗的死胡同里无法调头。

虚构的小说无法承担民国历史人物的真实、客观再现，却能够为散文的写作注入意想不到的动力。历史散文不是短小精悍、一事一议、借景抒情、结尾升华的教条，它突破了传统散文的桎梏，借助文献资料，将历史的走向在人物的命运中逻辑化地展开，用建立在修辞之上的鲜活语言，铺陈当代散文叙事的维度。人物，是历史的主角，也是历史散文的主角。在不能像小说那样虚构故事、塑造人物、刻画性格的限制下，历史散文依然可以加强叙事的力度，用真实的情节和生活的细节呈现历史的真相，丰富人物的表情和复杂心理。

二十多年小说创作的训练无意中为我的民国散文注入了一些新鲜的元素，强化细节，注重可读性以及结构的自由穿插，让民国人物活动的历史不会显得冗长和枯燥，站在人物喜怒哀乐的立场上来展示历史，这样的讲述就会缩短距离，增加温度。文学不是哲学，思想家是另一个阵营的战士；民国散文更不是历史研究的学术论文，历史已被历史学家打捞了无数遍，任何思想都逃不过他们学术的篦子。作为一个散文作者，我不可能在间接的史料中找到一鳞半爪的发现，我的任务只是用文学的手段表现历史，再现民国大师们的真实生活和他们的气节人格。

评论家谢有顺教授在同贾平凹有关散文的对话中提到了一个观点，他说："散文要在今后的时光中有所作为、有所创新的话，还真的要从小说界找些启发。多数人都认为，散文和小说是完全不同的两种文体，其实，真正伟大的小说也可把它当作散文来读，文体的界限并不是那么重要的……散文同样有一个叙事问题，这是散文革命的空间所在。从现代叙事学的意义上说，现代散文应该开创一种现代叙事来与之相配。"

谢有顺教授虽然对余秋雨之后的文化散文多持批评否定意见，不赞成散文内涵的延伸和扩展，对职业散文写作充满怀疑，但他对散文同小说等其他文体结合的变革思路却是非常有见地的。我的民国散文创作，无意中暗合了他的指引，这可能和我从20世纪起就关注他的学术有某种逻辑关联。

历史散文的写作，走的是阅读写作的路子。历史无法亲历，作者只能通过史料梳理和个人感悟，用文学的形式表现历史的诡谲和人性的幽微。这种依赖阅读的写作方式往往容易招致体验写作者的不满和批评，他们沉浸在现实生活酸甜苦辣的感受批判中而忽略了历史和现实的关联，他们用逻辑推理的方式做出结论：关注历史的人，就一定会缺席现实的在场。

散文家祝勇的观点，可以作为历史散文创作最有力的辩护词。"'文化散文'首先要合乎文学的要求。文学考验一个写作者对世界的感知力和艺术上的创造力。文学和世界是互相塑造的，历史文化和写作者的内心也是相互塑造的。没有内心的感应，历史和文化也就变成了僵死的知识卡片，没有了冷热，没有了活力。我曾经写过许多历史人物。比如'袁崇焕与明代绞肉机''吴三桂的命运过山车'，还有王羲之'永和九年的那场醉''宋徽宗的光荣与耻辱'等。他们朝代不同、处境各异，但这些看似无关的人物，却与我们的命运息息相关，我是通过他们来书写我对我们置身的这个世界的认识，书写我对命运的理解。落笔的时候，我觉得他们的魂就附着在我的身上，感觉到他们的体温、伤痛、脉动。我热爱书写历史，是因为历史无限的宽厚，可以让我的生命与想象力无限地展开。"

祝勇以故宫研究所学者、散文家的双重身份和多重观照视角写历史的故宫，其实就是关注他身边的现实，在一个研究者的心中，历史和现实是血肉关联、不可分割的。《故宫的风花雪月》是当代历史散文创作的成功实践，作者的理性表述已经为我们的阅读作了一次迷宫中的导游。"在《故宫的风花雪月》中，我写了一些故宫收藏的古代书画经典。对于它们，发现新的线索几乎已不可能，我的写作重点就放在重新阐释上，以文字的方式表达自己的见解，同样会产生悬念。总之，文人写历史，不能外行，也不能人云亦云，必须发出自己的声音。"

民国史是中国历史的一个组成部分。民国三十八年的短暂时光，军阀混战、外敌入侵、灾害频仍，然而这样的逆境却出现了教育的奇迹，涌现了众多的学术大师。许多被岁月遮蔽了的真相，正在民国的研究热潮中露出水面。作为散文，用纪实的手法和文学的表述再现那一段历史，正是一种文体独特的表现方式和生命力所在。

我对历史散文的写作充满了期待。历史散文的创作者，应该有建造金字塔的心态。有人认为，金字塔不是奴隶的作品，其理由是，金字塔那么浩大的工程，被建造得那么精细，各个环节天衣无缝，建造者必定是怀着虔诚的自由人。一群有懈怠行为和对抗思想的奴隶，绝不可能让金字塔的巨石之间连一片小小的刀片都插不进去。

如果这个判断成立，我心目中的历史散文作家，就是建造散文金字塔的虔诚自由人。

散文进步的标志是，那些被历史封神的大师们走下了神坛，一支正在确定番号的起义军兵不血刃地占领了汉字的高地，并在夜色阑珊时刻点燃了革命的烽火。

我愿意成为这支队伍里的一个兵勇。

目 录

纸上的文人 / 1

书生的骨头 / 33

义宁的源头 / 61

民国的长衫 / 94

大师的村庄 / 160

纸上的文人

一

如果生命重来一次，我不知道张季鸾先生还会不会选择新闻，让自己的命运和一张薄纸紧紧连在一起，至死仍不分开。

1942年4月29日的风光早已成了纸上的记忆和老人心中的往事，一切坚如磐石的赞誉都已经风化成了泥土。"文坛巨擘、报界宗师"的辉煌已经迁化成为一堆白骨。

所有的白骨都无法还原一个人的音容笑貌和身形血肉，后人只有在遥远的民国故纸堆中寻找张季鸾的精神。如今交通方便，到达民国的时间仅在一夕之间。我在北京城中的《民立报》社，看到了1913年的张季鸾。这个清瘦矮小的陕北汉子，一袭深色长衫，步履从容，举止纾缓，俨然一介江南书生。这个形象，张季鸾先生无意中保留了一生，三十年后他在香港《大公报》社的靠背藤椅上，依然塑造了一介书生清瘦挺拔的风骨。虽然严重的肺病让他身体虚弱，面容憔悴，但他的长衫、布鞋和庄严的神情以及手中的那支笔，使一个书生永远定格在民国的时光中。

"文坛巨擘、报界宗师""精诚爱国""功在国家"，这些超越政治为国共两党共同的赞誉，是张季鸾死后的哀荣。九泉之下的人没有知觉，但是活着的人却可以感受到这些文字背后的重量。这些往往与"英雄"这个名词相互关联、互为逻辑的评价，对历史隔膜的后人最容易到抗日战争的沙场去寻找悲壮的情怀，少有人知道，这些分量像大山一样重的赞颂，却是对一个手握狼毫在纸上发声的文弱书生的悼词。

这些让后人惊叹的哀荣，被七十年的岁月彻底风干了水分，我只在坚硬的石头上读出了"著名报人"四个真实的汉字。"著名"，是别人的评价，"报人"，才是他真实的身份，一个贯穿了他全部人生的职业。

一个人的一生，写在纸上，却要经过七十多年的磨难，才能水落石出，盖棺定论。

张季鸾倒下去的地方，离战场很远。疾病和医院，不是产生英雄的场所。他倒在一张名为《大公报》的纸上，张季鸾死后的哀荣，超越了政治和政党，那些到达顶峰的赞美之词，让一个在报纸上说话的文弱书生创造了奇迹。

1941年的重庆不是敌我相争的前线，但是病床上的张季鸾听到了日本侵略军轰炸的巨响。这个生命进入了倒计时的书生，胸中还在涌动着报国的情怀。病入膏肓的张季鸾，连握一支笔的力气都耗尽了，然而，当王芸生走进病房的时候，他却突然有了精神，他对王芸生谈起了日本飞机对重庆的大规模轰炸。

作为《大公报》的同仁，王芸生深深了解张季鸾的性格，他没有回避张季鸾关心的话题，用沉重的语气说："最近重庆很沉闷，我们何以报国人啊？"

对于发生在1941年8月重庆病房里张季鸾和王芸生对话的描述，是2015年的非虚构散文以及一个不在现场的写作者无法胜任的任务。幸好，我在徐百柯先生的《民国风度》一书中找到了历史的记录：

张季鸾说:"芸生,你只管唉声叹气有什么用?我们应该想个说法打击敌人。"王芸生回问:"敌机来了毫无抵抗,我们怎么可以用空言安慰国人打击敌人呢?"

突然间,本已极度虚弱的张季鸾拥被而起,兴奋地说:"今天就写文章,题目叫《我们在割稻子》。就说,在最近十天晴朗而敌机连连来袭的时候,我们的农民在万里田畴间割下黄金稻子,让敌机尽管来吧,让它来看我们割稻子。抗战到今天,割稻子是我们第一等大事。有了粮食,就能战斗。"

一个垂死病人在回光返照中的遗言,在王芸生的笔下变成了《大公报》第二天的社评。

《我们在割稻子》这篇抗日文章,随着影响很大的《大公报》进入政府机关和平民百姓,它在抗日军民中激起的爱国激情和抵抗精神,像一颗威力巨大的炸弹,搅动了沉闷的陪都。

张季鸾的生命化作了死水中的最后一个波澜,十八天之后,这个临死仍不忘抗日的书生闭上了眼睛,他用平实的遗嘱为自己的生命作最后封棺:"余生平以办报为唯一之职业。自辛亥以还,无时不以善尽新闻记者天职自勉,期于国族有所贡献……"

"报人",这是张季鸾对自己一生身份的认定。一个报人一生的轨迹,已经记载在白纸黑字中,是非曲直,一目了然。

张季鸾文字犀利,但他的目光却无法看到身后的热闹。甚至那些雪片一般飞来的唁电,也不能让他轻盈的脚步踩上。战时中国的最高领袖蒋介石在唁电中赞扬:"季鸾先生,一代论宗,精诚爱国,忘劬积瘁,致耗其躯。"毛泽东、王明、博古、吴玉章、林伯渠联名致唁电说:"季鸾先生坚持团结抗战,功在国家。惊闻逝世,悼念同深。"周恩来、董必武、邓颖超评价:"季鸾先生,文坛巨擘、报界宗师。谋国之忠、立言之达,尤为士林所矜式。"在这些非同一般的文字背后,1941年的西安市民还在祭奠的现场,看到了蒋介石、周恩来凝重的身影。

这些唁电,超越了简短凝练的评价,它们代表了国共两党的态度。唁电的每一个汉字,具有共同的意义指向,它们用最温暖的感情,弭平了巨大的政治鸿沟。政治的分歧、政党的争斗,在一个羸弱书生的灵前突然消失。

祖籍榆林的张季鸾,最后安息在西安。榆林和西安,虽然都属陕西的黄土,但六百三十公里的遥远距离,不知能否让他的乡音和情感到达埋葬着父亲灵骨的故土。我没有找到张季鸾为何弃榆林葬西安的原因,故纸中的风水说不能让一个散文作者信服。

张季鸾的公祭场面被半个世纪前的老人记录在脑子里。竹林村的村民邢玉明说,五十九年前的葬礼称得上是方圆几十里的大事。这个七十六岁的老人很多事情都忘记了,但对那场公祭却记忆犹新,那个场面中的人物不时就来到他的梦里。

那是邢玉明老人一生中见过最多的人和最大的官。客人川流不息,周围几个村的厨子都被请来,数不清摆了多少张饭桌,一帮客人刚刚离开,又一帮新的客人到来。那些空酒缸,层层叠叠,摆满了整整一个院子。城里的戏班第一次来到村里,那个戏台上,几个日夜,走过了中华历史上所有的帝王将相,村民们阅尽了五千年的才子佳人。

公祭仪式在军乐队的演奏中开始,那些闪耀着金子般光泽的乐器,村民们叫不出名字,这让与乡间唢呐锣鼓铙钹打了一辈交道的民间乐手们惭愧。乡下人没有听过如此整齐浑厚的声音,山呼海啸,那些专门用悲凄的挽歌为死人送行的乐手们瞬间就被震撼了。

三千多双迎灵的脚踩在竹林村的土地上,一大片正在灌浆的麦子倒伏在四月的阳光里,它们为了一个国共两党共同赞扬的报人鞠躬尽瘁。

这个时候天上突然来了几架飞机,乡民们惊慌起来,飞机贴着树梢,巨大的阴影就像死神一样擦着他们的头发。谁知炸弹并没有落下来,那些参加公祭的宾客们也没有一个慌乱。竹林村的乡民们终于知道,那是中国军队的飞机,它们是国民政府专门派来护卫葬礼的。

邢玉明老人如今老眼昏花,只能听见贴在耳朵上的声音。但是,五十九年前的时候,他耳聪目明,蚊子从他眼前飞过,他都能辨别出雌雄。那一天,他看见了蒋介石和周恩来,这两个分别代表国共两党的伟人,出现在了张季鸾的葬礼上。

邢玉明眼里的蒋介石，穿着白色衣服，头戴一顶小帽，宋美龄夫人则穿着粉红色的上衣，白色的裙子，头上的帽子像一朵打碗碗花。那是他平生见过的最宏大、最庄严的场面，这一切，都是为了那个名叫张季鸾的书生。

军乐队的演奏停止之后，竹林村就安静了下来。邢玉明和他的乡亲们，亲眼看见一座气势非凡的陵墓，在村子东头的土塬上，犹如春笋一般从泥土中钻出来。除了皇帝，没有谁的陵墓能与其相比。那座占地四十亩的巨大陵园，没有一点阴间的鬼气，周围的围墙隔绝了世俗的喧闹，大门口的巨型石柱，彻底脱去了凡俗之气，无数青砖铺成了一条大路，通向陵园深处。那些台阶，一级一级连接白云，通往天堂。天堂的入口处，就是那块石碑。石碑上有字。天下人都以为，和这座气势非凡的陵园相协调配套，墓碑上的文字一定是锦绣文章，字字珠玑，誉满天下。然而，"中华民国故报人榆林张季鸾先生"寥寥十四个简朴的汉字波澜不惊地印在阳光下，没有评价，没有情感色彩，此时的大地像一张宣纸，为一个办报书生的一生画上了一个最圆的句号。

没有人的坟墓和军人武器产生关联，只有张季鸾的陵园例外。

公祭仪式上，军乐队的演奏余声刚刚停歇，就有一个连的军队开进了竹林村。全副武装的军人与张季鸾的陵园连在一起，陵园里那些秦岭松、柏树、槐树和法国梧桐以及张季鸾的坟墓一起成了冷血兵器的保护对象。从此以后，牛、羊无法进入，当地村民摘片树叶，都会失去自由。

西安郊区的竹林村，是一个报人盖棺的风水宝地。然而，对于日后的波折来说，空前的哀荣并未为张季鸾的一生论定。所有来自政党、政治的最高评价，都不如《大公报》同仁们书写在黑色挽联上的十六个坚硬汉字："千载事功，曰诚曰敬；一生心血，为国为民。"

二

《大公报》和张季鸾命运的缘起，始于1926年的夏天。

那个时候，张季鸾已经失业，但是，他终生当一个报人的理想依然健康地活着。闲来无事，他便同《国闻周报》总编辑胡政之一起，去天津拜访他们共同的朋友吴鼎昌。

那一天，吴鼎昌、胡政之和张季鸾三人信步走上天津街头，当他们来到日租界旭街四面钟的时候，张季鸾一眼就看见了那块大公报馆的牌子。报馆紧闭的大门让"大公报"三个字了无生气，张季鸾眼中的报馆如同一块荒芜了的田野，无人耕种。他停住了脚步。

吴鼎昌和胡政之也跟着站在那里，三个人的目光一齐投在大公报馆落满了尘土的大门上。这是三个对新闻最敏感的文人，倒闭的《大公报》让他们的脚步钉在了街头。

吴鼎昌把目光移到了胡政之脸上，他想了片刻，突然把一个比喻送给了胡政之。吴鼎昌说："这是你抱过的孩子，你不想救救他吗？"

张季鸾立刻明白了吴鼎昌这句话的意思。胡政之曾经担任过《大公报》总编辑，他为这张报纸注入了心血。把《大公报》比喻成一个人的孩子，对于胡政之来说，这是一种非常贴切的话语修辞。

在吴鼎昌的修辞面前，胡政之没有掩饰他的感情，他毫不犹豫地回答说："你肯给一碗救命汤，我就愿意再当一次保姆。"

这段对话出自汪松年先生的《大公报史话》，这是一个值得后人相信的历史细节。胡政之也是一个语言的修辞高手，他也用一个比喻表明了自己的态度。

在吴鼎昌、胡政之两人关于《大公报》前途和命运的对话中，张季鸾是一个见证者。汪松年没有记录和描述在场者张季鸾的态度，但是，作为失业的报人和决心终生以报纸为命的人，他的态度是任何一个后人都不难判断的。

1926年夏天天津四面钟街头张季鸾、吴鼎昌、胡政之交谈的情节，是《大公报》历史上一个重要的命运转折，也是中华民国报业波澜曲折的一个戏剧性插曲，一个划时代的新闻事件，从张、吴、胡三人的约法三章开始。

约法三章，在老报人徐铸成先生的《报人张季鸾先生传》一书中有比较细致的描述。徐铸成用"英雄所见略同"这句话为三个人的一致决定作了概括。他们确定了出资买下《大公报》的房产、设备和招牌，全力以赴，办一份像样报纸的行动路径。

胡政之凭着曾经在《大公报》担任过经理兼总编辑职务的便利，迅速找到了王松五，用一万元成交了这张日后成为发行量最大、影响最广、中国唯一获得过密苏里奖的民国第一大报纸。

约法三章的内容，简单得如同一个人的手掌，一眼就可看清皮肤的纹路以及走向。我不知道三条规定冥冥之中是如何对应三个合作者的。"三"这个数字，呈现出奇数的面孔，在人与数字之间也许无关对应，只是一种巧合，或是一种命运安排，上天早已注定。徐铸成先生说："一、经济完全独立，不受任何方面资助。由吴出资本五万元，除付王松五一万元外，开办费一万元——包括订购白报纸、添补设备。其余三万元赔光即关门大吉。二、胡、张不得兼任何有给职（三年内）。他们的生活所需，完全由吴负责。三、吴任社长，但一切用人行政都由胡全力主持，吴不加掣肘。胡的名义是总经理兼副总编辑，张则任总编辑兼副总经理，吴只帮助写社评，言论方针由张掌握。"

《大公报》这艘锈迹斑斑、已经搁浅的旧船，于1926年9月1日重新起航。《大公报》的辉煌时期，从这一刻开始。这个《大公报》历史上重要的转折点，被世人用"新记"两个字加以定义和划分。

除了张季鸾，吴鼎昌和胡政之眼中的新记《大公报》，前程虽然美好，但民国的天空一片迷蒙，仍不时地遮挡着前行的路径。约法三章中"三万元赔光即关门大吉"的条文，毫无掩饰地表明吴、胡两人的担心和忧虑。

张季鸾站在新记《大公报》的船头上，目光炯炯，他一眼就看穿了民国的秘密，也眺望到了一张民办报纸生存的夹缝。

许多个夜晚，寂静中的张季鸾回忆起自己在日本创办反清刊物《夏声》，后投入于右任的《民立报》，又在上海创办《民信日报》以及在《中华新报》《新闻报》的从业经历，他清楚地看到了自己十多年间的人生轨迹，这些宝贵的青春时光，被一条名为"报国"的主线串联。

张季鸾还想到了自己办报过程中因揭露社会丑恶两次身陷牢狱的经历，睡意全无，他翻身起床，展开纸笔，写下了八个大字："文人议政，言论报国。"

在这个不眠的夜晚，张季鸾用滚烫的文字，提炼了新记《大公报》的办报方针。张季鸾在这个不眠之夜的所思所想，化作了1926年9月1日《大公报》复刊号的社评。在那篇标题为《本社同人之志趣》的文章中，中国新闻史上前无古人的"四不"方针出台："不党，不卖，不私，不盲。"

人类历史上，许多石破天惊的事件和不朽名言，常常以一种纯朴简单的面目出现，然后在漫长的时光中，沉淀出金子一般的质地。由八个最常见的汉字组成的《大公报》办报方针，让八十多年后的我们看到了一介文弱书生的睿智和远见。

张季鸾将八个字的内涵表述为一种坚定的姿态。不党，就是"纯以公民之地位发表意见，此外无成见，无背景。凡其行为利于国者，吾人拥护之；其害国者，纠弹之"；不卖，即是"不以言论做交易。换言之，不受一切带有政治性质之金钱补助，且不接受政治方面之入股投资是也。是以吾人之言论，或不免囿于知识及感情，而断不为金钱所左右"；不私，则是"除愿忠于报纸固有之职务外，并无私图。易言之，对于报纸并无私用，愿向全国开放，使为公众喉舌"；不盲，就是不"盲从"、不"盲信"、不"盲动"和不"盲争"。

傅国涌先生在阐述"四不"的意义时表示了旗帜鲜明的态度和评价：

> 在中国报业史上，从来还没有一份民间报纸亮出过如此鲜明的旗帜，实际上就是追求独立的新闻舆论。以其独立的品格，非凡的努力，《大公报》在林林总总的商业报和党派报之外，走出了一条百年报业的"新路径"。张季鸾、胡政之开始了他们一生中最辉煌的一轮跋涉，共同将王韬、梁启超等开创的"文人论证"传统推向顶峰，树立了一个负责任的、议论国事的生气勃勃的榜样，将中国报业带入一个更高的境界。迄今为止，后世的人们再也没有攀到过这样的境界。

1926年9月1日，繁华的天津街头，《大公报》如同纷飞的雪花，让无数市民听见了新闻的声音。张季鸾用凝练的广告词展示了《大公报》的前世与今生——"来看：华北最老的报，全国最新的报。"

三

张季鸾的第一次牢狱之灾，发生在北洋军阀统治时代的北京。

张季鸾二十四岁那年第一次进北京。他同曹成甫一起，从沪宁铁路启程，然后再转津浦铁路。中华民国的火车，比蜗牛快不了多少。车过济南的时候，德国人上车稽查，张季鸾的心突然受到了异国语言的伤害。他透过车窗，遥望远处的千佛山，那片泪眼蒙眬的土地，是母亲的家乡，是他出生的地方，是他的父亲，以灵柩的沉重，启程回归千里之外的籍贯陕西榆林的起点。那一年张季鸾才十岁，他亲历了两辆马车从山东邹平至陕西榆林漫长道路上的风雪冰霜和艰难困苦。那失去父亲的疼痛和生存的艰难，被他日后刻在了《归乡记》中。

北京西河沿那家陕西人开的高升客栈，是安顿一个外乡人新闻情怀和报国理想的第一个地方。市声喧闹，张季鸾听到了报童的悦耳吆喝声，千里旅途的所有疲惫瞬间消失，张季鸾立即走上街头，捧回了京城的一大摞报纸。

张季鸾在买来的《北京日报》《晨钟报》《亚细亚报》《顺天时报》中看见了中国首善之区舆论的发达，天津出版的《益世报》《大公报》和《京津泰晤士报》也借着轮子的速度飞到北京。这些将政治、经济、文化、教育和社会生活的各个方面化成了文字的纸页，在张季鸾面前展开了一个复杂斑斓的世界。办报人的嘴脸，隐藏在繁体竖排的汉字背后，它们有的吹捧"袁世凯大总统"，有的表达立宪派立场和意见，有的同情国民党。《顺天时报》的言论，张季鸾一眼就看穿了它的日本后台。那个时期的《大公报》，还没有成为王郅隆的私业，但是，它的创始人英敛之已经失去了办报的兴趣，转向了教会教育，报纸四平八稳，毫无生气。张季鸾对《大公报》的抱怨，只是一个读者的观点，他不可能预见，十四年之后，他会成为这张报纸的总编辑，而且，从他的文章开始，开创了一个百年文论史上光彩夺目的《大公报》时代。

张季鸾和曹成甫的进京，让一份名为《民立报》的报纸迅速出现在了北京的街头上。民国初年办报，如同在野地里播下一粒种子，只要季节适合，雨水充沛，种子就会萌芽。张季鸾的《民立报》选择在春天播种，所以很快就收获了一片绿意。据民国著名报人徐铸成先生回忆："那时，创办一个报馆，不需要多大资金。北京有不少印刷厂，有一两架四开平板机，即可代印。编辑部也只要有一两个助手，两三个校对，再雇一些报贩叫卖，就可出版了。"

《民立报》倾注了张季鸾和曹成甫的全部心血。在读者的眼里，《民立报》消息灵通，言论犀利。

对面向大众的报纸来说，犀利是一种最受读者欢迎的风格和办报手段，但是，对于统治者来说，却是肉中的一根芒刺。

那年三月，国民党总干事宋教仁到南方各省发表竞选演说，路经上海时被临时大总统袁世凯派人暗杀。事件暴露之后，袁世凯以高压恐怖手段压制北京媒体，封锁真相。张季鸾写了揭露此案的文章，寄到上海《民立报》发表。

此时的袁世凯，正在准备向南方派兵，他秘密地向英、法、美、日、俄五国银行借款两千五百万英镑。消息灵通的张季鸾通过日本记者看到了借款草约全文，立即将消息发往上海《民立报》，引发了全国震动。

"地震"的后果让张季鸾和曹成甫始料未及。当天晚上，军警突然包围了北京《民立报》社，张季鸾和曹成甫锒铛入狱。张季鸾在三个多月的囚徒生活中受尽了折磨，曹成甫则未能逃过劫难，惨死在狱中。侥幸逃生的张季鸾回到了上海，用那支不屈服的笔，写下了揭露袁世凯统治黑幕的《铁窗百日记》，通过康心孚主编的《稚言》月刊传播。

张季鸾重回北京是在三年之后。那时袁世凯已在蔡锷将军护国讨袁的声浪中死去，黎元洪的屁股坐在了大总统的宝座上。张季鸾初时以上海《新闻报》北京特约记者的身份写稿。宣扬民主，反对军阀暴政是张季鸾以"一苇"署名文章的主要内容。《中华新报》在京创刊之后，张季鸾被聘为总编辑。

《京报》创始人邵飘萍在他的著作《实际应用新闻学》中评价张季鸾立论公正，文笔犀利，文章脍炙人口。这个用生命实践新闻理想，最终倒在了军阀枪口之下的报人，他目光炯炯，看到了张季鸾文笔的锋芒，又一次刺向了独裁军阀段祺瑞。

张季鸾在《中华新报》发表文章，揭露段祺瑞以胶济铁路为抵押，向日本秘密借款，用以扩充个人武力。这种出卖国家主权的行为引起了国人的抗议。段祺瑞下令京师警察总监吴炳湘查封了《中华新报》，张季鸾又一次走进了铁窗。

"没坐过牢，不是好记者。"这句话并非张季鸾的原创，而是那个时代的一句流行语。张季鸾两次在大牢里想起这句话，他的腿一点没软，腰身没有丝毫弯折，在那些失去自由，肉体遭受折磨的日子里，邵飘萍和林白水这两个熟悉的同行一直化身成影子陪伴在囚笼里。

四

在现代汉语中,"萍水相逢"这个成语用浮萍和水流的关系比喻素不相识的人偶然相遇。但是在民国的新闻报业界,这个成语表述的却是另外一种意义。

邵飘萍和林白水,被一个古老的成语捆绑在一起,进入到中华民国,成为中华民国正直报人的道德和理想口碑。

邵飘萍和张季鸾志同道合的交集,滥觞于1916年的秋天。他们以记者的身份分别被《申报》和《新闻报》派驻北京。他们用"北京特约通讯"的形式为各自的报纸撰写文章。他们揭露段祺瑞军阀政府的文字汪洋恣肆,每一个汉字都像刺穿皮肤的针尖,让权力执掌者疼痛。国人传诵,洛阳纸贵,这些如今常见的俗语是对那个时代邵飘萍、张季鸾评论的客观真实描述。

年富力强、精力旺盛的邵飘萍和张季鸾,进京之后,各自开创和拓展了事业。邵飘萍创办了中国最早的通讯社——北京新闻编译社,而张季鸾,则兼任了北京《中华新报》的总编辑。

然而,北京这个古老的城市并没有让张季鸾施展太久,军阀们用拘禁惩罚了张季鸾揭露段祺瑞政府同日本秘密借款的内幕。走出铁窗之后,张季鸾被驱逐出了北京。而邵飘萍则继续留在北京,创办《京报》,用辛辣的文章,不留情面地抨击军阀。

离开了北京的张季鸾,常常在《京报》的字里行间看到邵飘萍的身影,那个同他情同手足的书生,用文章报国,在披露时代真相、揭斥黑暗的队列中,始终站在最前头。张季鸾听见了邵飘萍的声音:"必使政府听命于正当民意之前,是即本报之所作为也。""记者是独立的,记者是超越政治的。记者应保有职务上、精神上之自由,保持经济、思想、人格的独立,既不参与任何党派团体,也决不从事于实际的何种运动。只许'坐而言',不许'起而行',保持客观的态度。"

邵飘萍的新闻观在读者中流传的时候,远在天津的张季鸾几乎在同一时间宣布了《大公报》"不党、不卖、不私、不盲"的办报理念。张季鸾说:"且中国报界之沦落甚矣。自怀党见，而拥护其党者，品犹为上；其次，依资本为转移；最下者，朝秦暮楚，割售零卖，并无言论，遑言独立；并不主张，遑言是非。"

张季鸾表达观点的时候，他想到了袁世凯的铁窗和段祺瑞的牢房，只是，他还没有看到鲜血。

对于此刻的邵飘萍来说，鲜血的腥味隐约可闻，死亡的脚步正在慢慢走近。

张作霖"一世之枭亲离众叛"，张学良"忠孝两难"，"张作霖出三十万元买我，这种钱我不要，枪毙我也不要！"邵飘萍这些发表在《京报》上如同投枪匕首的言论，深深地刺痛了手握生杀大权的军阀。所以，邵飘萍的死亡就是必然的结果。

1926年4月的那个深夜，在墨一般的黑暗中，刽子手宣布了邵飘萍的罪状："京报社长邵振青（飘萍），勾结赤俄，宣传赤化，罪大恶极，实无可恕，着即执行枪决。"

邵飘萍毫无惧色，用爽朗的大笑回答了权力的判决，他用拱手礼对监斩官说："诸位免送！"

林白水的生命同样终结于这个被称为刑场的天桥，同样是浓酽的夜色。军阀们选择了暗无天日夜深人静的时辰，因为他们要用黑暗掩盖刽子手们的罪恶。

林白水的《新社会报》因为揭露了军阀黑幕，被勒令停刊。三个月时间，林白水毫不悔改，在报纸的复刊号上，他写道："蒙赦，不可不改也。自今伊始，除去新社会报之新字，如斩首级，示所以自刑也。"

枪声响起，林白水倒在了血泊中，同样一个地方，天桥刑场见证了两个正直报人生命的终结，相隔不到百日。两个报人用热血和生命，为一个古老的成语注入了崭新的含义。

张季鸾在天津听见了北京天桥刑场凄厉的枪声，他在民国十五年的暮春里不寒而栗。张季鸾无法想象，一介书生的文字为什么会被鲜血浸染。

我是一个灵魂的信仰者。邵飘萍死后，他的灵魂飞翔起来了，时间与空间都不构成灵魂自由飞翔的障碍，我看到了邵飘萍的灵魂附在了他的朋友和同行张季鸾身上。最好的人证是邵飘萍的母亲，这个失去了依靠的老人，她经常在张季鸾的身上，最近距离地看到儿子的影子。

邵飘萍死后，他的母亲和遗孀就被张季鸾接到了天津。离开了北京那块伤心之地，她们的生活日渐安稳而有规律。张季鸾成了老人的儿子，他每个月送给她一百元生活费，每个星期必请她们吃一次饭，嘘寒问暖。带着张季鸾体温的百元钱币，在那个时代，就是《大公报》一个正式编辑的月薪。至于进入梨园的戏票，张季鸾更是经常性地送上门来，让失去儿子和丈夫的两个女人在善恶忠奸的人世间感到人性的温暖，那些心灵的伤口在漫长的岁月中慢慢愈合。邵飘萍的每一个忌辰，张季鸾都会出现在母女俩的住所，他在邵飘萍的遗像前诵读祭文，然后在泪光中焚化。这种让母女俩感到宽慰和温暖的日子，如水一般地流过，不知不觉就三年零一个月了。其实，邵飘萍的在天之灵，早已感受到了人世间最真诚的情感，他泪流满面，他的母亲和妻子，看到那不绝的雨丝，从天而降。

五

邵飘萍和林白水血洒京城，他们的亲人朋友深深感受到了切肤的疼痛，而那些关心国家的读者，则很快就触摸到了新闻纸上的变化。

后来进入《大公报》从业的民国著名记者、新闻评论家徐铸成先生，当时正在清华大学求学。他是听到过天桥刑场枪声的人。

作为清华园里的学生，徐铸成是通过新闻报纸关注国家民族的有识青年。清华大学有一间面积很大的学生阅报室，中外文报纸都很齐全，而且阅读时间不受限制，学生可以随时进出。徐铸成是一个阅报成瘾的人，大革命的风云、北伐军的战况，所有瞬息万变的国家时局，都让安坐在阅报室里的未来报人了如指掌。邵飘萍、林白水被杀之后报纸的恐惧和新闻的畏怯，被徐铸成记录在《报人张季鸾先生传》一书中："那时《京报》已没有邵飘萍生前那股生气。《晨报》也像梁任公先生一样，有点'与世两忘'的样子。《世界日报》较活泼，但在恐怖的气氛下，也登不出什么新消息。大家不得不看《顺天时报》和天津出版的《京津泰晤士报》，尽管看时就感到一种屈辱，伤了民族的自尊心。"

张季鸾和他的《大公报》，此时横空出世，在平静的死水中投下了一颗炸弹。大学校园里的徐铸成，和同学一起，成了《大公报》深为读者欢迎的一个情节。

开学刚几天,我看到每至午饭后,总有一大堆人挤着看一份报纸。后来,索性有人把这份报纸挂在中央,以便每张两面都可以让人挤着看。那时,我才知道是天津新复刊的《大公报》。那天晚上,连忙去图书馆借了前几天的报纸细细阅读。

掀开版面,就感到了一股与众不同的清新之气扑面而来。三四版全是重要新闻——综合国内外的,没有广告,新闻一般是老五号字(那时所有报纸还没有采用新五号字),头条新闻重要句、段夹排三号字。编排参差错落,不像别的报纸那样呆板。特别是头条和几个三栏标题,准确而生动,正如袁子才《随园诗话》所说是"立在纸上",而不是躺在纸上,有强烈的吸引力,引人急于去阅读新闻全文。因为《大公报》馆址在天津租界,禁锢自然比北京报纸疏松些,而字里行间也看出编辑曾下了功夫,有些委婉写出真相,有些意在言外,有些绵里藏针。第二版上部是广告,下截为社评。创刊头两天的社评不止一篇,有署"榆风"的,有署"前溪"或"冷观"的,第三天后不署名,声明所有社评都代表报社意见。总的来说,内容言之有物,见解每多精辟而不流于俗,虽是文言文,而通晓易懂⋯⋯

我细阅之后所得的印象,是从少年时开始阅报以来,从来没有看到这样一份生机盎然的报纸,而且产生一种信任感,认为它的一字一句都是可信的,要了解时事,不能离开它。从此以后,也和大多数同学一样,对它着了迷,不看完它,一天的心事像没有"了"。

徐铸成先生以一个热心读者的身份描述了《大公报》的开篇,但是,一个远在清华大学校园里的学子无法看到《大公报》坚硬的内核,尤其是它的灵魂人物张季鸾"独立报纸,文人论政,言论报国"的办报思想。

邵飘萍和林白水的鲜血,让张季鸾的目光看得更加遥远和深刻。八个字的"四不"方针,是1926年中国民办报纸的一种生存发展选择。目光炯炯的张季鸾,他看到了中国社会的现实和未来走向。在错综复杂的政治环境下,"如果报纸依附军政界的任何一派,都会随着该派的失败而倒台。并且大家也都看出,北方军阀失势，南方的革命势力兴起，早晚革命军会打败军阀，因此大家决定让《大公报》采取'不偏不倚'的中间立场，好求得以后的发展"。（李瞻《张季鸾先生传》，台湾《近代中国》1987年第58期，第228页）

在中国的报业史上，没有人认为张季鸾是政治家，他终其一生无党无派的身份，表明了他的独立性和民间立场。但是，他却是一个具有政治家眼光的智者。对《大公报》夹缝中生存的选择和未来走向的擘画，绝对不是一个不懂政治的新闻记者可以为之的。政治，只是以一种生存智慧渗透在他的生活中，但是他永远没有在政治的鸦片中迷恋成瘾。

张季鸾曾对徐铸成说："成熟的记者应该是第一等的政治家，美国的总统候选人不是有许多曾做过记者的吗？"他还在《无我与无私》一文中说："我们报人不可妄自菲薄，报人的修养与政治家的修养实在是一样，而报人感觉之锐敏，注意之广泛或过之。"这个曾在中华民国总统府秘书的职位上为孙中山先生就职中华民国临时大总统起草就职宣言的书生，精到准确地把握了政治的精髓和本质。

言论，是张季鸾表述新闻理念和办报思想的工具和表现形式，张季鸾旗帜鲜明地将"书生论政、文章报国"八个大字写在纸上，渗透在社评中。从辛亥年的《民立报》到民国五年的《中华新报》，再到复刊后的《大公报》，张季鸾用他那支尖锐而永不疲倦的笔，写下了近三千篇社论、时评。文人论政的理想，渗透在那些文章的字里行间。

1931年5月22日，是一个平淡普通的日子，但对于《大公报》来说，却是一个值得庆贺的节点。这一天的《大公报》，以套红的版面，庆祝它的发行一万期。出报一万期，张季鸾和胡政之、吴鼎昌仅仅用了四年多的时间。一份从别人手里买过来的报纸，凭借"不党、不卖、不盲、不私"的宗旨和理念，用犀利深刻的社评，丰富活泼的栏目，手笔巨大的发行，为中国报业开辟了一个新的时代。

天津四面钟，那个曾经大门紧闭的报馆，当大热闹非凡。以蒋介石为首的大批高官和以胡适为代表的无数名流，发来了雪片一般的贺电。蒋介石赞誉《大公报》"声光蔚起，大改昔观。曾不五年，一跃而为中国第一流之新闻纸"。胡适用文人的热情洋溢，说《大公报》是"一个努力的孩子"，它的影响已经超过历史悠久的《申报》和《新闻报》,"安然担得起中国最好的报纸之声誉"。

　　胡适用激情为《大公报》贴金的时候,《大公报》的发行量已经从几千份激增至两万多份。那些带着张季鸾文字体温的《大公报》,乘坐呼啸的列车,从天津出发,飞至北京、沈阳、济南、太原、开封、郑州等城市,订户如同夏天的温度计,数字直线上升。八十多年后,我还能在昔日的报纸中读到"以至有纨绔子弟购之装点风雅者"的文言描述。

　　广告是检验一份报纸发行的试金石。当年在《大公报》任职发行的李清芳回忆,当时东北的韩奇逢乌鸡白凤丸,经常以半个版的篇幅在《大公报》连续刊登广告,一时开风气之先,引起广告客户争相扩大版面。

六

　　死于1941年9月6日的张季鸾,享受了国家公祭和国共两党高度评价的哀荣,却无法预料到所有政治人物的赞誉之词,在后世蜕变浓缩成了"小骂大帮忙"五个内涵丰富和政治暧昧的汉字。

　　"小骂大帮忙",这五个普通汉字在大陆读者心中扎根了半个多世纪。当两岸握手,文化交流,政治的叙事语境变化以后,我们渐渐看到了浮出水面的历史真相。

　　我也是被动地让这五个汉字在脑子里侵占了多年的读者,在我看过的所有教科书上,张季鸾都是一个以《大公报》为阵地,为蒋介石帮忙的文人,"小骂"成了他真心帮忙的掩饰手段。

　　幸好,张季鸾的一生已经通过他撰写的三千篇社论和时评记载在中国新闻史上,那些被我们非议的"三骂"也不断从文字中走出来,让我们听到一个书生的榆林口音。

　　对中国百年报业史和言论史素有研究的独立学者傅国涌先生,从张季鸾先生的三千篇言论中提炼出了脍炙人口的"三骂"。循着傅国涌先生的指引,我在《笔底波澜——百年中国言论简史》一书中看到了《大公报》三个隶体大字,张季鸾的愤怒也从繁体汉字中浮出水面。

《大公报》复刊不久，张季鸾用社评《跌霸》痛骂了军阀吴佩孚。第二年，他又写了《呜呼领袖欲之罪恶》，批评宁汉分裂中的汪精卫，"特以'好为人上'之故，可以举国家利益，地方治安，人民生命财产，以殉其变化无常、目标不定之领袖欲，则直罪恶而已"。张季鸾鞭辟入里的文字中，似乎透示出对汪精卫最终走上遗臭万年的汉奸道路的预见。

还是那一年，国民革命军总司令蒋介石同宋美龄联姻，并在上海举行了盛大的婚礼。远在大洋彼岸的美国《纽约时报》，在头版报道了这场世纪婚礼。春风得意、美人在怀的蒋介石，结婚当日在《申报》上发表了《我们的今日》一文，高调宣示爱情，声称"余确信，余自今日与宋女士结婚以后，余之革命工作必有进步。余能安心尽革命之责任，即自今日始也。余平时研究人生哲学及社会问题，深信人生无美满之婚姻，则做人一切皆无意义。社会无安乐之家庭，则民族根本无从进步"。

蒋介石的新婚之喜和他的爱情宣言，在张季鸾那里却破绽百出。在一个本该祝福的日子里，张季鸾却用一盆冰水泼向了新郎。在《蒋介石之人生观》的社评中，张季鸾开门见山地说：

> 离妻再娶，弃妾新婚，皆社会中所偶见。独蒋介石事，诟者最多，以其地位故也。然将犹不谨，前日特发表一文，一则谓深信人生若无美满姻缘，一切皆无意味；再则谓确信自今日结婚后革命工作，必有进步——反翘其浅陋无识之言以眩社会。吾人至此，为国民道德计，诚不能不加工以相当之批评，俾天下青年知蒋氏人生观之谬误。
>
> ……然吾人所万不能缄默者，则蒋谓有美满姻缘始能为革命工作。夫何谓革命？牺牲一己以救社会之谓也。命且不惜，何论妇人……
>
> 呜呼，尝忆蒋氏演说有云，"出兵以来，死伤者不下五万人"，为问蒋氏，此辈所谓武装同志，皆有美满姻缘乎？抑无之乎？其有之耶，何以怵散其姻缘？其无之耶，岂不虚生了一世？垒垒河边之骨，凄凄梦里之人；兵士殉生，将帅谈爱；人生不平，至此极矣。
>
> 呜呼，革命者，悲剧也，革命者之人生意义，即应在悲剧中求之。乃蒋介石者，以曾为南军领袖之人，乃大发其欢乐神圣之教。夫以俗

浅的眼光论，人生本为行乐，蒋氏为之，亦所不禁，然则埋头行乐已耳，又何必哓哓于革命？夫云裳其衣裳，摩托其车，钻石其戒，珍珠其花，居则洋场华屋，行则西湖山水，良辰美景，赏心乐事，斯亦人生之大快，且为世俗所恒有。然奈何更发此种堕落文明之陋论，并国民正当之人生观而欲淆惑之？此吾人批评之所以不得已也。不然，宁政府军队尚有数十万，国民党员亦当有数十万，蒋氏能否一一与谋美满之姻缘，俾加紧所谓革命工作？而十数省战区人民，因兵匪战乱，并黄面婆而不能保者，蒋氏又何以使其得知有意义之人生？

如此拆台的文章，蒋介石虽然没有仿效袁世凯、段祺瑞、张宗昌等崇拜武力的军阀，但他的不满、愤怒也是每一个读了这篇文章的人所能想象到的。对于掌握了国家、党派和军队权力的蒋介石的批评乃至怒骂，《蒋介石之人生观》只是一个温和的开头，在《大公报》漫长的历史上，张季鸾的笔锋常常刺痛一个独裁者的伤口。

在张季鸾五十多年的人生中，我没有找到有人成为他私敌的根据。一个以"大公"为追求的报人，不谋私利，不树私敌，用个人的言行举止擦亮了《大公报》这块招牌："我们这班人，本来自由主义色彩很浓厚的。人不隶党，报不求人，独立经营，久成习性。所以在天津、在上海之时，往往与检查机关小有纠纷。""中国报人本来以英美式的自由主义为理想，是自由职业者的一门。其信仰是言论自由，而职业独立。对政治，贵敢言；对新闻，贵争快。从消极地说，是反统制，反干涉。"这些新闻主张，张季鸾始终坚持，一生都没有修正过。

七

1941年8月，王芸生看望病中的张季鸾，催生了《我们在割稻子》这篇著名的抗日社评。之后，张季鸾病势日渐沉重，他生命的时钟，开始了倒计时。

这一天，蒋介石来到了病房，他握住了张季鸾那只干枯的手。张季鸾慢慢睁开眼睛,四目相对,两个人心中涌动着复杂的情绪,沉默,突然让张季鸾五十四年的人生时光缓缓倒流。那一刻,《大公报》上所有对蒋介石的批评,对国民党执政的愤怒,突然烟消云散;那一刻,蒋介石想到了"执手犹温"这个词。这个词,后来用在了蒋介石的挽词中,印在了他的脑海里,无法抹去。

蒋介石,不是张季鸾的故人;共产党,也不是张季鸾的对手。作为一个终生坚持理想的报人,"不党、不卖、不私、不盲"的行动指南就天然注定了他的人生中不会有私敌。

张季鸾和《大公报》唯一的敌人,只有日本帝国主义。

张季鸾是一个有政治眼光的智者。对于日本帝国主义的侵华,他在"九一八"事变之前就有这种强烈的预感。

徐铸成先生在回忆那段历史时说:"在'九一八'前一两年中,记得《大公报》曾连篇累牍撰写社评及专文(包括胡政之先生写的)唤起国人注意东北之危机,特别在万宝山事件及中村事件后,更严重警告政府,东北危机已迫在眉睫,应速筹应付之策。可以说,在全国各报中,对此呼吁最早,陈辞最切的是《大公报》。"

在徐铸成先生的叙述中,张季鸾先生的远见和行动足以让执掌了国家和军队大权的政治家们汗颜。然而,在蒋介石的心中,有比外忧更急需解决的内患,那就是他领导的国民党同中国共产党的斗争。"攘外必先安内",这句话成了蒋介石处理国内外矛盾的指导纲领和行动指南。

张季鸾是一个报人,但同时也是一个战士。无论作为报人还是作为战士,他唯一的武器,就是那支用狼毫和竹子组合而成的笔。张季鸾写在纸上的那些抗战社论和时评,每一个字都是一粒子弹,它的威力,让侵略者疼痛和流血。

《大公报》历史上被称为史无前例的一次编辑会议,在"九一八"事变爆发之后召开。在那次特殊的会议上,张季鸾神情严肃地宣布:"国家已到紧急关头,我和吴鼎昌、胡政之两位先生商量,一致认为,在国家的非常时期,《大公报》要郑重地负起责任。"张季鸾用"明耻"和"教战"两项决策明确了报纸的特殊任务。明耻,"先要让人民从近代史上了解外侮之由来。宣布由汪松年负责编辑甲午前后以来的对日屈辱史,由王芸生兄协助搜集有关材料(即后来陆续发表并辑成的《六十年来中国与日本》),因汪无此能力,芸生才独力主之了"。教战,"阐明现代战争、武器之发展情况,具体措施,为此创刊一'军事周刊',由当时最有名的军事家蒋百里先生(甫由蒋(介石)关禁之南京汤山释放)主编"。(徐铸成《报人张季鸾先生传》)

"九一八"之后,抵抗日本侵略就是最鲜明的爱国主义。此时的张季鸾,他的抗战言论在最高领袖蒋介石心中,犹如一块石头,让军人感到了重量。但真正让蒋介石礼贤下士与其共商国是的转折最后由1936年12月12日的"西安事变"促成。在被张学良、杨虎城发动兵谏囚禁于西安的时候,失去了自由的蒋介石望着从天而降的《大公报》,他读到了张季鸾执笔的社评。《西安事变之善后》《再论西安事变》,这些出自一个书生和一家自由报纸的言论是让蒋介石消除恐惧的福音。尤其是《给西安军界的一封公开信》,让宋美龄大为满意,派飞机在西安上空空投散发,这些动摇张学良、杨虎城军心的文字雪花一般落满了张、杨的军营。1936年的情景,让许多人记在脑海里,后人评价说:"这不仅是一篇传诵一时、文情并茂的文章,并且是中国现代历史上的重要文献之一,因为它对张学良及其所部军心的动摇曾发生影响,对西安事变的迅速解决是有助益的。"(吴相湘《中国报人典型:张季鸾先生》,台湾《传记文学》1977年第30卷第6期)

张季鸾的一生中,从未有改变过"不党、不卖、不私、不盲"的办报理念,即使在他和蒋介石的蜜月期中,也未有一丝一毫的修正。在1936年4月《大公报》上海版创刊号他写的社评中,进一步重申了他终生未移的原则:

> 本报将继续贯彻十年前在津续刊时声明之主旨,使其事业永为中国公民之独立言论机关,忠于民国,尽其职分……而不隶籍政党,除服从法律外,精神上不受任何拘束。本报经济独立,专赖合法营业之收入,不接受政府官厅或任何私人之津贴补助。同人等亦不兼任政治上有给之职,本报言论记载不作交易,亦不挟成见,在法令所许范围,力求公正。苟有错误,愿随时纠正之。

蒋介石当然了解张季鸾的坚持,他也没有漏掉《大公报》对政府的批评。抗战时期的蒋介石,他的办公桌上只有两种报纸,那就是《中央日报》和《大公报》。在文人的描述中,那是《大公报》和张季鸾的时代。在时人眼中,"《大公报》的头条新闻可以代表或暗示蒋介石的政策,连《中央日报》也无法真正做到。当局一方面指示《中央日报》要了解政情,参与机密,另一方面又严禁泄露机密,《大公报》不受这个限制,他知道了政情便可刊布,《中央日报》则不能发表"。(陶希圣《遨游于公卿之间的张季鸾先生》,台湾《传记文学》1977年第30卷第6期)

八

有人认为,张季鸾"周圆通达"的个性,是蒋介石以国士待他,他也竭诚以言论报效国家社会的原因。这种解释自有合理之处,它是硬币的A面。如果我们翻过硬币,B面的真实就会以另一种形式呈现在后人眼里。

范长江,这个《大公报》的记者,就以一篇文章,引起了蒋介石的震怒,导致蒋介石暴跳如雷,把张季鸾骂得狗血淋头。这个结果,中华人民共和国成立后担任过人民日报社社长,曾以大无畏精神和记者良知报道了中国共产党领导下的陕北根据地真实情况的新闻记者,也许预料到了某种后果,但是《大公报》和张季鸾,却没有想到后果会如此严重。

在南京国民党总裁的办公室里,蒋介石一改往日的和气,他指着张季鸾的脸,把满腔的愤怒犹如石头一样砸在了办报书生的身上。张季鸾以冷静抵抗怒火,他用沉默回答蒋介石的责骂。范长江在《大公报》上发表《动荡中的西北大局》这篇述评的当天,正是中国国民党三中全会召开的日子。看到范长江的文章,"与会人员对于西北大势之实况皆大为震撼",那些内容,同蒋介石上午在会上的讲话完全背道而驰。

张季鸾在权力面前的沉默,并不表示他的屈服,更不表示他的"四不"办报方针的改变。也许,他想到了某种后果。张季鸾的担心很快就成了现实,从此以后,在国民党特务机关监视的人员名单上,添上了"范长江"这个名字,而范长江的所有私人信件,都成了特务们检查的对象。

张季鸾对于蒋介石的责骂很快就做出了回答,他的表态通过1937年2月

18日的长篇社评《论言论自由》发布。这距离蒋介石对他的批评仅仅过了三天时间。新闻，总是紧紧贴着真相，与时间同步。它插上飞翔的翅膀，栖落在民众的心里。权力转化为武器，也无法将它击毁。

范长江的文章和《大公报》事件，导致了国民党新闻出版检查制度的严厉和规范化。《修正出版法》《修正出版法细则》《新闻检查标准修正案》和《战时图书杂志原稿审查标准及办法》等一系列扼杀言论出版自由的枷锁，此时纷纷出笼，铐了书生们的心灵上。

傅国涌先生的《笔底波澜——百年中国言论简史》中的一段文字，可以印证这段历史：

> 从1927年到1937年，被国民党查禁的书刊，仅载入国民党中央党部和国民政府档案的就有2058种，其中社会科学书刊1028种、文艺书刊458种。左翼作家蒋光慈一个人被查禁的作品就有27种，郭沫若被查禁的著译有25种，钱杏邨被查禁的著译也在20种以上。甚至以写多角恋爱著称的小说家张资平的许多小说（比如被黎烈文在《申报·自由谈》"腰斩"的《时代与爱的歧路》等），也未能幸免同样的命运。从1936年11月到1937年6月"七七事变"前夕，至少有130种书刊被查禁。

所有的书报查禁，对张季鸾和《大公报》来说，都是一种警告和威胁。张季鸾不为所动，他已经把一生奉行的"四不"方针置于生命的前头。《大公报》的背后，站立着千万读者，还有胡适等文化名人，毫不避讳地给他们支持。傅国涌先生说："此时，《大公报》的声望已如日中天，然而他的新闻、言论常常引起当局的不满，又是'警告'，又是办事处差一点被捣毁，特务制度、新闻检查制度让'矮人国'里的'巨无霸'头疼不已。胡政之读了胡适'痛快之至'的文章，欣然表示'彼此共同负责'，并'为文作桴鼓之应'。胡政之们和胡适之们联手争取言论自由的时代，无疑正是中国民间报纸与知识界结合的黄金时代。"傅国涌先生这番话不是文学的虚构和想象，而是建立在史实之上的陈述。因为，早在两年前，张季鸾和《大公报》在面对兵权时，就有过极其精彩的表现。

那一次，张季鸾将批评的矛头对准了手握兵权的平津最高首脑宋哲元。那篇《勿自促国家之分裂》的《大公报》社评，让宋哲元按捺不住愤怒。在权力的命令下，《大公报》被停止邮递并禁止在天津华界发行。

书生的毛笔和军人的刺刀无法在权力面前公平较量，文人当然不是武夫的对手。但是，张季鸾和《大公报》得到了南京、上海各地报纸的声援。正在召开的国民党五届一中全会，也用决议的形式，要求行政院立即纠正。几天之后，《大公报》终于恢复了邮递，新闻走在了正常的轨道上。

自由主义者胡适立即在《独立评论》上表达了个人的祝贺："《大公报》在很困难的环境之中，独能不顾危险，登载平津各报不能登载的文电，发表平津各报不敢发表的言论。从12月4日起《大公报》得了停止邮递的处分。这样为正义受损失，是一个舆论机关最光荣的事。我们很诚恳地给《大公报》道贺。"

胡适在写给张季鸾的信中称赞说："射雕老手，箭无虚发，一发即中伤要害，佩服！佩服！"

胡适的声援，让张季鸾增添了力量，同时也让他想起了一年之前的史量才。一年前的那粒子弹，穿透了史量才的身体，之后在张季鸾们的身上留下了一块无法消除的疤痕。

1934年是中国新闻史上的寒冬。2月19日，国民党中央宣传委员会通令查禁了二十八位作家的一百四十九种文艺书籍；3月，南京最高法院以"文字为叛国之宣传"的罪名，判处陈独秀有期徒刑八年。7月，《民生报》因为转载了民族社的消息《蒋电汪于勿走极端》，成舍我被蒋介石以"泄露军情，鼓动政潮"的罪名逮捕，报馆被封。四十天后的中国记者节那天，成舍我获释。四十天的关押没有让他的头颅低下，出狱之后，他说了一句骨头坚硬的话："汪精卫不可能一辈子做行政院长，我却能做一辈子新闻记者！"这句掷地有声的话让成舍我付出了《民生报》永久停刊的代价，禁止在南京以其他名义办报并剥夺其以本名或笔名发表批评政府文章的资格。这一年的血雨腥风在一声枪响中结束。蒋介石对《申报》老板史量才说："把我搞火了，我手下有一百万兵！"史量才毫无畏惧，针锋相对说："我手下也有一百万读者！"这个铁骨铮铮的情节，被黄炎培先生记录在《八十年来》中："有一天，蒋召史和我去南京，谈话甚洽。临别，史握蒋手慷慨地说：'你手握几十万大军，我有申、新两报几十万读者，你我合作还有什么问题！'蒋立即变了脸色。"

两个不同的版本，描述了相同的内容，即枪与报的较量。

枪支与报纸，在任何一个时代，都体现出它们之间的不可比性。枪口之下，是鲜血，是生命，而报纸上的那些文字，却是真相和正义。书生们当然知道，一粒子弹可以轻而易举地洞穿等身厚度的报纸，但报纸的鲜血，却可以揭露社会的真相，唤起国民的良知与正义。

11月13日下午，与蒋介石不欢而散的史量才在浙江海宁的翁家埠，听到了一声枪响。这个时年五十四岁的报业巨子，知道枪支与报纸的较量开始了。他的身躯倒下去了，他那句名言却站起来了。以至八十年后，我依然在毛笔书写的汉字中听到了令骨头作响的话："人有人格，报有报格，国有国格，三格不存，人将非人，报将非报，国将不国！"

在史量才未及风干的鲜血中，我看到了张季鸾的身影。《大公报》等二十四家报纸和通讯社，联名致电国民党中央，提出了开放言论的三点要求。同一天，《大公报》用《为报界向五中全会请命》的社评，向国民党发出了报纸的声音："言论是报纸的灵魂，自负责任，如触犯法律，可照律惩罚，不应在发表前横加束缚，在发表后任意苛责。国民党不要把全国的报纸文章都弄成清一色，到处是千篇一律的对政府恭顺的文辞。"

九

对于汉字来说，文房四宝中的毛笔是最柔软的书写工具。但是，最柔软的笔，却能写出最坚硬的文章。有骨头的文章，横平竖直，队列整齐，每一个汉字，就是一个正步操练的战士。而现在，用坚硬闪光的金属化身的钢笔、圆珠笔和电脑键盘，却常常写出柔若无骨的媚俗文章。

有偿新闻，是我们这个时代报纸的一颗毒瘤。所有报纸的读者，都或隐或显地看见过它的丑陋面目。在规范的定义中，有偿新闻指新闻采编者将具有或不具有新闻价值的信息，按照出资人某些宣传和意图撰写的新闻。它是新闻工作者采取不正当手段向被采访报道对象索取物质报酬的活动。它的本质，就是贿赂。

十年前的广州，两名凌志汽车车主在天河体育中心怒砸爱车。车主们通过砸车行为向社会传达了对车辆存在致命缺陷和对售后服务的不满。数十家媒体记者目睹了那个愤怒的现场和消费者表达不满的极端方式。然而，所有媒体，一齐沉默，无一家发稿。

"有偿新闻""封口费"，这些张季鸾完全陌生的名词，如今已化身渗透在日常生活中。"敲诈勒索""强迫交易""合作""有偿不闻"这些有偿新闻的变种，把一张张报纸，污染得铜臭熏天。

"本报经济独立，专赖合法营业之收入，不接受政府官厅或任何私人之津贴补助。同人等亦不兼任政治上有给之职，本报言论记载不作交易，亦不挟成见……"这段写在《大公报》旗帜上的宣言，彰显着那个时代的一种现实，更是形成了对如今某些无良媒体的一种反讽。

几个月前，所有的媒体都披露了21世纪报系涉嫌严重经济犯罪的案件。正义的媒体在追踪21世纪报系总编辑、总经理等人通过媒体公器谋取私利时，用了"新闻圣徒"这个罕见的名词。那些如今成了新闻腐败典型的新闻工作者，在进入媒体之初，内心无不充满阳光。他们面向社会面向读者发表的宣言，虽然没有前辈们不私不卖的保证，却也张扬了正气，彰显了风骨。"即使新闻死了，也会留下圣徒无数。""总有一种力量让我们泪流满面。"这些富有时代特色、文学性极强的抒情语言，像八十年前《大公报》的"四不"一样，进入读者的心里，让我们久久感动。然而，这些华丽的语言在私欲下变质，成了欺世的谎言，新闻公正的旗帜，被他们踩在肮脏的脚下。

21世纪报系事件，涉案人员众多，已经形成了团伙。"被侵害公司的指证和涉案人员的供述表明，《21世纪经济报道》《21世纪网》《理财周报》利用其在财经界的广泛影响力，与上海润言、深圳鑫麒麟等公关公司相互勾结，指使下属媒体记者通过各种途径主动挖掘、采编拟上市公司、上市公司等的负面信息，并以发布负面报道为要挟，迫使200多家公司与其签订'合作'协议，收取高额'广告费'。"（《"新闻圣徒"的台前幕后》，《南方日报》2014

年9月30日)。

在威逼利诱之下仍不肯就范的企业,几乎都会成为不良媒体打压的对象。"农夫山泉"是消费者熟悉的一种饮用水,在某些媒体打压下,几乎遭遇灭顶之灾。幸好有主持正义的报纸仗义执言,早在21世纪报系涉嫌严重经济犯罪暴露之前的2013年5月,就有南方的一家报纸发表了麦尚文、张艳丽的署名文章《浮躁舆论更需要媒体"克制"精神》,作者写道:"《京华时报》以'最致命的报道'介入农夫山泉事件,连续27天动用了68个版面来报道,创下'一家媒体批评一个企业的新闻纪录'。在具体的报道业务上,对于还未'盖棺认定'的公共事件,媒体没有权力给予审判,媒体的职责在于呈现事实曲折、提供双方观点,而不在于充当'裁判'角色。"

同年的3月24日,另有一家南方报纸直言不讳地批评指责某媒体。作者王天定在《开放竞争的市场才能制约媒体权力》的文章中指出:"在中国新闻界,编辑独立、利害关系回避,程序公正等这些专业主义的基本原则都没有落地生根,尤其许多新闻专题类节目前面都挂'某某特约',这些'某某'都是一些企业名称或商品品牌。在我看来,这等于媒体公然对外邀请商业机构干预自己新闻节目编辑权……任何一个媒体,对监督对象都是有所选择的,但这个选择的标准只能是专业标准,即新闻价值是否重大,是否具有典型性,掌握材料是否准确,监督能否产生比较好的社会效果,等等。如果媒体舍弃专业标准,把是否属于自己的广告客户,是否有助于媒体商业利益作为选择监督对象的出发点,这样的所谓监督,与敲诈没有什么区别。"

王天定先生提出的新闻专业主义的基本原则问题,在我们这个时代无疑是发人深省的。但是,如果我们将目光放远,在1936年的新闻小路上同张季鸾先生相遇时,我们就找到了明确的答案。

从"新闻圣徒"到经济罪犯,这中间的距离并不遥远,横亘在两种身份之间的只有两个常见的汉字——金钱。21世纪报系的涉案人员,践踏了个人的新闻理想,最终堕落成了金钱的奴隶。

"不卖"和"不私",是张季鸾一生的办报原则,这四个汉字注定了他不可能在财富上暴发。一个认为权力、资本、蒙昧和偏见都是报人天敌的书生,与富贵绝缘就是他人生的必然结果了。我在张季鸾不长的人生中看到过他唯一的一次发财。那是抗日战争全面爆发之后,张季鸾在武汉主持《大公报》的汉口版。国家不幸的时候,张季鸾的家庭幸福却没有被日军的炸弹粉碎,他的儿子在战火中出生了。老年得子,张季鸾的欣喜像春风里的蒲公英,飘散在许多朋友的肩膀上。前来贺喜的朋友络绎盈门,张季鸾收到了金锁、金钏、金链等许多贵重礼品。但是,黄金的亮光并没有点燃张季鸾对财富的激情,他吩咐家人将所有的金器封存起来。一年之后,张季鸾到了香港,他用所有的爱国激情,参加了香港各界举办的国庆大献金活动,那些金光闪闪的财富,成了他献给国家献给抗日的一份礼物。张季鸾用铁石心肠拒绝了妻子选留一点作为纪念的愿望。他用一贯的轻描淡写回答了别人的惊异:"抗战期间,前方将士为国洒热血牺牲,后方民众死于炮火或家破人亡者不知几万家,我张某不能为得子而收此巨礼。"张季鸾说这句话的时候,他已经想到了日后生活的变故。所有的财富与金钱,总有化成流水落花的一天。所以,当他临终的时候,他身边的积蓄,只剩下了区区十块钱。

和平与市场经济时代,虚假的口号常常写在旗帜上,而战火纷飞的乱世,却更容易产生"新闻圣徒"。所以,半个多世纪之后,《季鸾文存》仍然作为少有的几部传世经典之一留在中国言论史上。胡政之说,"他一生的文章议论,就是这一时代的活历史。"胡适更是激动地欢呼:"伟大哉,《大公报》!"

十

张季鸾的生命在《我们在割稻子》这篇抗日社评的结尾处停止呼吸。但是,一个书生的报国理想和"四不"箴言却并未入土安葬。张季鸾那支羊毫毛笔,传到了王芸生的手上。

1943年冬天,二十四岁的《大公报》记者张高峰进入中原采访,披露了河南大地上赤地千里、饿殍遍野的人间惨象。王芸生读过之后,立即将标题改为《豫灾实录》在《大公报》要闻版全文刊出,他还用张季鸾留下的那支笔,写下了尖锐的时评《看重庆,念中原!》:

饿死的暴骨失肉,逃亡的扶老携幼,妻离子散,挤人丛,挨棍打,未必能够得到赈济委员会的登记证。吃杂草的毒发而死,吃干树皮的忍不住刺喉绞肠之苦。把妻女驮运到遥远的人肉市场,未必能换到几斗粮食……灾荒如此,粮课依然,县衙门捉人逼拶,饿着肚纳粮,卖了田纳粮。忆童时读杜甫所咏叹的《石壕吏》,辄为之掩卷叹息,乃不意竟依稀见于今日的事实。

河南的灾民卖田卖人甚至饿死,还照纳国课,为什么政府就不可以征发豪商巨富的资产并限制一般富有者"满不在乎"的购买力?《看重庆,念中原》,实在令人感慨万千!

《大公报》的批评传统在权力那里遇到了巨大的阻力,蒋介石的愤怒火山一般爆发,停刊三天的处罚立即降临到了大公报社。时任国民党中宣部部长的王世杰有日记记载:"《大公报》因指摘限制物价之失败,受停刊三日之处分。"傅国涌先生感叹说:"这是《大公报》和王芸生的光荣。《看重庆,念中原!》如同一块纪念碑一般屹立在百年言论史上,成为知识分子以言报国的象征。"

王芸生写这篇社评的时候,张季鸾尸骨未寒,他肯定又一次看见了蒋介石的愤怒。他将自己的魂魄,附在了《大公报》的文字中。后人在王芸生写的这篇社评中,看到了张季鸾的影子。这些尖锐的文字,同张季鸾生前执笔的文章,气脉相通,支撑起所有文字重量的,都是那根共同的脊梁。

对于蒋介石的禁令,张季鸾和《大公报》采取了违检的方式抗争。对于凶残的日本侵略者,张季鸾之后的《大公报》则用自杀的悲壮方式,宣示中国报纸拒绝投降,展示了书生们一根根瘦硬如铁的骨头。

1937年,南京陷落的那个耻辱时刻,侵略军向上海所有报纸发出通令,规定从12月14日起,所有稿件小样必须送交审查,否则不准刊发。《大公报》和《申报》拒绝送检,宣布自动停刊。七十七年之后,我在故纸堆中读到了那些铁骨铮铮的社评:

我们是报人,生平深怀文章报国之志……到今天,我们所能自勉兼为同胞勉者，惟有这三个字——不投降。

我们是中国人，办的是中国报，一不投降，二不受辱。

张季鸾执笔的最后一篇社评写于1941年7月7日，他在《抗战四周年纪念辞》这篇抗日文章中，高呼"全世界人类自由万岁"。可惜，他没有看到日本侵略者投降的情景，他没有耐心等到中国人民抗战胜利的那一天。然而，值得他安慰的是，美国密苏里大学授予《大公报》密苏里奖章的喜报，飞到了他的枕畔。这是继《朝日新闻》之后荣获此奖的第二张东方报纸，这是一份世界性的崇高荣誉。

所以，远在大洋彼岸的美国人，将密苏里奖的荣誉授予《大公报》，也是它们的荣誉。

延安时期的毛泽东，在陕北的窑洞里见到《大公报》记者孔昭恺时，瞬间就动了感情。他握住孔昭恺的手说："只有你们《大公报》拿我们共产党当人。"毛泽东知道，在国民党要求国统区所有报纸一律用"共匪"称呼共产党，用"匪军"称呼红军的压力下，只有《大公报》坚持它的"四不"立场，拒绝使用这些有违事实和新闻原则的蔑称。

十一

如果将汉字转换成繁体竖排，民国的时光就可以回到我的身边。我在竹林村村民邢建民的叙述中回到了1942年8月葬礼的现场。邢建民的父亲邢宝忠多次向儿子描述过张季鸾陵墓的三件陪葬品。白铜水烟斗、白铜盆、麻将牌，这三件张季鸾生前最爱的日常生活物品，在与张季鸾的肌肤相亲中被打磨得闪闪发亮。

我相信邢建民的描述是历史真实的见证，那三件带着张季鸾体温的陪葬品，符合一个报人的性格和喜好习惯。但我怀疑，那个已经去世的老人的描述，一定有无意中的遗漏。张季鸾那支写了三千篇社评的毛笔，一定是陪葬品的首选。国民党的蒋介石和共产党的毛泽东，都会让一个以办报为追求的报人，在另一个世界里延续他的脚步。只有那支羊毫,可以让他微笑,金钱无法寄托他报国的理想。

四十亩的陵园被七十二年的漫长时光侵蚀,消瘦羸弱得只剩了一亩见方。张季鸾墓地的南面是挂着种猪场牌子的牲畜世界,东侧却是人的天地。那些砖窑厂里的工人,挖泥捣浆,点火烧窑。猪粪的臭味和烟火的熏炙,让张季鸾的后人听到了炽章先生灵魂的痛苦呻吟。

当张季鸾的棺木揭开,一缕新时代的阳光照进泥土的时候,这个死去了七十三年的民国报人,只以几根嶙峋瘦骨的姿态迎接那些陌生的面孔。漫长的时光,让那些来自国共两党的颂词都腐朽了,已没有人能够记得"报界宗师、文坛巨擘""功在国家""国士无双"这些高入云端的政治描述。

在张季鸾的遗骨被装入蛇皮袋,即将启程回到他的故乡榆林的那天,恰好是他诞辰一百二十周年。这个有陕西省记协主席、西安日报社社长等人参加的迁陵活动中,所有人都被猪粪浓烈的臭味熏晕了。这个时候,历史用"报人"这个称呼还原了张季鸾的真实面目。

徐铸成先生在诠释"报人"这个词的时候,极其严肃庄重。他说:

> 我以一家之言,为季鸾先生写一篇小传,定名为《报人张季鸾先生传》,以怀念这位杰出的前辈、本师。为什么不加"伟大""卓越"这类的形容词?我认为,"报人"这个称谓,就含有极崇敬的意义。我国近代新闻史上,出现了不少名记者,有名的新闻工作者,也有不少办报有成就的新闻事业家,但未必都能称为报人。历史是昨天的新闻,新闻是明天的历史。对人民负责,也应对历史负责;富贵不淫,威武不屈;不颠倒是非,不哗众取宠,这是我国史家传统的特色。称为报人,也该具有这样的品德和特点吧。

回到家乡,回到最后的安息地,后人应该在张季鸾的墓中放一支用羊毫和竹竿做成的笔。钢笔、圆珠笔、签字笔,甚至电脑键盘,这些现代的书写工具,虽然迅速、方便、流畅,但都不能让民国的报人写出有骨气的文章。

如今这个时代,除了目标直通润笔的书画家们,谁还在用毛笔抒写心灵,针砭时弊，或者表达情谊，叙说温暖？

笔，用最轻软的羊毫，写出了最坚硬复杂的文字，它成了手无缚鸡之力的文人战斗的武器。陪葬，是人类悠久的丧葬传统。在黄金、珠宝、陶器乃至鲜活的奴隶之外，我们还可以在腐朽的棺木中看到笔的影子。在一个笔墨逐渐淡出日常生活的时代，与张季鸾相伴的那支笔可以通往历史的深处。和张季鸾同时代的陈布雷，也用了一支派克笔作为他未竟理想的寄托。可惜的是，由于派克名笔用了一个象征财富的"金"字命名，以至一介文人的坟墓成了盗墓贼觊觎的对象，最终失守。

陈布雷是个一生同蒋介石紧密相连的文人，民国史上许多脍炙人口的锦绣文章，彩虹一般出现在他的笔下。以至江苏作家叶兆言在距陈布雷遥远的另一个时代里，发出由衷的赞叹声：

> 江苏作协很长一段时间都在颐和路二号办公，隔开一个门牌号码，就是陈布雷公馆。很漂亮的一幢小楼，铁门紧锁，从旁边走过，我忍不住会想起当年的主人，想到他绞尽脑汁，想到他写的那些奇妙词句，铿锵有力，金属铸造出来的一样，扔地上都会有声音。
>
> 说老实话，文人混到陈布雷这般境界，确实不容易。人生的成功莫过于富贵，莫过于尽其所用，想想我们的那作协，也算是个养文人的地方，有时候也会有些虚名，有点蝇头小利，可是诸位的笔力与陈布雷相比，真是小巫见大巫。

莫言成为诺贝尔文学奖得主之后，为了排除干扰，保持写作状态，经常毫不留情地拒绝许多文学邀请。中山大学九十周年校庆活动，就诚恳地邀请了莫言前来演讲。所有的理由，包括朋友的私谊等，都在莫言的坚定之下铩羽而归。然而，当莫言收到了谢有顺教授用毛笔竖写的七张纸的长信之后，这个中国当代的杰出作家，就毅然飞临广州，站在演讲台上。我想，是毛笔和繁体竖排的汉字，最终打动了这条山东汉子。

有朝一日，我要去广州，在谢有顺教授的书斋里，看一眼那支写出七页纸书信的毛笔。我要考证，这支毛笔的文化传统，来自唐、宋、元、明、清和民国的轨迹。我虽然是一个握笔的人,但我已经多年没有见过用于书信写作的毛笔了。用毛笔表演书法,是我们这个时代的风尚潮流,每一个人的身边,随处可见,但用墨汁洇染的书信,却凤毛麟角一般难觅。如今的毛笔,已经无法写出民国的文章了。因此,在一个键盘泛滥的时代,我应该拨开尘埃,寻找一支毛笔在一页名为《大公报》的纸上走过的轨迹,眺望一个瘦骨嶙峋的书生,用一生的光阴凝成的四个大字:"文人报国"。

张季鸾的一生,就是一张纸的一生。张季鸾的命运,像一张纸那样薄,但纸上的文字,加起来比一座山更高。

书生的骨头

一

学贯中西的安徽人刘文典在 1928 年 11 月 29 日下午顶撞蒋介石的时候，他从肺腑里发出了无法按捺的愤怒。在他的眼睛里，蒋介石只是一个不懂教育的军阀，他的国民政府主席和陆海空三军司令的领袖权威在安徽大学的校园里并不是一张自由的通行证。大学不是衙门，演讲可以，训话不行的软性盾牌极大地伤害了一个国家领袖的自尊心，因此，那天下午见面的时候，蒋介石就给了刘文典代理校长一个下马威。

"你就是刘文典吗？"看到礼帽长衫毫无惧色昂首阔步走进来的书生，蒋介石明知故问，心中隐忍的怒气一下就点燃了。

蒋介石安坐在椅子上没有欠身，他的傲慢失礼瞬间就激怒了刘文典。

"本人字叔雅，文典只是父母长辈的称呼，不是随便谁都可以直呼的！"

从未遭过如此顶撞的蒋介石显然缺少应对不利局面的准备，他恼怒地拍击桌子，吼道："你这个学霸！"

刘文典没有被对方的威怒吓倒，他愤怒地回击道："如果你说我是学霸，那你就是军阀！"

有关一个书生顶撞国家最高领袖的描述，坊间有多个不同的版本。有一种说法，蒋介石气极之下，打了刘文典几个耳光。而刘文典则飞起一脚，踢中了蒋介石的要害。这个说法强调了事件的戏剧性，最为人津津乐道。所有的版本虽有情节和场景的差异，但一介文弱书生无视国家元首的尊严和权威，维护大学教育的规律，坚守知识分子的独立精神，却是共同的本质。所以这个事件成了民国历史上知识分子傲骨的一个经典。

这个时候的刘文典，还没有与日后成为他终生偶像的清华国学院导师陈寅恪教授结缘。但是，他已经用独特的个性把自己独立和自由的傲骨放置在中国学术祭坛的最高点上了，他不怕以流血甚至牺牲来维护大学的尊严和独立。

怒不可遏的蒋介石当即下令扣押了刘文典。即使刘文典身陷囹圄，安徽大学学生和市民游行示威，要求保障人权，立即释放刘文典的口号浪潮般地传到了耳里，蒋介石仍然愤怒不已。当过黄埔军校校长的蒋介石说："我也办过教育，我的学生有十几万人。如果有一个刘叔雅这样的人，我会下令就地枪决！"

"枪决"，这个让人心惊胆战的极端词语，如今是和司法、审判紧密相连的一个因果。但是，在一个尸横遍野、战争频繁的乱世中，尤其是在军人执掌政权决定个人命运的特定历史时期，一个书生的生命犹如地上的一只蚂蚁，任何一只脚掌都可以将他碾得粉身碎骨。

在蒋介石的命令下，安庆市公安局长王绍曾带人押走了胆大包天的刘文典，将他关在省政府的"后乐轩"里。八十多年后，我们已经无法知道刘文典当时的心情，也无法从当时的新闻中寻找到记录当事人内心活动的任何蛛丝马迹。只是听到过化险为夷之后，刘文典同他的好友冯友兰回忆当年的一段话。刘文典说，当失去自由的一刻，他就做好了杀身成仁的心理准备。

用个人的生命换取人类社会的理想，它让我们看到了文字背后的鲜血，这在任何一个时代，都是一种悲壮的情怀。因此，当"杀身成仁"四个字出现在

1928年的报刊上时,半个多世纪之后的我们还依稀遥望得到被囚禁在斗室中的刘文典的怒容,他那多天没有修剪的黑髭荆棘一般地竖立起来,这是一种不屈的自然反应。刘文典丝毫没有动摇拒绝蒋介石训话的决心,在一个独立和自由的大学校园里,演讲是一种学术方式,是文人的说教,训话却是一种强制手段,是军人的命令。刘文典非常明白演讲和训话的本质区别,所以,他用演讲这个温和的动词彻底激起了蒋介石的愤怒。抗日战争期间,蒋介石在黄埔军校学生毕业典礼上训话,他的直白让每一个受训的人终生难忘。"你们赶快地去死,你们死了,你们的灵魂见了先总理,一定会得到极大的安慰。你们的父母,就是我的父母,你们的子女,就是我的子女。"

顶撞蒋介石事件并没有因刘文典失去自由而平息,书生的愤怒在报纸上持续发酵。蔡元培致电蒋介石质问:"文人学士,理当优待。今先生拘叔雅,敢问何由?"胡适更是在《新月》杂志发表文章:"安徽大学一个学长,因为语言上顶撞了蒋主席,遂被拘禁了多少天。他的家人朋友只能到处奔走求情,决不能到任何法院去控告蒋主席。只能求情而不能控诉,这是人治,不是法治。"

在下令释放刘文典的时候,蒋介石遇到了前所未有的尴尬。一个星期的时间,国家领袖就收回了自己的成命,更令人不可理喻的是,刘文典不肯被释放,他要蒋介石还他一个清白。刘文典说:"我刘文典岂是说关就关,说放就放的?"

书生意气,是要靠骨头来支撑的!

二

一个浑身傲骨、目无权力的书生,他的内心却是柔软的,他的心中有无法动摇的偶像。

在清华大学和西南联合大学的课堂上,刘文典不止一次地竖起大拇指,说这是陈先生,然后又翘起小指头,对向自己,说这是刘某人。

刘文典说的陈先生,即是刘文典因顶撞蒋介石被迫离开安徽大学来到清华园任教之后认识的陈寅恪教授。如果不是这次惊险的遭遇,刘文典也许将会失去同陈寅恪结缘的机会。

岳南先生所著《陈寅恪与傅斯年》一书中有与此相关的记载：

> 刘氏出狱后，根据蒋介石"必须滚出安徽"的释放条件，受罗家伦之聘来到清华出任国文系主任，成了陈寅恪的同事兼上司，也成为在国学领域唯一可与陈寅恪过招并有一拼的重量级大师。尽管如此，刘文典对陈寅恪却极为尊崇，不敢有半点造次，公然坦承自己的学问不及陈氏之万一，并多次向他的学生们云：自己对陈氏的人格学问不是十分敬佩，而是"十二万分的敬佩"。

如果不是碰到陈寅恪，恃才傲物、不可一世的刘文典绝对就会以为自己是天下第一了。当他后来在西南联大得知学校要晋升新文学作家沈从文为副教授时，顿时勃然大怒，破口大骂："在西南联大，陈寅恪才是真正的教授，他该拿四百块钱，我该拿四十块钱，朱自清该拿四块。可我不会给沈从文四毛钱！如果沈从文都是教授，那我是什么？我不成了太上教授？"（易社强《战争与革命中的西南联大》，九州出版社，2012 年版）

在一个讲究学历、学位、著作，论资排辈的大学里，只读过小学的年轻小说家当然没有同刘文典争辩的资本，沈从文的沉默和回避也许就是保护自己最好的方法了。沈从文不可能不知道刘文典在安徽大学校园里顶撞国家最高领袖的出格行为，因此，一个弱势的大学教师显然是无法抵挡刘文典的锋芒。

在许多次斗争中，刘文典总是胜利的一方。面对沈从文的落荒而逃，刘文典脸上露出了得意的微笑。

清华园中和以后西南联大时期的刘文典，对陈寅恪的敬佩不仅仅来自他"前无古人后无来者"的渊博学识，陈寅恪独立和自由的人格魅力，更是刘文典五体投地的根源。

1937 年 9 月，日军侵入北平。为了保持自己的名节和抗议外族的侵略，陈寅恪的父亲陈三立绝食绝药，用生命张扬了一个中国人的骨气。这个瘦骨嶙峋的同光体诗歌领袖，让他的后人深刻而真切地体验了民族的危亡之痛和生命死亡的意义。刘文典在陈三立用生命之火熄灭宣示骨气的庄严仪式中感受到了唇亡齿寒，联想到十年前清华国学研究院四大导师之一的王国维投昆明湖自尽，陈寅恪应研究院同仁推举为死者撰写的碑文中"独立之精神，自由之思想"的闪光名言，刘文典瞬间就听到了骨头撞击时的铿锵之声。

三

因为当众顶撞自己，蒋介石下令逮捕刘文典并指示枪毙的时候，没有谁真的会认为刘文典小命休矣。蒋介石的一时之气，为他带来了持久的负面影响。从蔡元培、蒋梦麟、胡适等学界名流的表态中，蒋介石作为党国领袖的形象显然遭到了损害。

数十年过去，后人从蒋介石的日记中看到了他的反省和自责，他对自己暴躁的脾气屡有检讨，但是，一个掌握着国家政党和军队大权的独裁者是不可能通过自我反思脱胎换骨的。

文人与军人，对待相同的一件事情，自会有文化和人格上的巨大差异。刘文典终生都没有忘记同蒋介石那次剑拔弩张的冲突，但是，对代表着国家和军队的最高领袖，他总是坚持一种客观、公正的评价。一介书生的心中，总是有骨气构筑的人格标准。

1931年，清华园里的刘文典接到了主政广东的"南天王"陈济棠的热情邀请，约他到广东小住休息。刘文典当然知道陈济棠是拥兵自重、独霸一方的军阀，但是治理南粤时热衷教育，善待知识分子的口碑却让刘文典产生了许多好感。刘文典心情大好，偕同夫人张秋华兴致勃勃地来到广州，住进了陈济棠精心安排在小岛上的一幢别墅，每天在专人伺候的吃喝游玩中流连。一段时间之后，刘文典知道了陈济棠邀请他的目的是反蒋。刘文典当即拒绝了陈济棠丰厚回报和官职利禄的许诺，他公开表示，蒋介石曾经是他的私敌，但日本侵略军是全体中国人目前的公敌。

陈济棠对刘文典的了解是符合情理和逻辑的。刘文典从内心厌恶蒋介石，但是，在"九一八"的枪声惊醒了酣睡中的中国人，侵略军的铁蹄践踏了东北国土，中国军队放弃抵抗的残酷现实面前，刘文典已经没有了私怨。陈济棠错误判断了一个书生在国家危亡面前的价值选择，他对刘文典的了解实在太肤浅，他以为在他反对蒋介石的棋盘上,刘文典可以胜任一只勇往直前的卒子,却不料刘文典是一个清醒的爱国主义者。

回京之后,刘文典毫不掩饰对陈济棠的失望,他说:"正当日寇侵华,山河破碎,国难深重之时,理应团结抗日,怎能置大敌当前而不顾,搞什么军阀混战?皮之不存,毛将焉附?"

刘文典的表述彻底拧去了掩藏隐饰的水分,每一个文字中只剩下了坚硬的骨头。刘文典之后的言行和作为,更是成为他这段话的有力注释。

刘文典多次远渡扶桑,对于日本这个国家的现实和文化有非常深刻的了解和洞察。他认为,"日本这个国家和世界的其他各国迥然不同,在明治维新以前固然是大将军秉政,就是维新以后也还是军阀总揽一切军政的大权"。他断言,日本的国策就是军阀,军事侵略是日本的必然选择。

书生的睿智是一种文化的审时度势。刘文典知道,在一个经济落后、军阀混战的时代,国人对日本的侵略野心缺乏洞察和审视,对亡国的危险麻木到了骨髓。在许多个不眠长夜之后,刘文典找到了一个文弱书生抵抗外族侵略的最佳选择。

在许多人的疑惑和误解之中,刘文典开始翻译日本陆军大臣荒木贞夫的《告全日本国民书》,刘文典夜以继日,他熬红了的双眼,透过近视镜片,洞穿了日本的侵华野心。刘文典在译者自序中说:

> 自从沈阳的事变发生以来,当局和民众把日本误认为一个欧美式的现代国家,以致应付无方,把国事败坏到今天这样,推原祸始,全是由于对日本的认识错误。然而,从今天起痛自悔悟,也还不算过迟,所以我以一个学问知识思想都落伍的人,凛于"侨将压焉"之惧,把那些支离破碎的线装书暂且束之高阁,来翻译荒木贞夫的这部书。无论大家怎样的不了解日本,不肯了解日本,我总要尽我的微力。

手无缚鸡之力的书生刘文典,目光穿透了未来的时间。几年之后,日本侵略军全面侵华,北平沦陷,没有来得及转移的刘文典身陷日军恐怖之下。留学日本的经历和精通日语的特长让刘文典担心和忧虑,果然,已经变节成了汉奸的周作人找上门来，三番五次劝说刘文典为日军服务。刘文典终于恼怒了，他义正词严回绝说："国家民族是大节，马虎不得，读书人要懂得爱惜自己的羽毛！"

日本人没有料到刘文典是一个与周作人迥异的人，侵略者也不相信一个书生的骨头比刺刀更硬。日本人派出了宪兵队，凶神恶煞地闯入刘文典住宅，将刘文典珍藏的名人字画、珍贵典籍和私人信件一抢而空。刘文典身穿袈裟，毫无惧色，怒目而视。面对日本人的问话，刘文典不发一言。日本人走了，刘文典才用中国话表达一个书生的愤怒："国难临头，我以发夷声为耻！"

刘文典知道，晚清同光体诗歌领袖，他十二万分佩服的教授陈寅恪的父亲陈三立老人，几乎是与此同时，遭到了与他相同的利诱和威逼。陈三立老人怒骂上门游说他出任伪职的人，毅然绝食，用生命宣示了不同侵略者合作的信念和骨气。

四

逃离北平，辗转万里之后，刘文典同陈寅恪在云南蒙自重逢。在西南联大简陋的校园里，两个惺惺相惜的朋友百感交集。在日本侵略者的恶行面前，两个学术巨人失去了许多许多。陈寅恪先生，更是失去了父亲的生命。但是，他们保存了中国人的骨气，他们骨头里的钙质，任何时候，都没有一丝一毫的流失！

这是1938年5月的云南。西南联大文法学院设在滇南重镇蒙自。光绪十三年（1887年），蒙自被辟为商埠，设有海关、法国银行、法国领事馆，风光一时。刘文典与陈寅恪任教西南联大时，蒙自经济已经凋敝。根据学校安排，刘文典住进了已经歇业的歌胪士洋行。与刘文典同住一起的还有闻一多、陈寅恪、陈岱孙、陈序经等十几个人。

刘文典没有想到，与他同住一个屋檐下的闻一多教授，五年后竟不顾多方劝阻，丝毫不留情面地用一纸文书，解聘了恃才傲物的自己。

闻一多以清华大学中文系主任的身份坚决辞退刘文典，不仅让时人震惊，而且成了西南联大校史上的一个事件。其中原因，并非坊间流传为金钱失节这么简单。

刘文典的"二云居士"外号，是他除了当面顶撞蒋介石之外的知名因素之一。因为喜欢云南火腿和云南烟土，刘文典一直遭人诟病，被认为颓废萎靡。喜欢云南火腿是人的正常饮食嗜好，无可非议，但留恋鸦片毒品，却是为人不齿的恶习。没有人会因为刘文典丧子之痛悲伤过度，家人用鸦片助他消除痛苦而有所理解和同情。"二云居士"这个带有明显贬义的称号无异于黥在刘文典脸上的标志，让他的形象像暮色一样黯淡。

闻一多坚辞刘文典，始终同一个叫磨黑的地名有关。

20世纪40年代的云南，由于战乱，物价飞涨，货币贬值，西南联大教授们的生活，已经陷入到了入不敷出、典当度日的窘迫状态，许多时候连基本的一日三餐都成了问题。

语言学家王力教授经常去出纳组打听什么时候发薪水，如果领了薪水，即召开家庭会议讨论如何开支度日。王力的孩子目睹父母为一日三餐发愁，便表示不再用功读书。西南联大教授们的孩子只恨自己不生于街头小贩之家。西南联大三常委之一的原清华大学校长梅贻琦，一个月的薪水只够维持全家半月开支，餐桌上经常见不到任何菜肴，偶尔吃上菠菜豆腐汤，全家便像过年一样高兴。

在1942年的《国立西南联合大学三十一年度教员名册》中，后人看到了国文系教授刘文典的月薪——四百七十元，这是中文系教授的最高水平。刘文典的月薪水平同系主任罗常培，教授罗庸、杨振声、朱自清、闻一多相同，比唐兰、浦江清、王力等教授高出许多。即使这样，刘文典的月薪也无法在飞涨的物价面前维持最低的生活水平。刘文典夫人张秋华典当了娘家陪嫁的首饰和过去购买的貂皮大衣，也无法维持长久，依然陷入困境当中。

西南联大教授养猪卖菜，已是见怪不怪。即使是以因钱失节的理由坚辞刘文典的闻一多教授，也未必生活得滋润，一样斯文扫地。1943年，梅贻琦、冯友兰、朱自清、潘光旦、蒋梦麟、杨振声、罗文培、陈雪屏、熊庆来、姜寅清、唐兰、沈从文等十二位教授联名撰写《闻一多教授金石润例》，为闻一多招揽生意："牙章每字一千元，石章每字六百元，边款每五字作一字计算，润资先惠，七日取件。"以致陈寅恪作诗云："日食万钱难下箸，月支双俸尚忧贫。"

这个时候，普洱磨黑的大盐商张孟希派人送来书信，邀请刘文典去磨黑帮忙，一是为他已去世的母亲作一墓志铭，二是为有"瘴气"之恶名的普洱撰一游记正名。张孟希是云南闻名的富商，为人慷慨，为刘文典开出重金回报，许诺在磨黑期间，供应他所需要的烟土和全家三口人的生活费用，待回昆明时再送他五十两烟土作为谢礼。

章玉政先生在《狂人刘文典》一书中解释了刘文典磨黑之行的原因：

> 写骈文是刘文典的拿手好戏，在云南期间，他曾多次应邀为他人先祖、当地名人、著名建筑撰写碑记或铭文，文采飞扬，深得大名。这也是艰难时期刘文典"为稻粱谋"的一个重要途径。至于第二点，正好符合刘文典一直的学术主张，他曾多次提出唐朝人、宋朝人对瘴气毒害的描写过于夸张，"实开发西南之大阻力，深愿辞而辟之"。于是，双方一拍即合。

刘文典就这样踏上了前往普洱的漫长旅途。千里之外的磨黑，隐藏在哀牢山和无量山的结合处，没有公路通行，除了马帮的铃声，只有崎岖曲折的山水，此时却为刘文典展示了一幅衣食无忧的美好画图。

刘文典在磨黑的日子过得惬意悠闲，他在吞云吐雾和飘飘欲仙中，慢慢淡忘了昆明的艰苦岁月。但就在此时，一封从昆明寄来的信件中断了他的景致。

刘文典离开昆明不久，西南联大开始按照惯例给教师颁发下半年的聘书。清华大学有关部门的聘书也插上了翅膀，飞越千山万水到达了磨黑。

由于刘文典临行前只向西南联大中文系主任罗常培请假，并未告知清华大学中文系主任闻一多，致使系里的课程受到了一些影响。清华大学未跟他沟通径直给刘文典寄去了聘书，使早已满腹埋怨的闻一多火上浇油，他坚决反对续聘刘文典，并要求学校立即停发刘文典的薪水。

刘文典的心情立刻如同经霜的秋叶。但是，他也没有把事情的结果想象得无可挽回，因为磨黑之行前，他已经向西南联大中文系主任罗常培请过假，罗常培在请示蒋梦麟之后，嘱咐刘文典安排好教学。然而，刘文典的希望在闻一多的来信中破灭了。闻一多信中的每一个汉字都充满了怒气，他表示，即使收到了聘书，也必须退还。闻一多用揶揄之言泼了刘文典一盆冰水："昆明物价涨数十倍，切不可再回学校，度为磨黑盐井人可也！"

闻一多的寥寥文字，如同铜墙铁壁，最终堵死了刘文典回归清华的道路。从1929年2月被罗加伦引进到如今的十四年光阴，刘文典见证了这所大学的成长，他无法理解闻一多为何如此绝情。

刘文典的清华同学王力教授的回忆，是后人窥视刘闻恩怨隐秘的一个管道："系里一位老教授应滇南某上司的邀请为他做寿文，一去半年不返校。闻先生就把他解聘了。我们几个同事去见闻先生，替那位老教授讲情。我们说这位老教授于北京沦陷后随校南迁，还是爱国的。闻先生发怒说：'难道不当汉奸就可以擅离职守，不负教学责任吗？'他终于把那位教授解聘了。"

闻一多解聘刘文典，当然有他的理由。但是，当我们回过头来，设身处地想想，在当时基本生活难以为继的情况下，闻一多自己也刻印卖钱，连他儿子闻立鹤也质疑他"发国难财"，刘文典给盐商的先人写墓志铭，赚点生活费，也未必就有损人格，更无关失节。读王力先生这段回忆，我恍惚看到了闻一多教授怒发冲冠的神情。西南联大时期知识分子的节操和人格，化为了刘闻矛盾的一个缩影。

磨黑事件最终以刘文典离开清华，被云南大学文史系聘为教授结束。在这个令刘文典伤心的过程中，陈寅恪教授给云南大学校长熊庆来写信推荐。而云南大学，则把刘文典视为特殊人才，给了他比云南大学校长、著名数学家熊庆来更高薪金的待遇。

磨黑事件中我们看到的闻一多是他坚持、倔强和有原则的一面，而他的气节和视死如归的一面，六年之后才让我们完整地看到和敬佩。由于对国家政治腐败和社会不公的愤怒，他直率地批判社会现实，并义无反顾地参加反对国民党政权的活动。1946年7月15日，在昆明纪念遭国民党特务暗杀的李公朴大会上，闻一多慷慨陈词："我们不怕死，我们随时像李先生一样，前脚跨出大门，后脚就不准备再跨进大门！"五个小时之后，闻一多也倒在了国民党特务暗杀的血泊中。他的骨头，在卑鄙的枪声中无比坚硬！

五

最坚硬的物质，往往被最柔软的东西包裹。人体中最正直的骨头，无一不处于皮肤和肌肉的遮蔽和掩藏中，藏在柔软深处的骨头，往往在特殊的场合下坚挺，闪烁它的硬度和光芒。

1940年3月5日，弹丸之地香港，见证了"五四元老""中国新文化运动之父""学界泰斗"蔡元培先生的猝死。在抗日战争最困难的时候，国共两党共同表示了对这位担任中央研究院院长的杰出学人的哀悼和痛惜。

中国学术的大树倒下了，但一个民族的学术长河却不能断流。3月中旬，经国民政府批准，作为全国最高学术评审机构的评议会按照章程规定，召集分散在全国各地的评议员赴重庆开会，选举新一届院长。

接到通知的陈寅恪教授从昆明来到了陪都。这个终生厌恶政治的书生毫不掩饰自己的观点，他公开表示："本人不远千里来重庆，只为了投胡适一票。"陈寅恪说出这句话的时候，中研院院长选举的明争暗斗已经像风暴来临之时的大海，波浪汹涌，惊涛裂岸。

除了陈寅恪主张的胡适外，西南联大常委、北大校长蒋梦麟，评议会秘书长翁文灏，前中研院总干事朱家骅，教育部长王世杰和中研院总干事任鸿隽等海归大腕，都是呼声甚高的人物。评议员们的心里，都在暗中比较权衡，挑选自己心仪的对象。

枝节横生于权力的出现。3月16日，中央研究院评议会秘书长翁文灏突然接到了蒋介石侍从室二处主任陈布雷的信函，蒋介石表示"盼以顾孟余为中研院院长"。最高领导人的手令火药一般引爆了学者们心中的愤怒，向有"大炮"之称的傅斯年强按怒火说："我个人觉得孟余不错，但除非北大出身或任教者，教界多不识他，恐怕举不出来。"蒋介石的手令是陈寅恪最不能接受的政治强权，陈寅恪认为这样的干预不仅违反了中研院的选举条例，更是对自己一贯主张和宣示的独立精神和自由思想的侮辱，他明确表示："要把孟余选出，适之也必须选出，给他们看看！"陈寅恪还在翁文灏、任鸿隽的宴席上大谈独立之精神和自由之思想,并坚持中研院院长必须在外国学界有相当声望,如学院之外国会员者。陈寅恪在愤怒中对傅斯年说:"我们总不能单举几个蒋先生的秘书吧!"

第二天晚上,评议会集体宴会,陈寅恪没有料到,国家的最高领袖来到了现场并和书生们坐在一起。蒋介石和蔼的笑容和故作轻松的谈吐,依然没有消除几天前写条子干涉选举在陈寅恪心中留下的不满。

宴会之后,陈寅恪当即作诗一首。在这首题为《重庆春暮夜宴归有作》的诗中,他用轻薄的语言嘲讽了第一次相见的领袖:

> 颇恨平生未蜀游,无端乘兴到渝州。
> 千年故垒英雄尽,万里长江日夜流。
> 食蛤那知天下事,看花愁近最高楼。
> 行都灯火春寒夕,一梦迷离更白头。

这样明目张胆对领袖不恭的诗,陈寅恪当然不会送给蒋介石,他只是抄了一份赠给了他的好友西南联大教授吴宓。吴宓是陈寅恪终生的好友,他与陈寅恪心心相印。吴宓会心一笑,将诗收入了《吴宓诗集续集》中,并在附注中记载:"寅恪赴渝,出席中央研究院会议,寓俞大维妹丈宅。已而蒋公宴请中央研究院到会诸先生。寅恪于座中初次见蒋公,深觉其人不足有为,有负厥职。故有此诗第六句。"

陈寅恪的诗,其实就是一种表态,一种在是非曲直面前的选择。陈寅恪此刻的态度,为他十三年后拒绝北上的科学院事件埋下了伏笔。

陈寅恪诗作墨迹未干,中央研究院评议会就于第二天在重庆的蒙蒙细雨中开幕。三十位评议员采用无记名方式投票,结果大出权力意料,翁文灏、朱家骅各得二十四票,胡适二十票,李四光六票,王世杰和任鸿隽各四票,蒋介石下手令推荐的顾孟余仅得一票。按照选举条例,评议员将得票最多的翁文灏、朱家骅、胡适三人名单呈报国民政府审批。

七十多年后,我们依然能够想象得出第二天向蒋介石汇报选举结果的王世杰忐忑不安的心情和紧张局促的神态,甚至还可以联想得到1928年蒋介石在安徽大学校园责骂刘文典时的愤怒表情。然而，我们没有料到的是，蒋介石只是笑了一下，眉宇间没有乌云，脸色依然晴朗。他平静地说："他们既然要适之，就打电话叫他回来罢。"

中央研究院院长选举最后以胡适在中国驻美大使任上责任重大不宜回国任职为由，最后由蒋介石指定朱家骅为代理院长而告终。以陈寅恪为代表的书生们，不畏权势，张扬自由和民主，成了唯一的赢家，在中华民国历史上和学术史上留下了让后人乐道的经典。

六

十八年之后，刘文典同蒋介石的恩怨依然未断。刘文典和蒋介石的关系不是平行的火车轨道，它们在蒋介石六十大寿的时候毫无征兆地交集了。

抗战前夕，刘文典曾参加过一次西北考察，亲眼看见兵营将士的生活现状和精神状态。回来后，他给胡适写了一封信，真诚地流露了西北考察的感受和心情。刘文典说：

> 弟素来轻视军政长官，认为将帅都是勇于私斗、怯于公战，专以克扣军饷、搜刮民财为事的；文官都是侵盗国帑、诈害百姓为业的，要想中国强盛，非先把这班人铲除干净不可。这回在晋绥境内留心观察，和军政当局晤谈，才知道边疆上的将士多半是忠勇奋发，文官也很埋头苦干的。别省虽不知道是怎样，晋绥的将士官吏那种吃苦拼命的精神，真值得我们崇敬，如弟之躲在后方享福，真要惭愧死了。

这段发自内心的认识和感受，为后来刘文典为蒋介石歌功颂德作了必不可少的铺垫。

云南省政府主席、云南省保安司令兼军事倡议院上将院长卢汉想在蒋介石六十大寿的时候献上一片心意，但在礼物的选择上绞尽脑汁、费尽心机，仍然找不到恰当的表达方式。后来卢汉灵光一闪，他想起了被人称为国宝的刘文典教授。如果能请刘文典为寿星写一篇文辞华丽的祝寿骈文，当会让蒋介石欢喜万分，这样的礼物，胜过真金白银千万倍。

在云南，在中国文人中，刘文典写赋的名声就是竖在人们面前的口碑。许多人都以求得他为先人撰写墓志铭感到有身份、有光彩。刘文典的朋友吴宓教授，就在他的日记中多次记载别人求他做中间人，求刘文典的墓志寿文。那些求取的背后，都有重金的许诺，有的人甚至出价一篇三十万元，其价高至让人不敢想象。

想法虽好，但卢汉主席却有许多顾虑和担心。卢汉知道1928年刘文典同蒋介石的冲突，并且了解一个正直书生对权势、暴力的怨恨和对蒋介石的鄙视。卢汉想，上门向刘文典求祝寿文，不仅达不到目的，很可能还会遭到刘文典的嘲讽，自讨没趣。

但是卢汉向蒋介石祝寿心切，而且也确实想不到比刘文典的祝寿骈文更好的礼物。思之再三，卢汉冒着碰壁的难堪，准备了丰厚的礼物，托省政府秘书长朱丽东和刘文典私交甚好的安徽同乡李广平登门拜访。

大大出乎卢汉意料的是，刘文典竟然满口答应了为蒋介石撰写祝寿文的要求。大权在握的卢汉一时觉得很有面子，他左思右想，不解刘文典为何突然就忘了同蒋介石的恩怨与仇恨。

才过去几天，卢汉就拿到了刘文典的文章。卢汉读后，觉得字字珠玑、汪洋恣肆，蒋介石的一生功绩和光荣，让那些精彩华美的文字彻底照亮。祝寿骈文之好，超出了他的想象和预料。卢汉大喜过望，立即请了云南最好的书法家翰墨书写，精心装裱，作为别出心裁的厚礼送往南京。

由于时光久远，我们已经无法看到那幅体现匠心的艺术品，也难以读到刘文典的溢美文字，但是，蒋介石看了之后掩饰不住兴奋，将其挂在显要位置的举动说明了这件礼物从内容到形式的完美。

新中国成立之后，为蒋介石作祝寿文歌功颂德成了刘文典有罪的证明。在那个人人都迫不及待地掩盖和洗刷旧社会痕迹的特殊时代，刘文典丝毫没有否定他曾经的作为。他毫无隐瞒地对儿子刘平章承认写过祝寿文，他说，1928年自己同蒋介石的矛盾冲突，是因为看不惯蒋介石在处理学潮时的蛮横与武断。而抗日战争的胜利，蒋介石的功绩是不可磨灭的。在国家与民族的大是大非面前，个人的恩怨是无关紧要的。他之所以写祝寿骈文，绝不仅仅是为了卢汉支付的丰厚润笔。

刘文典不是一个心胸狭隘的人。为蒋介石写祝寿骈文，是他骨头另一种形式的正直和坚硬。和1943年不同的是，此时的刘文典已经不须为稻粱谋了，这让他的骨骼有了更多的钙质。

七

在一个靠骨头奠基，用气节建筑的精神世界中，恃才傲物、目中无人的刘文典称陈寅恪教授为他十二万分佩服的教授之教授，除了学术的原因之外，宁折不弯的骨气，更是他们精神沟通的内在联系和必然结果。

中研院院长选举十三年后，陈寅恪更是以一种惊世骇俗的姿态拒绝了权力的重压，这就是中国教育史和学术史上不朽的科学院事件。同刘文典顶撞蒋介石不同的是，此时历史已经进入到了1953年，中华人民共和国的成立宣示了两个政权的更替，表明了一个新时代的来临。

见证一个政权覆灭和另一个政权新生的人是不幸的，两个政权更替让所有知识分子都必须做出艰难复杂而痛苦的选择。在国民党政权撤离大陆迁徙台湾的混乱中，蒋介石抢救人才的名单上，陈寅恪和刘文典的名字赫然列于其中，他们只需前进一步，登上停在机场等候的飞机，从此之后的命运，就会是另外一种结局。然而，他们拒绝了一个政权的"抢救"，他们深深留恋这片曾经用骨头捍卫过的广袤大陆。

陈寅恪与胡适握手告别，目送着前来抢运他的飞机失望地离开南京。在上海短暂休整之后，他便携家人乘船南下，前往广州，成了岭南大学校长陈序经盼望已久的座上客。即使到达广州，陈寅恪也没有从国民党抢运的目光中消失。教育部长杭立武和代理外交部部长叶公超拉着财政部长徐堪，找到陈序经，用哀求的姿态表示，如果陈寅恪答应去香港，马上给他十万港币和新洋房。

杭立武、叶公超和徐堪都不知道，这个时候，任何条件都不可能动摇陈寅恪留在广州的决心了。坚硬的骨头，隐藏在皮肤和肌肉的深处，只有X光，才能看出一个人的坚硬和刚强。不仅国民党的杭立武、叶公超、徐堪没有看清，后来共产党的郭沫若、李四光、汪篯也几近失明，致使他们的钢钉在陈寅恪的骨头上弯折。

科学院事件的起因首先在于中国科学院院长郭沫若的判断失误。在此之前的1949年，新中国的领袖毛泽东访问苏联，斯大林在会谈中多次问到陈寅恪。毛泽东措手不及，回国后四处查找，终于在岭南大学寻到了陈寅恪的下落，毛泽东指示广州当局善待这个苏联最高领袖反复提到的大学教授。

四年之后，中共中央设立历史研究委员会。这个委员会罗列了陈伯达、郭沫若、范文澜、吴玉章、胡绳、杜国庠、吕振羽、翦伯赞、侯外庐等一批权威。后来有人发现，这个马克思主义者的名单中，缺少了一个政党和政治范围之外而又不能遗漏的名字：陈寅恪。

在郭沫若的学术布局中，陈寅恪是他领导的研究院历史研究所中古史研究所的所长。郭沫若热情招手，在旁人看来无疑是陈寅恪的喜讯和福音。所以，陈寅恪的得意门生，时任北京大学历史系副教授的汪篯就自告奋勇充当了南下的说客，郭沫若院长和李四光副院长的两封亲笔信，更是让主动请缨的汪篯信心十足、踌躇满志。

像过去学生时期一样，汪篯一进康乐园就下榻在了老师家中。这个二十二岁便追随恩师陈寅恪研究隋唐史并且成就卓著的学者，此时出现了严重的误判，他没有想到恩师听了他的来意之后突然变色，勃然大怒，把他赶出了家门。

肩负了北京重托的汪篯极力挽救，陈寅恪却气节如钢，丝毫不为所动。无奈之下，汪篯记录了陈寅恪的一次谈话，形成了后来著名的《对科学院的答复》。陈寅恪说：

> 我决不反对现在政权，在宣统三年时就在瑞士读过《资本论》原文。但我认为不能先存马列主义的见解，再研究学术。我要请的人，要带的徒弟都要有自由思想、独立精神。不是这样，即不是我的学生。你以前的看法是否和我相同我不知道，但现在不同了，你已不是我的学生了，所有周一良也好，王永兴也好，从我之说即是我的学生，否则即不是。将来我要带徒弟也是如此。

因此，我提出第一条："允许中古史研究所不宗奉马列主义，并不学习政治"。其意就在不要有桎梏，不要先有马列主义的见解再研究学术，也不要学政治。不止我一人要如此，我要全部的人都如此。我从来不谈政治，与政治决无连涉，和任何党派没有关系。怎样调查也只是这样。

因此，我又提出第二条："请毛公或刘公给一允许证明书，以作挡箭牌。"其意是毛公是政治上的最高当局，刘少奇是党的最高负责人。我认为最高当局也应和我有同样看法，应从我之说。否则，就谈不到学术研究。

后人已经无法想象汪篯回北京复命时郭沫若等人读到这些坚硬的文字时的心情与态度。这种石破天惊的话语，对北京高层的震撼绝对是爆炸性的。见证这场惊世骇俗的谈话的冼玉清和黄萱两位陈寅恪的助手，都一致对陈寅恪的决断和激烈态度提出了善意的劝说，但是陈寅恪已经是射出去了的箭矢，不可能回头了。陈寅恪还说："我对共产党不必说假话。如果答应了我的条件，那我就去，牺牲也可以。我要为学术争自由。我自从作王国维纪念碑文时，即持学术自由之宗旨，历二十余年而不变！"

陈寅恪亲手关死了通往北京的那扇招贤的大门。关门这个动作看似轻而易举，其实是非常沉重的。三年之后，陈寅恪就感觉到了后果和代价。在1958年全国高校批判"白专道路""拔白旗"运动中，郭沫若、范文澜先后用文字开展对陈寅恪的讨伐。范文澜在《人民日报》发表《历史研究必须厚古薄今》的文章：

胡适，经过我们近几年来大规模的批判，一般地说，我们史学界已经看清楚了。但还有两种人：一种是自觉的胡适门徒，直到今天还坚持学术独立的看法，拒绝学术为政治服务，也就是拒绝为社会主义服务，为六亿人民服务；也就是拒绝学习马克思主义的立场、观点和方法来运用到自己的学术研究上去。这种人是极少数，但是必须对他们开战。

这种宣战在郭沫若那里，表述得就更加直裸和激烈，硝烟味和杀气就更浓烈了。郭沫若在他的《关于厚古薄今问题——答北京大学历史系师生的一封信》中说：

> 资产阶级的史学家只偏重资料，我们对这样的人不求全责备，只要他有一技之长，我们可以采用他的长处，但不希望他自满，更不能把他作为不可企及的高峰。在实际上我们需要超过他。就如我们今天在钢铁生产等方面十五年内要超过英国一样，在史学研究方面，我们在不太长的时期内，就在资料占有上也要超过陈寅恪。这话我就当到陈寅恪的面也可以说。"当仁不让于师"。陈寅恪办得到的，我们掌握了马列主义的人为什么还办不到？我才不信。一切权威，我们都必须努力超过他！这正是发展的规律。

郭沫若点名道姓的批判立刻引来了中山大学校园里铺天盖地的大字报。"拳打老顽固，脚踢假权威""烈火烧朽骨，神医割毒瘤"等血腥味弥漫的文字让陈寅恪不寒而栗，双目失明的陈寅恪，看到了他头上悬着的政治利剑。但是，这个风烛残年的老人没有害怕和退让，他用愤怒予以回击。陈寅恪致书中大校长，表示：坚决不再开课，以免"贻误青年"；马上办理退休手续，搬出校园，眼不见为净，不闻自安，自躲一处著书立说，以不见不闻了却残生。

八

"文化大革命"，是考验一个人骨头硬度纯度的试金石，是精神的炼丹炉。

汪篯游说老师失败，在回京的路上，他的心中充满了失望，但是，他对陈寅恪却没有丝毫怨恨。作为一个颇有成就的历史学家，汪篯心中有一种预感。

回到北京，汪篯遭到了比他年长的陈门弟子的埋怨甚至批评。师兄们认为他不该用官腔同恩师谈话，更有人斥责他不知天高地厚。师兄们的批评，成了压在汪篯心中的沉重石头，多年之后，他一直没有轻松过。一次在北京召开的全国通用教学大纲讨论会上，汪篯见到了中山大学出席会议的刘节和陈锡祺。汪篯向他们表达了他对老师的愧疚，并买了一包陈寅恪喜欢的食品，请陈锡祺带给老师。

陈寅恪以一种高兴愉快的心情，接受了学生的一片心意。"文化大革命"中，汪篯忍受不了非人的迫害和屈辱，用自杀作为对过去政治幼稚的内心反省和对"文化大革命"的抗议，他比他的老师先行离开了这个黑白颠倒的世界。当他在另一个世界见到陈寅恪的时候，汪篯一定会反思自己的行为。

刘节是1926年清华国学研究院第二届学生。作为导师，陈寅恪对他的影响不仅是学术上的，更是人格和气节方面的。刘节常常以惊人之语向社会宣示，他的真话，每一个字的背后都可以看到他的老师陈寅恪的影子。1957年的"大鸣大放"，刘节说："过去帝王还有罪己诏，毛主席没有作自我检讨还不如封建帝王。"大跃进中，刘节更是直言不讳："什么大跃进人人意气风发，人人一起发疯倒是真。"在课堂上，刘节经常公开宣扬："考据学是求真之学，只要我们真的是求真，是可以殊途（指与马列主义）而同归的。""现在我还不能用马列主义来讲课，只是将材料编起来，不一定要用马列主义才能得到研究成绩，这是从批判胡适开始以来的一股歪风，是要不得的。"

对陈寅恪"独立之精神、自由之思想"的见解，刘节比一般的陈门弟子有着更深刻的理解和感情。陈寅恪这些闪耀着真理光辉的文字，深深地刻在王国维纪念碑上。而刘节，正是王国维沉湖之后极力请求陈寅恪作纪念碑文的学生。王国维纪念碑上的汉字，每一个都与气节有关，每一个都留在了刘节的心上。所以，当十年后陈寅恪病入膏肓，灭绝人性的红卫兵强行把陈寅恪抬去大礼堂批斗，拼命阻拦的陈寅恪夫人唐筼被红卫兵推倒在地之时，刘节以极大的勇气站了出来，自愿代替陈寅恪上台接受批斗。那些本该由陈寅恪承受的拳脚无情地落在刘节身上，疼痛和耻辱没有压弯一个书生的骨头。刘节昂首回答："我能代替老师挨批斗，感到很光荣！"

在一个黑白颠倒的年代，并不是所有知识分子的骨头都能敲击出金属的响声，即使是陈门弟子，即使是在中山大学的校园里，在政治的高压之下转向，甚至向陈寅恪先生射出致命的冷箭，都折射了人性的另外一面。"文化大革命"

中，热衷政治，背离了学术良知，将批判的矛头对准自己的老师陈寅恪，周一良和金应熙都让陈寅恪愤怒和伤心。然而，历史总会回归主流，体现它真实的面目。在时间的照耀下，一些陈寅恪先生生前无法看到的人性会像自然界的野花一样盛开在"独立精神、自由思想"的纪念碑前。在陈寅恪诞辰一百一十周年之时中山大学举办的"纪念陈寅恪教授国际学术研讨会"上，周一良请人宣读了《向陈寅恪先生请罪》的发言。这个良知复苏却无颜面见老师的老人说："我相信我这个迷途知返的弟子，将来一旦见陈先生于地下，陈先生一定不会再以破门之罚来待我，而是像从前一样……就如同在清华新西院、纽约布鲁克林26号码头轮船上、岭南大学东南区1号楼上那样的和谐而温馨。""迷途知返"这个词非常准确地表达了周一良的痛悔和内疚，对于周一良来说，这是一个在人性的辞典中迟到了的成语，但这四个字的分量，却也是需要骨头来支撑的。

我曾经许多次地想过，如果陈寅恪接受了北京的好意出任中国科学院历史研究所二所（中古史研究所）所长，他也未必就会放弃自己的学术主张，倒是会更加让权力头疼与难堪，其结局不会比他的学生汪篯更好。

陈寅恪不是鲁迅，这个与鲁迅同学日本的书生，在鲁迅得到政党的青睐之后，立即就隐藏了他同鲁迅的良好关系，他拒绝攀附名人给自己带来荣耀。

民国时期公认的好人，被许多人引以为"朋友"的胡适，也是在权力的礼遇面前丝毫不乱，难以收买。

能够给予胡适这样的名人礼遇的当然不是一般的人，非权力炙手者无法对别人施以恩宠。在胡适那里，蒋介石给予过他许多应当感恩戴德回报的礼遇。

在任何一个时代，封官都是最直接、最有效的恩宠。在掌握了权力的政客那里，这是一条屡试不爽的法则。蒋介石多次邀请胡适当总统，自己做行政院长。至于以私谊的名义请胡适吃饭叙谈，征求他对国事的看法，则更是蒋介石的一种日常行为了。但胡适从来没有为当官所动。国民党退守台湾之后，蒋介石得知胡适想在南港找一块地，盖几间小房，为他从美回国之后的写作做安排之后，即表示要在中央研究院旁边拨一块地为胡适建房，也被胡适坚决拒绝了。

在1958年4月隆重举行的"中央研究院"院长就职典礼暨第三届院士会议上，蒋介石亲自出席了会议并致词。蒋介石亲历了抗战时期在重庆选举中央研究院院长时那场让他颜面尽失的风波，他对作为社会精英的中研院院士们有非常深刻的认识和了解，院士中的许多人甚至是他的亲信和朋友。因此，蒋介石出现在学术界最庄严的场合中，无疑表示出他对于知识精英们的重视，还有对于他所看重的胡适的支持。

我在有关资料上看到过在这次会议上蒋介石同胡适的单独合影。两人坐在椅子上，表情轻松，神态自然。蒋介石身着中山装，风纪肃然。胡适则是西装革履，胸前佩有胸饰，照片给人一种和谐亲密的假象，没有人能够看出照片背后胡适与蒋介石的对立。

站在总统的立场上，蒋介石把政治放在首位。他认为中央研究院为学术最高机构，当责无旁贷地担负起复兴民族文化的大任，"目前大家共同努力的唯一工作目标，为早日完成'反共抗俄'使命，如果此一工作不能完成，则吾人一切努力终将落空，因此希望今后学术研究，亦能配合此一工作来求其发展。"蒋介石在致辞中还提到了"五四运动""打倒孔家店"等涉及历史运动评价的话题。

接下来的答谢词，主角自然是中央研究院院长胡适了。在所有人的理解中，答谢词无疑是用感激、感谢以及责任等客套装点的一种礼仪。但是，在1958年"中央研究院"院长就职典礼这个隆重、庄严的仪式上，胡适给了蒋介石当头一棒。"'总统'，你错了！"这是胡适答谢的第一句话。就在蒋介石无比的错愕和与会者的惊诧中，胡适又说："对于打倒孔家店一事，恐怕'总统'是误会了我的意思。我所谓的打倒，是打倒孔家店的权威性、神秘性，世界上任何的思想、学说，凡是不允许人家怀疑的、批评的，我都要打倒！"

此时蒋介石的错愕变成了愤怒，他勃然变色，拂袖起立。若不是随员拉住衣角示意安抚，场面将不知如何收拾。

胡适似乎没有把蒋介石的不满和愤怒放在眼里，他对蒋介石的不敬还没有画上句号。第二年，蒋介石准备修改"宪法"，取消"总统"连任不得超过两届的规定，为他继续当选"总统"扫除障碍。胡适再一次不识时务，发表声明，公开反对蒋介石违背宪法三次连任"总统"，并拒绝担任即将召开的"国大"主席团主席！

胡适是一个心胸豁达的人，性格温和、待人热心、急公好义，一生中帮人无数，被许多人视为解救苦难的活菩萨，是民国时期公认的好人，所以"我的朋友胡适之"能够成为一个时代的口头禅和许多人的荣耀。然而，在学术民主和政治自由的原则上，他却是一个不知退让的斗士。

九

自孔夫子提倡"学而优则仕"以来，当官入仕就成了读书人向往的一个目标。一顶乌纱，也就成了读书人成功的一个标志。隋代确立科举取士体制以后，在长达一千三百多年的漫长时间里，不知有多少读书人为了一个官职投机钻营，熬尽青丝。而真正皓首穷经，不为乌纱所动的文人可谓凤毛麟角。

陈寅恪拒绝当官，是为了保证独立人格和学术自由。这些与政治有关的原因，在他发自肺腑的《对科学院的答复》中表露无遗。半个多世纪之后，当我们用虚拟的方式研究历史，推断前人的时候，依然无法寻觅到陈寅恪顺应时代潮流，屈就为官的任何可能，政治、经济、气候、生活，没有任何因素比他一贯主张的"独立精神、自由思想"更为重要。圣人孔夫子"学而优则仕"的古训，在陈寅恪身上，却是一条无效原则。

对于独立知识分子来说，当官的代价是沉重的。任何时候，你必须无条件地听命于权力，必须牺牲个人的尊严。陈寅恪无法在权力面前弯下自己的腰身，所以他选择了一种惊世骇俗的答辩方式。因此，悲剧来临就是一种必然的逻辑。

1917年开始的时候，就任北京大学校长的蔡元培先生发表就职演说。他用慷慨激昂的语调表明了大学的性质，抨击了种种不正常的教育现状：

> 大学者，研究高深学问者也。外人每指摘本校之腐败，以求学于此者，皆有做官发财思想，故毕业预科者，多入法科，入文科者甚少，入理科者尤少，盖以法科为干禄之终南捷径也。因做官心热，对于教员，则不问其学问之浅深，惟问其官阶之大小。官阶大者，特别欢迎，盖为将来毕业有人提携也……所以诸君须抱定宗旨，为

求学而来。入法科者,非为做官;入商科者,非为致富……若徒志在做官发财,宗旨既乖,趋向自异。平时则放荡冶游,考试则熟读讲义,不问学问之有无,惟争分数之多寡;试验既终,书籍束之高阁,毫不过问,敷衍三四年,潦草塞责,文凭到手,即可借此活动于社会,岂非与求学初衷大相背驰乎?光阴虚度,学问毫无,是自误也。自辛亥之役,吾人之所以革命,因清廷官吏之腐败。即在今日,吾人对于当轴多不满意,亦以其道镕沦丧。今诸君苟不于此时植其基、勤其学,则将来万一因生计所迫,出而任事,担任讲席,则必贻误学生;置身政界,则必贻误国家。是误人也。误己误人,又岂本心所愿乎?

近一个世纪的漫长光阴,丝毫没有磨灭蔡元培先生教育思想的光辉,这些简短的文字历经了日月的淘洗,如今像坚硬的礁石,露出了时间的水面。

在蔡元培发表就职演讲的那个时代,官员并非是人人向往的职业。知识分子中,屡屡有人拒官躲官。

郑天挺在西南联大当教授的时候,正值困难,物价飞涨,人民生活水深火热。郑天挺夫人病逝,五个幼儿托付给弟弟,一个人的工薪难以维持一家人的生活。就在他做梦都想到钱的时候,学校领导让他出任联大总务长。郑天挺一口拒绝了校方的好意,此后又多次在汤用彤、黄子坚、查良钊、冯友兰、杨振声等校领导的劝说下不改初衷,多次表态,只愿专心教书做学问,不想当官入仕途。到了后来,只要看到校长梅贻琦的身影,郑天挺就远远地躲避起来。

郑天挺虽然是个书生,只顾埋头教书做学问,但是,他不会不知道大学总务长手中掌握的财权和物权。只是,一个人的尊严和骨气让他选择了一条清贫的道路,这种信念是不能因为贫困而动摇更改的。在当年的西南联大,抱持理想和信念的不止郑天挺教授一人。鉴于西南联大教授们在飞涨的物价面前生活困苦的现实,国民政府教育部决定给西南联大担任行政职务的教授们特别办公费。不料冯友兰、张奚若、罗常培同联大二十五位学院院长和系主任集体联名上书,谢绝这份特殊照顾。担任行政职务的教授们的话说得掷地有声:"同人等献身教育,愿以研究学术启迪后进为天职,于教课之外肩负一部分行政责任,并视为当然之义务,并不希冀任何权力。"

郑天挺拒绝当官，拒绝当官带来的一切利益，这是一种自觉。冯友兰、张奚若们手中握有行政权力，却拒绝政府给他们加薪的好处，这也是一种自觉。任何一个时代，生活在现实生活中的人都是需要金钱的，西南联大的书生们，他们的言行举止，让我们这些后人看到的是一种不食人间烟火的气象。

抗日战争爆发之后的1939年，李方桂从美国学成归来，回归中央研究院史语所。正在为史语所语言组主任一职空缺无人烦恼的史语所所长傅斯年，心中一亮，即决定请李方桂出任史语所语言组主任。但是，傅斯年打错了算盘，他的好意不仅遭到了李方桂的拒绝，而且还遇到了他的羞辱。

李方桂年轻时就立志以学术研究为毕生事业，对官场政客早有厌恶心理，对热心政治的上司傅斯年颇有不屑。因此，当傅斯年提出请他担任史语所语言组主任时，李方桂不但没有感谢，反而冷语相讥："在我看来，研究人员是一等人才，教学人员是二等人才，当所长做官的是三等人才。"

傅斯年愣住了，继而脸红耳赤。他没有想到学富五车，被誉为"人间最稀有的一个天才"的人，在手下的研究人员心中，竟是一个三流人才。脾气暴躁，素有"大炮"之称的傅斯年此时却毫无脾气，他掏出手巾擦干额上的汗水，躬身向李方桂作了一个长揖，说："谢谢先生，我是三等人才！"

若干年之后，李方桂回忆起这段让上司颜面尽失的往事时说："傅斯年人挺好，在政治方面他颇是个人物。他是研究所所长，一度曾是什么参议员之类的政界人物……因此他太忙，而我这个人又对政界没兴趣，自然就同他无话可说。"李方桂这些解释的背后，掩饰不住一个书生对官场官员的轻视和厌恶。

其实，被李方桂不屑的傅斯年也是一个杰出的学人，他当了官之后，依然操持了一个书生的本色，他没有把当官作为发财的手段。他运用个人的智慧和能力，为抗日战争乱世中的中华学术研究保留下了宝贵的火种，最后在台湾大学校长岗位上突然去世，蒋介石亲笔书写"国失师表"表示哀悼，并亲临傅斯年追悼大会。1950年的台湾海峡，是谁都无法突破的政治壁垒。整个中国大陆，只有同傅斯年相知相交的陈寅恪，冒着头颅落地的危险，写下了最沉痛、最深刻的悼念文字：

不生不死最堪伤，犹说扶馀海外王。

同入兴亡烦恼梦，霜红一枕已沧桑。

在正义与独立自由面前，身在官场的傅斯年也是一个风骨高扬的耿介之士。北大教授钱理群先生在一次演讲中用傅斯年的行为列举独立精神时说：

> 早在1944年，傅斯年就在参政会上向行政院院长孔祥熙发难，揭发其在发行美金公债中贪污舞弊。会后，蒋介石亲自请他吃饭，为孔说情。席间，蒋介石问："你信任我吗？"傅斯年答曰："我绝对信任。"蒋介石于是说："你既然信任我，那么就应该信任我所任用的人。"傅斯年立刻说："委员长我是信任的，至于说因为信任你也就该信任你所任用的人，那么，砍掉我的脑袋我也不能这样说。"

十

禅让，这是一个在现代汉语中罕见的动词。在一个以当官入仕为荣的时代，不知还有多少人懂得这个词的来路和意义。

郑天挺、李方桂等人以学术为终生追求，拒绝当官受羁为后人敬佩，而与郑天挺、李方桂同时代的留法博士凌纯声更是为了拒绝出仕新疆自治区党部执委兼党部研究室主任职务而不惜冒犯新疆军阀盛世才和最高领袖蒋介石，几乎遭遇杀身之祸，最后被迫离开傅斯年领导的中央研究院历史语言研究所，去中央大学做了一个教师。

当官入仕，是千年来中国社会的一种常态和悠久传统。在一个生产力落后的农耕社会，读书人报效国家，实现个人理想抱负的方式只能通过当官来完成。所以，陶渊明之后，"隐士"这个词就慢慢退出了辞典。唐宋时期，隐士们似乎和陶渊明一起留在了晋朝。到了唐代，已经没有了真正意义上的隐士。终南捷径，这个成语就成了唐朝人为了当官以退为进的手段，成了假隐士的一个贬义词。为我们留下不朽诗篇的伟大诗人李白和孟浩然反复的择山居隐，几乎成了一个时代的行为艺术。真正的禅让，只能到更加遥远的唐尧、虞舜时代去寻找，许由、巢父、石户之农、伯夷、叔齐和严光，就是天下为公、举贤授能时代的精神高尚之人。

和我们如今所处的社会相比，中华民国绝对不是一个伟大和值得后人向往的时代。在中华民国三十八年的短暂历史上，军阀混战、外敌入侵、政权腐朽、灾害横行、民不聊生。然而，这个长期被我们认为极端腐朽的时代，却学人辈出，大师不穷，无论是面对异族入侵的刺刀还是政治政权的高压，书生们的骨气就像春天时萌芽的植物，蓬勃生长，他们的骨头长成了最坚硬的岩石。

傅国涌先生在接受记者采访时的一段话，似乎可以作为一个时代的注脚：

> 民国时代处于一个文化转型期，旧的东西没有断，新的东西进来了，所以非常兼容。很多知识分子既有中国国学的根底，又能接受西方文化，在两者之间找到平衡，而且那个时代也能够容忍这些知识分子个性的东西。那个时代虽有战乱，军阀割据，也有外敌入侵，时局动荡，但知识分子是活得很有尊严，很有体面的。最关键的，那个时代有相对独立的社会空间，国家没有把整个社会给吞没了。百家争鸣的时代往往出现在这个社会表面上比较乱的时候。最本质的原因，是那个时代没有一个"大一统"的意识形态的东西。社会还是多元的，知识分子还可以找到各自的生长空间。正因为当下的环境存在各种问题，知识分子没有办法像那个时代的人那样去做事情，自然就产生了怀旧的情绪。现在社会，干扰的东西特别多，诱惑也特别多，人很容易异化，整个社会非常躁动，不安静，人们都为了外在的东西活动，那个时候的人本真得多。

在陈寅恪、郑天挺、李方桂、凌纯声那些拒绝当官的书生们心目中，学术是神圣的，是探求真理的工具。傅国涌先生的表达温和儒雅，其实大学知识分子的问题已经非常严重，社会对官职的追逐，已经超越了人们的想象。南方某大学一个处长职位，竟有四十个教授竞争。这个事例有力地证实官本位已经成了社会的价值标准。

陈寅恪先生逝世四十三年后，中山大学为这个浑身傲骨的大师竖了一尊铜像。陈寅恪以一个书生的形象屹立在中山大学校园的时候，我们依稀遥望到了一个民族学术的坚硬。如今的书生，不知有几人还能记起"富贵不能淫，贫贱不能移，威武不能屈"的古训，有谁的身上，还长着能够敲击出金属声响的瘦骨？

2009年7月11日，季羡林先生辞世之后，引发了学术界对已经远去了的一个时代的追忆和对当今这个物欲时代的反思。作为陈寅恪教授的学生，季羡林先生用深厚广博的学术继承了老师的衣钵，季羡林先生主动提出辞去的"国学大师""学术泰斗"的称誉，其实是当之无愧的，他虽然无法与陈寅恪并肩，但也达到了老师期待的某种学术高度。在季羡林先生最敬仰的前辈中，陈寅恪用"独立之精神、自由之思想"，胡适用"大胆假设，小心求证"，梁漱溟用"三军可夺帅也，匹夫不可夺志也"，马寅初用"宁为玉碎，不为瓦全，宁鸣而死，不默而生"影响了他漫长的人生。但是，在独立与自由的人格高度上，季先生还是无法用骨头来证明人性的坚硬。在铺天盖地的赞誉中，谢泳教授的一段评价宽容含蓄地表达了一种冷静："在他那代知识分子里面，他是一个和新时代比较少冲突的人。季先生在中国学术界的地位，如果从体制的角度来说是相当高的。1955年，他才44岁左右，就是学部委员了，相当于现在的院士，是最高的学术地位。而钱锺书等人那时都不是。季先生是个很聪明很大气的人，有很高的智慧。在他那一代知识分子里，他不是最勇敢的，但应该说还是一个清醒的知识分子。他不轻易表达自己对时代的一些判断，他有他自己的看法，后来也得到国家很多礼遇，所以有时候还是会说一些客气的话。"所以，季羡林先生发自肺腑地说："我们这一代知识分子，到了今天，都已成了过来人，如果不昧良心说句真心话，同陈师比较起来，只能说我们愚钝，我们麻木，此外还有什么话好说？"

我愿意把季羡林先生的离去作为一个时代结束的标志。在一个真正的大师稀有而伪大师丛生的年代，终于有智者提出了一个尖锐而深刻的问题，那就是：我们的学校为什么培养不出杰出人才？为什么优秀知识分子产生的土壤，如今会沦为一片荒漠？

1958年，在反右派斗争中，云南大学教授刘文典受到了全校师生的激烈批判。7月15日，刘文典脑出血突然离世。

一个月后，远在重庆的西南师范学院教授吴宓得知刘文典去世的消息后，悲痛地在日记中写道："呜呼，今益服王静安先生1927（年）之自沉，不仅为大仁大勇，且亦明智之极，生荣死哀，不屈不辱。我辈殊恨死得太迟，并无陈寅恪兄高抗之气节与沉默之智术以自全，其苦其辱乃不知其所极。若澄若典以及光午（其他之友生，宓尚未知），今闻其死，宓岂特兔死狐悲而已哉！若碧柳之早殁，得正名而终，比王静安先生为尤幸已……"八年后，吴宓在"文化大革命"中惨遭批斗，强制劳动改造。吴宓死时，左腿已折，饥寒交迫，仍不停呼喊："给我水喝，我是吴宓教授！给我饭吃，我是吴宓教授！"

1946年7月15日，在昆明纪念死于国民党特务暗杀的李公朴的大会上，闻一多激昂陈词："我们不怕死，我们随时像李先生一样，前脚跨出大门，后脚就不准备再跨进大门。"五个小时后，闻一多倒在了国民党特务暗杀的枪口下。这个在1943年"磨黑事件"中不留情面坚决辞退刘文典的书生，用自己的生命捍卫了联大纪念碑上的文字："内树学术自由之规模，外来'民主'堡垒之称号。违千夫之诺诺，作一士之谔谔。"

1966年6月11日，北京大学历史系教授汪篯在家中用剧毒农药"敌敌畏"了结自己的生命，他用"士可杀不可辱"的精神传统，对抗了红卫兵对他的侮辱。这个曾经以革命使者身份南下劝说恩师陈寅恪北上任职的书生，在生命的最后时刻，坚守住了一个人的心灵良知。

1969年10月7日，在无尽的精神和肉体折磨中，心力衰竭的陈寅恪溘然长逝。在生命的最后关头，陈寅恪仍然不改气节，将王国维纪念碑上"独立之精神、自由之思想"的文字，化作了一个时代凄切的悲歌。

大师，一个一个走远了。当大师们在黎明的天空中像星星一样隐去时，多少人却在太阳底下长出了一身软骨，那些脆弱的骨头无力支撑灵魂的重量，它们就像大雪之后的竹子，摧眉折腰。

现在，我终于明白，在一个物欲横流的世界里，读书人如何去仰望一根坚硬的骨头。现在，我们的灵魂应该出场了，只有坚硬的骨头，才能展示读书人生命的真相。

义宁的源头

蓝草的芬芳

  义宁是许多游子的故乡，它像许由和巢父一样隐居在赣西北八百里幕阜山的腹地。离开义宁十七年之后，我总会想起一种被称为蓝草的植物。于是，在久远的时光中，我沿着当年黄庭坚出山的那条古道，回到了爱新觉罗的清朝。
  雍正八年，一个名叫陈公元的人，在客家人从南方回迁浪潮的裹挟之下携妻儿子女在赣西北的大山里辗转多时，终于在一个名为护仙源的山沟里停下脚步。这个被千里奔波累得筋疲力尽的汉子环顾四周，见四围青山，层层叠叠地挡住了人烟喧嚣和战乱，一条小路钻出草丛蛇一般地缠在大山身上，满耳只听见山间的水响和啁啾的鸟鸣，他深深地呼出一口长气。
  陈公元在大山深处的护仙源落下脚来的时候，幕阜山腹地那个二千年前的艾侯古国已在大清王朝的版图上无数次地改名换姓。嘉庆三年，朝廷残酷镇压了县邑陈坊的白莲教起义，这场血腥战争被获胜的朝廷标榜为义举，从而改宁州为义宁。义宁州幅员辽阔，从陈公元落脚的护仙源往西，再往西，登上幕阜山脉的黄龙顶峰，可以望见一片浩渺的水面，从那个被称为洞庭的大湖上吹来了陌生的湘楚口音和鱼米的香味。在义宁州四千五百多平方公里的山岭田畴间，陈公元独独选中了眉毛山下护仙源这片荒凉之地，这个地方的僻静与世无争，让陈公元感到心里踏实，漫长的流离迁徙，终于可以在义宁的护仙源画上一个句号了。

从此以后，陈公元一家在护仙源这个不为人知的山沟里开始了结棚栖身、种蓝为业的生活。

千里迢迢从福建迁徙到江西义宁的客家人陈公元应该是一个具有丰富的人生经验和社会识见的人。他的目光穿透了由绵延的幕阜山脉和九岭山脉重叠的屏障，确立了一个异族棚民在人地生疏的深山中立足的根基。《义门陈氏宗谱》记载："陈腾远（公元）年七十始循列入太学，以继先世科甲家声。"陈公元亲手植下的蓝草，在护仙源这片肥沃的山地里疯长蔓延，若干年之后，蓝草地里长出了仙源书屋这座陈氏家塾。陈公元的公子克绳，在发愤苦读，却屡试不第，循例捐纳监生之后调整了理想目标转向。他要开垦一块最肥沃丰润的土地，让陈家的读书种子在这块土地上萌芽、生长。

从偏僻大山的蓝草中生长出来的陈氏私塾，两个世纪之后，终于长成了一片文化的森林，还有耸入云天令一个时代仰望的擎天巨树。

嘉庆二十三年，作为陈氏入赣的第二代传人，陈克绳主持了四房分家的仪式，并用《分关》文书立下了促进文化分蘖生长的家规：

读书凡发蒙至半篇者，每年众帮俸钱五百文，成篇者每年众帮俸钱乙千文；赴州试者每名卷资钱四百文，终场者倍之；赴府试者每名盘费乙千叁百文；其州试府试有列前十名者外赏乙千文；入泮者花红银十两；补廪出贡者五两；登科甲者三十两，祖堂旗匾众办。

生监有志观光应乡试，文场者每届帮助盘费两千四百文……举人应会试者，众帮盘费贰十四千文。

鲲池公坟山内树木永远长蓄护坟，子孙不得砍伐伤冢。其田山永远不许出卖典当，如有不遵者，冬至日家法重责外，仍要每一根罚钱五千文上会，倘有典卖田山者，送官究治。其坟前巨杉，子孙有能登贡科甲者，任其砍伐竖旗无阻。

家规的墨迹刚干，18世纪的蓝草，便已经长遍了护仙源，它那生长的势头，让人想起唐代白居易笔下的原上草，萋萋的生命，盛放在义宁的源头。

凤凰的卧巢

陈宝箴出生的时候，陈氏家族已经准备离开护仙源了。子孙繁衍，人口剧增，狭小的护仙源，已经容不下陈公元的雄心和抱负了。

竹塅，是赣西北义宁大山中一个地方化、乡土化的地名，"塅"在义宁的方言中，是山中的小块平地的意思，在现代汉语字库里似有几分生僻，以至我们目前的电脑中，难有它的一席之地，且常常要靠拼接的技术手段，才能让它现身和正名。

从护仙源到竹塅，不再是从福建到义宁艰难而遥远的迁徙，这仅是一次近距离的搬家，而且也是义宁陈氏文化宏图中甚为重要的一个步骤。

陈宝箴的祖父陈克绳非常满意这个坐落于弥王峰西麓山腰处的地方。作为陈克绳的孙子，祖父的寄托和期望多年前就在他的心里播下了种子，只待春天的阳光和雨露催它萌芽生长了。《义门陈氏宗谱·重刻凤竹堂屋记》有如下记载：

> 鲲池（陈公元）公壮岁迁宁，始择居于护仙源，虽川源秀丽，系在崇山峻岭之间，且基址狭隘，其屋仅堪容膝。时公年已八十有三，尝语诸子曰：吾少壮来宁，历数十年之辛勤，虽精神不衰，今苍然为八十余之老翁矣，惜未建一堂屋，上以妥先灵，下以聚儿孙，尔曹识之……

陈克绳显然是有眼光同时也相信风水之说的。江西作家叶绍荣在《陈寅恪家世》中有过文学性的描写："此地峰峦拱拥，山环水抱。水口处紧似葫芦口，三股豆绿色清澈的溪流，从不同的方向流来，在标桩前不远处的地方汇集成一个深潭。陈克绳听人说过，做屋若是后有龙脉靠山，前有'洽河'，是绝佳的风水宝地。"

竹塅陈氏大屋落成于乾隆五十八年（1793年），根据凤凰非梧桐不栖，非竹实不食；凤有仁德之征，竹有君子之节的意思，陈公元将陈氏大屋命名为"凤竹堂"。这个名字的文采，立刻照亮了竹塅这片沉寂的山岭。

在竹塅，在凤竹堂，陈克绳的眼光似乎能够看透层峦叠嶂的群山，能够遥望到身后的世事和风云，能够听到中国文化版图上义宁的声音。

陈克绳于八十二岁那年留下遗嘱，让后代葬他于凤竹堂屋背后的山脊上，他要看到子孙后代高中举人和进士，他要看到后人在凤竹堂的屋场里竖起金榜题名、光宗耀祖的旗石。

陈伟琳毫无保留地遵从了父亲的遗训，在中国文化地图义宁这个重要的节点上，他是一个承先启后的关键人物。

从陈公元到陈伟琳，三代人的生存发展依赖于赣西北苍茫群山的护佑，在战争动乱年代，大山为人类提供了一个安宁的生存空间，但也隔绝了山民与世外文明的沟通。

陈伟琳是义宁陈氏家族中第一个亲近大山走出大山的人。这个不求功名闻达的义宁陈氏第三代传人，于道光年间只身一人遍游江、淮、齐、豫和京师大地，用一个经世大志者的眼光饱览了山河的破碎。在读书和行路之间，陈伟琳成了家族的第一个实践者。义宁陈氏从浩瀚的闽海进入赣西北封闭的群山，然后走出大山融入广袤的世界，陈伟琳是具有勇气的先行者，他的先锋意识和开拓精神对陈氏家族日后的彰显打下了基础。

衙门的理想

在源远流长的中国文化史上，杰出人物的人生常常以传说开始。陈宝箴六十九年的人生也是从神奇的民间传说出发。

义宁竹塅至今仍流传着这样一个故事。道光十一年（1831年）农历正月十八晚上，竹塅陈家大屋突然红光满天，半边山岭如同白昼。不远处的下竹塅人以为陈家大屋遭了祝融之灾，纷纷拿了木盆水桶前去救火。到了陈家大屋之后，红光消失了，大家听到了婴儿的响亮哭声。

这个关于陈宝箴出生时天呈异象的民间传说，也许是善良的竹塅人，欲造成一个文曲星下凡的俗套故事，用以证明陈氏家族日后成为中国文化显赫世家的前奏和铺垫。一个头上笼罩着神奇光环的神童的成长，仅仅一个虚构的民间传说是远远无法支撑后人的所有信任的。一个具有异秉和天赋的人，必然要有真实的情节和细节来配套。

陈宝箴七岁那年，被父亲陈伟琳送到外村的私塾启蒙。由于寄宿异地，离开了父母，年幼的孩子难以习惯，一夜难以入眠。第二天早诵之时，陈宝箴对先生说："昨晚不能寐者三人，吾父吾母及吾是也。"

十三年后，陈宝箴赴省城南昌乡试，金榜题名，一举高中。

咸丰十年（1860年），参加过义宁州团练对抗太平天国义军多次血战立功而被咸丰皇帝谕以知县候补的陈宝箴赴京会试，名落孙山。但他并未消沉，走出了封闭大山的陈宝箴被京城的渊博深深吸引，他结义了一批同他一样具有抱负理想的青年才俊，他们为列强侵略、朝廷昏庸的国家现状感到痛心和愤怒。英法联军火烧圆明园的那天，陈宝箴正同易佩绅、罗亨奎在茶楼小饮，交谈间，忽见西郊方向浓烟滚滚，火光冲天。侵略者点燃的火炙痛了陈宝箴的心，他抑制不住悲愤，当众捶胸顿足，击案痛哭。陈宝箴的悲壮之举，被人误以为是精神病人，遭到冷眼和嘲讽。在一个病态的社会里，只有被看成是精神病人的陈宝箴才是真正正常的人。

书生陈宝箴没有想到一个天朝大国的威严竟然经不起异邦洋人十天时间的炮火攻击，八国联军冲进了《大清律》保护的紫禁城，胜利者轮流在皇帝的御座上照相，中国人威严的龙椅上，一时坐满了洋人轻佻的屁股。

英法联军火烧圆明园的一幕，彻底改变了陈宝箴的人生道路。此后，他依然闭门苦读，却不再迷恋科举了，他深感儒学和八股不能拯救国家，只有从戎习武，才可能救民众于水火之中。

陈宝箴的父亲陈伟琳去世之后，先葬竹塅，后迁修水县城义宁镇郊区下坑杨坊嘏山，其碑文为广东巡抚郭嵩焘撰写。这篇题为《诰赠光禄大夫陈琢如先生墓志铭》的碑文，高度浓缩了陈伟琳隐士的一生，高风亮节、德化乡人、培育三子，绵延义宁陈氏之文化血脉。

陈宝箴就是在会试落榜留驻京城期间结识了郭嵩焘。尽管郭年长陈十三岁，且又官居高位，但他对陈宝箴的报国理想和人生见识十分佩服，年龄和身份差异没有成为郭嵩焘器重陈宝箴的阻碍。

由于与郭嵩焘结交朋友的机缘，陈宝箴此后的人生出现了重要的转变。同治元年（1862年），郭嵩焘为陈宝箴的人生架起了一座通向仕途的最重要桥梁，他介绍陈宝箴前往安庆谒见两江总督曾国藩。

此时，正在与太平军生死激战的曾国藩欲在安庆大开幕府，网罗天下人才。陈宝箴的到来，让曾国藩大喜过望，曾国藩对陈宝箴的信任和期待溢于言表，曾手书"万户春风为子寿，半瓶旨酒待君温"的对联为陈宝箴贺寿。在曾国藩的保荐下，陈宝箴得以觐见同治皇帝，授候补知府。陈宝箴的雄才大略，从此有了施展的空间。

1894年，甲午中日之战爆发，日军攻陷威海卫、刘公岛，危及京师。光绪皇帝召见时任直隶布政使的陈宝箴，问询战争方略。陈宝箴没有辜负光绪皇帝的信任，向皇帝呈奏了《兵事十六条》，提出了"固畿辅""择军将""严津防""简军实""筹急款"五项主张，使天子由"颜悴甚"而一举"改容额之"。

陈宝箴文才、韬略和行事能力出类拔萃，一生担任过署理湘西辰、永、沅、靖道事，河南省之河北道，浙江按察使，湖北按察使、布政使，直隶布政使，湖南巡抚等多个官职，他人生最辉煌最值得后人评说的应是在湖南巡抚任上的三年时光。隔着一百多年的时光，我仍然看得见巡抚衙门大堂上陈宝箴的前辈乡贤黄庭坚手书的官场箴言："尔俸尔禄，民膏民脂，下民易虐，上天难欺。"作为一个封疆大吏，陈宝箴完全懂得晚清官场的规矩和内幕，肮脏和黑暗，但是他决意做一个有为的官员，在湖南大刀阔斧地推行新政，整饬吏治，裁汰冗员，罢免昏庸官吏，兴办工商实业，开办时务学堂、报馆、南学会以及武备学堂，开启民智，革除旧弊。但是，晚清的衙门永远是一个无底的黑洞，革新的阳光总是难以照亮。

清朝的衙门，是一个深藏秘密的机关。散文家祝勇对衙门有过一段非常精辟的描述：

> 从辕门开始，没有一个细节不在展示它的威仪，连官员迎送的起点和终点，以及进出的路径，都有着明确的刻度——规范不仅比今天的数学公式还要细密，而且已经深入人心……这份威仪是每一位官员自上任的第一天起就得到的一份礼物，不论是否喜欢，皆无条件地接受。与衙外车水马龙的闹市相对照，官衙完全是另一个世界，里面蕴含着普通民众无法理解的运作系统。一切规则都已确定，这些规则都是以消除人的个性为目的，所有的来者，不论是谁，所需要做的工作仅仅是适应它，按照它安排好的路径行走。建筑体现着统治者的意志，这座总督府，实际上是缩小了的紫禁城，是视觉化了的纲常伦理、忠孝节义。秩序，是它的永恒主题。

陈宝箴是第一个挑战衙门秩序的官员，但是最终他仍然是一个失败者。

陈小从所著的《图说义宁陈氏》中，陈宝箴以一个改革家的姿态坐在椅上，他头戴圆形黑色布帽，身穿宽袖棉布长袍，仪态丰满，神情安详。这是1899年陈宝箴被罢黜之后回到江西的时光，后人看不到他的悲凉和颓丧，无论是巡抚衙门时期华丽威严的官服还是沦为平民之后的布衣，都见不到封疆大吏应有的肥硕，倒是看得见衣服之内的骨头。雄心勃勃的大臣，在一个腐朽帝国的死胡同中，无法找到出路，倒是被体制的高墙碰得鼻青脸肿，百日维新，也只不过是夕阳落山时的最后一抹亮光。慈禧太后轻轻一跺脚，就彻底践踏了一个国家革新的萌芽。陈宝箴在交出官印的同时，巡抚衙门也闭上了沉重的大门。

心情悲凉愤懑的陈宝箴回到了乡土的怀抱，他知道祖先栽种蓝草的竹塅土屋已经容不下一颗兴国救民的心，他选择了一处偏僻冷寂的地方，为夫人黄氏移灵安葬，然后在墓旁筑室，取名崝庐。

"天恩与松菊，人境拟蓬瀛。"这是失意之后的陈宝箴为崝庐亲拟的门联。在足不出户，"独往往深夜孤灯，父子相语，仰屋唏嘘"的悲凉中，陈宝箴的政治生涯走到了终点，他的生命，也到了尽头。

这处偏僻冷寂的地方，离陈宝箴的故里义宁虽然有百里以上的路途，但发源于义宁的修河却水运方便，缩短了已经削职为民的陈宝箴对故土的思念，乡土亲情，常常可以借助梦的想象，在阒寂的深夜启程，逆水一宿抵达竹塅。

这处地方位于南昌城郊的西山，远离村落，人迹罕至，除了步行，没有任何交通工具可以让人到达，飞鸟和野兽是这里唯一的主人。

崝庐，其实是陈宝箴一个仓促和无奈的选择。陈宝箴叶落归根的打算是同五百年前的陶渊明为邻，过一种"采菊东篱下，悠然见南山"的田园生活。他早已委托了一个亲友，让他带着钱去九江，在与陶渊明故里栗里相近的地方买下一块地皮。船到浔阳的时候，陈宝箴闻知了那个亲友将他的嘱咐和希望化作了泡影。不仅建屋的地皮没有落实，就是购买地皮的钱，也被那人挥霍一空。

这是一代封疆大吏落井之后的第一块石头。心灵受伤的陈宝箴仰天长叹一声之后，无奈地选择了南昌西山，如今的新建县望城乡青山村安葬着黄氏夫人，并在墓旁结庐而守。有感于山势地形和人世的深险，陈宝箴将栖身的屋子形象地命名为崝庐。

崝庐是义宁竹塅的一个延续，草草搭建在西山人烟僻静之处的居所，当然不可能像祖先建造竹塅的凤竹堂那样，用上青砖黑瓦，所以它在一百年的时光里消失成了必然。比建筑材料的易朽更为重要的原因是，一直陪伴在父亲身边的陈三立远下金陵，欲在那里觅一处住所，以便安置风烛之年的父亲。

在儿子走后的两个多月里，孤独的陈宝箴日日登高，西望幕阜，他一次次地用昏花的眼光丈量西山至义宁的距离。黑暗降临，昏黄的孤灯下，陈宝箴脑海里一遍遍地回响起光绪二十四年（1898年）诏书的威严：

> 湖南巡抚陈宝箴，以封疆大吏滥保匪人，实属有负委任。陈宝箴着即行革职，永不叙用，伊子吏部主事陈三立，招引奸邪，着一并革职永不叙用，并交地方官严加管束。

此时，一些让陈宝箴心寒和绝望的噩耗跋山涉水传到了西山脚下的崝庐。2月，慈禧派人远赴广东，铲平了康有为、梁启超的祖坟，并悬赏十万两，缉拿康、梁。7月，慈禧下令将发配新疆的张荫桓就地处死。

亲人不在身边，后代相隔遥远。此刻，他唯一看得见的就是崝庐门外不远处黄氏夫人的那棺坟墓。寒风飒飒，坟上的荒草有节奏地摇动，极像夫人的招手。陈宝箴的老眼有些潮湿，恍惚中，他看见了夫人的墓旁边生长出了一棺新坟。

陈宝箴的恍惚在寒风里变成了一种死亡的预感。接下来的几个日子，这种预感越来越强烈了。几天之后，他听见了一阵马蹄声。回过头来，他看见了江西巡抚松寿、千总戴闵炯和一群护兵的身影。

"陈宝箴接旨——"

陈宝箴面无表情，心如止水。

远在金陵的陈三立，似乎也听到了江西巡抚松寿的这声凶神恶煞的吆喝，他一阵心惊肉跳。

光绪二十六年六月二十六日（1900年7月22日），在义宁陈氏的家族史上，是一个黑暗的日子。荒无人烟的西山靖庐，无人见证一腔抱负的陈宝箴死亡的惨状。对于父亲的突然去世，陈三立泣血书写了洋洋六千余言的《先府君行状》。

宗九奇的著作《陈三立传略》中《陈宝箴之死的真相》为后人提供了较为可靠的分析判断依据："陈宝箴之死，实乃至今尚未昭白的政治大冤案，据近人戴明震先父远传翁（字普之）《文录》手稿记载：'光绪二十六年六月二十六日，先严千总公（名闵炯）率兵弁从巡抚松寿驰往西山靖庐宣太后密旨，赐陈宝箴自尽。宝箴北面匍匐受诏，即自缢。巡抚令取其喉骨，奏报太后。'"

作为亲属后人，陈三立的说法当然是甚为重要的根据。陈三立断言："二十六年（1900年）四月，不孝方移家江宁，府君且留靖庐，诫曰'秋必往'。是年六月廿六日，忽以微疾卒，享年七十。卒前数日，尚为鹤塚诗二章，前五日，尚寄谕不孝，憨憨以兵乱未已，深宫起居为极念。不孝不及侍疾，仅乃及袭敛。通天之罪，锻魂剉骨，莫之能赎。天乎！痛哉！"

我对前一种说法深信不疑，并非随流从众。晚清太后垂帘听政，密旨大臣赐死，是其消灭对手的惯用手法。陈宝箴死前，身体和情绪无任何反常，且陈三立在其父死后的异常悲痛之举和日后每年清明、冬至两节，必由南京返赣扫墓，每次均跪叩墓前，悲哭一二小时不止。陈三立的《先府君行状》，文字中亦透出难言之隐曲。

学者刘梦溪也持太后赐死的说法。刘梦溪甚至还认为陈寅恪也应该知道陈宝箴之死的历史真相。"高贵如义宁陈氏一族，自己有那等显赫地位的亲人被行刑处死,场面那样惨毒,当然不必向后人以及外人道也。"

陈宝箴之死,是义宁陈氏家族文化源流中的一大挫折,它让陈三立对未来的人生选择,有了一种宿命般的预设。

同光体诗歌的长河

在义宁陈氏家族文化的传承中,陈三立是承上启下的一个重要人物,他是浩瀚的义宁源流中的主流。

在义宁这条源远流长的文化长河中,陈三立被后人称为义宁公子,他之所以能够成为陈氏家族中的砥柱,除了从被史家尊为"义宁陈抚"的父亲体内遗传的血脉之外,前辈精神的影响当是最为重要的原因。

陈三立自光绪八年(1882年)乡试中举到会试中式直至光绪十二年(1886年)进士,官拜吏部主事,数年之中,京城官场,腐败成风,正直之人难有作为的丑恶现状让他犹豫彷徨在衙门的高墙之外,并未实际就职,只是与京城那些志气相投的维新志士交游论事,立志革新朝政。

青年陈三立终于等来了有所作为的机缘。这一年,陈宝箴就任湖南巡抚。陈三立以侍候父亲为由离开吏部,毅然奔赴长沙,到陈宝箴衙门协理公务。

陈三立赴长沙辅佐父亲的当年,在中日甲午战争中避战求和,导致战争失败和北洋海军覆没的直系总督兼北洋大臣的李鸿章与日本签订了《马关条约》。陈三立闻讯之后,怒不可遏,他以一介离职主事的身份,提出让权倾朝野的大臣伏诛的主张。在致两江总督张之洞的电报中,陈三立明确要求:

> 读铣电愈出愈奇,国无可为矣。犹欲明公联合各督抚数人,力请先诛合肥,再图补救,以伸中国之愤,以尽一日之心。局外哀鸣,伏维赐察。

这份言辞激愤的电文是陈三立进入官场衙门后发出的第一个声音。在此后协助湖南巡抚衙门推行变法新政中,义宁公子又用一系列革新和创举证实了他的眼光，展示了他的才华。

教育是开启民智的重要手段。时务学堂开办时，黄遵宪力荐康有为为总教习，陈三立却认为康有为的学生梁启超更适宜担当此任。陈宝箴未能决断，三立说，自己读过梁启超的文章，梁启超的见解和议论胜于康有为。陈宝箴最终接受了儿子的意见。以致日后有人说："江西人好听儿子说话，中丞亦犹行古之道耳。"

湖南新政，在陈氏父子的权力控制范围之内开展，陈宝箴和陈三立父子，都是具有雄心大略的改革家。陈三立离开吏部京城，得到了识才爱才的湖广总督张之洞的赏识，执教于两湖书院。辅佐父亲之后，他们图谋以湖南为平台，联络湖北的张之洞、谭继洵，联手干一番事业。

风度翩翩的义宁公子，革新社会的理想像浇了油的火，此时没有任何人可以阻挡，他不可能预料到戊戌变法只能维持一百零三天的寿命，更没有料到变革失败之后的灾难会以一种无法躲避的悲剧收尾。因此，当慈禧太后政变的消息传到长沙时，陈三立依然没有慌乱，他一点都没有意识到自己的危险处境，满怀信心地发电报给荣禄，希望"息党祸，维元气"。直到张荫桓、徐致靖、杨深秀和谭嗣同、杨锐等人被革职拿办，谭嗣同、杨锐、刘光第等六君子被杀，陈三立才真正感觉到了来自京城太和殿里肃杀的寒气。

戊戌变法的失败，湖南新政的垮台，尤其是父亲陈宝箴的悲惨生命结局，让一腔抱负的陈三立心灰意冷，彻底绝望，在《赠梁启超》一诗中，陈三立展示了"凭栏一片风云气，来作神州袖手人"的悲凉心境，他发誓"今生不再回北京城"。

陈三立晚年，埋首书斋，以诗文铭志，并自号"散原"。散原为南昌西山的别名，这里是因政治而惨死的父亲的绝地。一生抱负，终归散原，历史就是这样无情。

"今生不再回北京城"，是陈三立革新失败人生失意之后的政治态度。自1895年辞去吏部主事离开京城，陈三立对北京就没有了丝毫留恋。

光绪三十二年（1906年）四月初，在南昌西山为父亲扫墓之后，陈三立拜访友人，到了武昌，然后在河南驻马店稍作停留，最后来到保定，与直隶布政使毛庆蕃相见。

对于陈三立来说，保定既是他的旧地，也是引起他无限伤感的触源。湖南新政之前，父亲陈宝箴曾在这里为官，任直隶布政使，如今他在当年的官署旧屋里，仿佛看到了父亲的身影，听见了父亲那熟悉而又亲切的声音。时光流逝，世事沧桑，陈三立和毛庆蕃清癯的面容上，都已刻下了岁月的痕迹。触景生情，陈三立挥笔写下了《四月下旬至保定，越闰月二日实君布政兄宴集莲花池》："执手皎日下，各惊颜貌癯。世难责攸寄，谁能爱微躯。通宵倒衷肠，屏风触童奴。绕屋念先泽，涕陨沾襟裾。"

时任保定知府的罗顺循当年是直隶布政使陈宝箴的门生故吏，曾在湖南抚署执教过三立诸子。在与陈三立相见时，罗顺循说："袁世凯初督北洋，声名藉甚。"陈三立不以为然，认为"袁氏非英雄也"。作《赠顺循》诗，用"絮语埃尘云物改，几时归老注《阴符》"讽劝他归隐著书。

离开保定，陈三立又赴天津看望了老友吴保初，然后循原路经保定回汉口。与北京城擦肩而过，陈三立眺望到了当年吏部的影子，不知是否"今生不再回北京城"的誓言在他心里扎下了深根？

多年之后，陈三立三子陈寅恪在他的重要著作《寒柳堂集》中透露了其中原因：

> ……袁世凯入军机，其意以为废光绪之举既不能成。若慈禧先逝，而光绪尚存者，身将及祸。故一方面赞成君主立宪，欲他日自任内阁首相，而光绪帝仅如英君主之止有空名；一方面欲先修好戊戌党人之旧怨。职是之故，立宪之说兴，当日盛流如张謇郑孝胥皆赞佐其说，独先君窥见袁氏之隐，不附和立宪之说。是时江西巡抚吴重熹致电政府，谓素号维新之陈主政，亦以为立宪可缓办。又当时资政院初设，先君已被举为议员，亦推卸不就也。袁氏知先君挚友署直隶布政使毛实君丈（庆蕃）、署保定府知府罗顺循丈（正钧）及吴长庆提督子彦复丈（保初），依项城党直隶总督杨士骧寓天津，皆令其电邀先君北游。先君复电谓与故旧聚谈，固所乐为，但绝不入帝城。非得三君誓言，决不启行。三君遂复电谓止限于旧交之晤谈，不涉他事。故先君至保定后，至天津，归途复过保定，遂南遗金陵也。

历史常常是隐秘的，许多情节都在地下策划。陈三立以自己的聪明睿智识破了袁世凯的野心和计策。袁世凯十分了解陈三立的国士声望，暗中运作在直隶与陈三立有私交旧谊的官员，蓄意拉拢陈三立，用参议员的诱饵，引诱他进入圈子。陈三立坚持以只叙旧谊不谈政治作为北上的原则，保持了自己的独立人格与精神气节。

京城，是陈三立心中永久的痛楚。当一个睿智之人发下永不再回京城的誓言时，他心中的悲苦早已超越了丧父之痛，那就是对国家民族的忧虑。一个夭折了政治的理想抱负的人，只有退到心灵深处，用诗词与社会作最后的抵抗。

陈三立的诗，早年从韩愈、龚自珍那里汲取营养，后来又师法他的义宁先贤黄庭坚。义宁的文化源流，应该包括从山谷道人家乡流过的那湾秀水。从如今修水县城所在地的义宁镇出发，往东南方向二十五公里，即是竹塅，义宁陈氏在江西的发源之地；出义宁镇沿修河上溯，十余里至双井，则是另一个文化大家黄庭坚的故里。而从竹塅到双井，不过三十公里之遥。两个不同时代的代表诗人，他们的诗在八百年后形成了形式上的交集，这不得不让人感叹义宁这片大山的地灵和人杰。

光绪十九年（1893年），陈三立偶然得到一册日本刊印的《黄山谷内外集》，他以一个博学诗人的眼光断定此书不仅在中国绝无仅有，在日本也可能是孤本。他想起父亲陈宝箴生前对黄庭坚诗的酷爱，他决心为八百年前的江西诗派留下一支有价值的精神血脉，也为故乡义宁延续一支不熄的文化香火。陈三立筹集资金，在武昌请人刻板印刷，历经七年，石板上的文字终于开出了诗歌的花朵。

这是一段文化的渊源，也是一段诗歌的奇遇。黄庭坚开创一代诗风，最终成为江西诗派的始祖；陈三立继承前人传统，又自成一格，被誉为同光体诗派领袖。后人在对比分析黄庭坚和陈三立这两位同源于义宁的大诗人的诗时认为，山谷诗峭瘦，散原诗苍坚；山谷重点铁成金，而比兴寄托，略嫌不足；而散原之诗，意境独辟，即比喻、炼字亦戛戛独造；山谷诗有槎牙之感，散原诗有浑融之气，可以溶其生涩。江西诗人，若论开宗立派，当推渊明、山谷、散原。

政治上的失意和父亲被皇权赐死，改变了陈三立的人生观，迫使他做出了用诗文安妥灵魂的选择。这种转变，使晚清政坛少了一个满腹经纶的官员，却让晚清和民国初年的诗坛多了一位卓有才华的领袖。

作为以晚清同治、光绪两个年号命名的诗学流派,同光体诗人们占据了清末和民国初年中国诗坛的主流地位。又以陈衍、郑孝胥、陈宝琛、林旭、陈三立和沈曾植等为代表,形成闽、赣、浙三个支派,而义宁公子陈三立,则被众多诗人推崇为同光体诗派首领。

汪辟疆在《光宣诗坛点将录》中,将当时活跃而又有成就的诗人以水浒梁山英雄一百单八将相比并排列座次,在汪辟疆诗歌的英雄排行榜上,陈三立被众诗人拥于"宋江"的头领位置上。

陈三立的诗坛地位,与他同时代的诗人陈衍、郑孝胥、梁启超、吴宗慈、章士钊、钱仲联、欧阳竟无等人都有极高评价。张慧剑在《辰子说林》中认为:"故诗人陈散原先生,为中国诗坛近五百年来之第一人,不仅学力精醇,其人格龙清严无滓,足以岸视时流。"

今人对陈三立诗歌成就的肯定,亦不逊于前人。不同流俗一生自负的钱锺书先生曾说,唐以后的大诗人可以用一个地理词语来概括,叫作"陵谷山原","陵"为杜少陵,"谷"为黄山谷,"山"为李义山,"原",即散原陈三立先生。

民国十三年(1924年)的陈三立,经历了丧妻失子的双重疼痛。在子女们精心安排下,他离开伤心之地南京,来到了人间天堂杭州,在西湖边的净慈寺中疗养心伤。

佛教作为一种解脱的信仰,让陈三立的心伤在缭绕的香火和清冷的钟磬声中一日一日抚平、愈合,南屏山的夕照、空门净地的松涛,给了陈三立许多诗歌的灵感和创作冲动。

四月的那一天,是七十二岁高龄的陈三立来杭州以来心情最好的日子,诗人在门口迎接印度大诗人泰戈尔的到来。在徐志摩的翻译下,两位诗人互道了仰慕钦敬之情。在亲切融洽的气氛中,泰戈尔代表印度诗人,向陈三立赠送了一本自己的诗集,泰戈尔同时也请求陈三立以中国诗坛代表身份回赠他《散原精舍诗》诗集。陈三立接受赠书,表示谢意。出乎泰戈尔意料的是,陈三立并没有回赠诗集,而是谦逊地说:"您是一位世界闻名的大诗人,是足以代表贵国诗坛的。而我呢,不敢以中国之诗人代表自居。"临别之时,在杨杏佛的提议下,两位诗人面对照相机的镜头,为中印诗歌定格了一个值得纪念的时刻。

中印两国代表诗人相晤的镜头,登上了当时主流报纸的版面,上海出版的《申报》,第二年还以国庆纪念增刊的形式刊发此照,并配以泰戈尔和陈三立手迹。八十多年后的今天,我在陈小从女士所著的《图说义宁陈氏》一书中,见到大胡子泰戈尔和一身长袍的陈三立,两位诗坛巨匠,共同演绎了一道诗人相敬的佳话。吴宗慈说:"华、印两诗人,各为其本国之泰斗,比肩一帧,接迹重洋,诚近代中印文化沟通之佳话,尤国际诗人罕有之事实也。"

在杭州净慈寺居住期间,陈三立完成了亡妻俞氏和长子衡恪于杭州牌坊山的入土安葬,在墓穴的左边,陈三立预留了他自己日后的安寝之地。诗人在诗中写道:"早晚青山便埋地,一抔从拔六尘根。"(陈三立《晓起寓兴用前韵》)此时,儿子隆恪、登恪陪伴身边,悉心照料,陈三立灵感勃发,诗思泉涌,写下了一系列好诗:"下窥湖水狭如盆,细雨灯窗笑颊存。暝曳虚无孤岛气,坐褪明灭万花痕。歌呼自寄神州痛,酷酊方知恶客尊。径黑夜归吠寒犬,掉头有宅系云根。"

这首诗是陈三立应康有为之邀赴丁家山康庐聚谈,后冒雨往陈曾寿湖边居宅,饮酒交谈至深夜归家的记叙。

诗人陈三立一生中走过的地方,就像他的故乡修水身上一处古老的渡口和长满了古树的陈年埠头。庐山,就是陈三立人生中一个重要的驿站。

胡迎建先生在《一代宗师陈三立》一书中描述:

> 一九二九年旧历十月二十一日,陈三立在次子隆恪的陪同下,乘江轮离开上海,行至九江,再自莲花洞租滑竿登好汉坡上庐山牯岭。老人的内心是矛盾的,离开了常常吟咏的杭州、上海等地,告别了敬重他的众多旧友新朋,感到许多恩情厚谊难以回报,然而庐山毕竟是家乡的名山,他在那里更感到自由自在。

在此之前,陈隆恪夫妇携女儿小从自武汉来庐山,在牯岭租屋居住。关于这段经过,陈小从在她的《松门别墅与大师名流》一书中有较详细可靠的记载:

谈起我到庐山牯岭的缘起，这就不得不归功于我五岁那年在汉口得的一场病。久咳不愈，百药无效，使得原本先天不足的体质更加孱弱。据医生告知，这长期咳嗽，有伤肺部，拖下去恐转肺痨，建议到空气清新之庐山疗养一段日子，那里的环境对这类疾病有好处。于是父亲陈隆恪辞去了汉口之工作，一家三口登上庐山，在牯岭长冲东向山坡上租了小小一幢别墅，哪知奇迹很快就出现了，我的咳病在未服任何药物下，竟在一夜之间酣眠熟睡后，旧病爽然若失。

陈小从记载的这段时间，离陈三立上庐山还有一年半之久。此时陈隆恪一家居住之所，乃是位于牯岭长冲东向山坡上租用的小小别墅，而不是一年半之后陈家先租后买的位于牯岭河南路1129号的松门别墅。

陈小从是陈三立的孙女，她记忆力惊人，在她的书中，儿时的往事历历在目，真实可信。

就在动笔写这篇散文之前，我在东莞市南城菊香苑拜访了陈小从。这位我尊敬的前辈，如今已逾八十高龄了，但精神甚佳，义宁文化的影子在她身上体现得非常鲜明，她用带有浓重庐山口音的普通话同来自故乡义宁的晚辈们热情交谈。一同前去的朋友李盛昌是庐山人，和我一样是改革开放后迁入东莞的所谓新莞人，他家至今仍在庐山牯岭。谈到松门别墅，老李竟意外发现，他家20世纪60年代住的那幢房子，正是陈三立的故居松门别墅，而老李当年睡的那房，更是陈三立当年的卧室！

偌大世界，竟有如此巧合，而这巧合，就发生在自己身边。

陈小从是陈宝箴离开义宁走向山外世界之后唯一两次回过竹塅的陈氏后人，她对义宁感情极深。义宁文化的长河中，她是一朵绚烂的浪花。

因为陈三立的到来，庐山的松涛成了诗人的吟诵对象，庐山的冰雪，冻硬了气节的骨头。

夏季的一天，有人敲开了松门别墅的门。那人自称来自美庐，递上了一张精美的名片。美庐的声名，陈三立当然知道，那是蒋介石、宋美龄在庐山东谷的别墅。当得知蒋介石欲来松门别墅拜访自己时，诗人竟无半点惊宠之色，他淡淡地对来人说，我已是一个不闻政治的出世之人，不劳蒋先生枉顾了。

瘦骨嶙峋的诗人，用一句坚硬的语言，将炙手可热的国家领袖，严严实实地挡在了门外。

初冬的时候，陈三立迎来了他生命中的第八十个年头。

农历九月底的庐山，气候和它耸立在赣北的海拔一样鹤立鸡群。我在陈旧的庐山照片上看到了寒冷，从八旬老寿星厚实的棉袍和瓜皮棉帽上感受到了时令的肃杀。

庐山的严寒没有让陈三立感到畏惧，却领受到久违了的亲情温暖。十年来，散原老人第一次切身体会到了从故乡义宁分蘖之后家族团聚的欢乐和热闹。

1932年的陈三立就似一口深潭，吸引了亲情的涓涓细流一齐汇入庐山。八十高龄的老人安坐在松门别墅里，喜悦地看着晚辈后生们小鸟一般地先后归巢。

在时年九岁的陈小从的印象中，祖父的庆寿规模空前隆重，远远超过了前不久八叔陈登恪婚礼的热烈。上山贺寿的至亲接近三十人，久未见面的三叔、四叔、康姑、大姑等长辈们已经陌生得如同唐人贺知章《回乡偶书》中的客人。

那天下午，一乘轿子抬进了院子，陈小从见到一个同父亲陈隆恪相貌相似的客人。那人戴着眼镜，举止斯文，说湖南口音。听到佣人高声喊叫三老爷到，她才知道这是在清华大学任国学院导师的三叔。上一次见到三叔的时候，是在杭州，那时小从只有四岁。五年里，小从经常听祖父和父母讲三叔的童年往事。哦，原来同哥哥抢食糕点的三孙少爷不知不觉就被岁月塑成了斯文有礼的教授。那一回三叔在庐山住了十来天，三叔还跟着负有为北京静生生物研究所勘察园地使命的侄儿封怀步行到了含鄱口，在绿树林涛声中徜徉。八十年后三叔同三婶重新回到这里的时候，却化作了一抔灵骨。他们与庐山的缘分，却是八十年前种植的结果。

在祖父的寿宴上，陈小从吃到了一种从未品尝过的食物。那东西隔水蒸熟，暄软，可口，香气扑鼻。小从只觉得好吃，却叫不出名字。不仅是小从，众多的长辈亲友也不曾见过。祖父说这是"饷子"，产自故乡义宁，多用上等芋头、红薯粉配以拌匀炒熟的腊肉、大蒜、油豆腐、冬笋等包裹蒸煮而成。散原老人的话，让所有没有到过义宁的亲人和朋友一起记住了竹塅。一种独特的地方传统食品，通过陈三立的八十寿筵，维系了一个家族的故土情感。

陈三立的八十寿诞惊动了远在北京的座师陈宝琛。这个比陈三立年长五岁，光绪八年（1882年）主考江西乡试的内阁学士，慧眼识珠，把不屑八股作文而特立独行自由答题的陈三立录为乡试举人的前朝遗老，已经无法在寒冷的季节里穿越一千多公里的遥远距离来为他的知音贺寿了，他龙钟的老态和蹒跚的步履不可能让他回到光绪八年（1882年）与陈三立重逢了。在千里之外的北平城里，曾经的逊清帝师陈宝琛，挥毫写下了《散原少予五岁今年八十矣记其生日亦九月赋寄庐山》诗："平生相许后凋松，投老匡山第几峰？见早至今思曲突，梦清特地省闻钟。真源忠孝吾犹敬，余事时文世所宗。五十年来彭蠡月，可能重照两龙钟？"

松门别墅的门，挡住了蒋介石的脚步，却为艺术敲开了胸怀。徐悲鸿上山的时候，带来了雕塑家滑田友和江小鹣。为了给诗人祝寿，北京的艺术界筹集了一笔资金，欲用雕塑为寿星留下永久的纪念。如今后人见到的两尊陈三立半身铜像，就是两位雕塑家1932年留下的珍贵作品。

庐山的冬天，因为陈三立和诗歌已经没有了寒冷。夏天的时候，避暑的达官贵人云集牯岭，将不大的一座名山喧闹成几乎取代了南京的夏都。1933年的夏天，江西省主席熊式辉邀约政界名人和社会名流在万松林别墅举行诗会。陈三立被众人一致推举为诗会主持，在陈三立的提议下，汪精卫、李烈钧、邵元冲、许世英、曹经沅、曾仲鸣、吴汝澄、鲍庚、吴宗慈等政要名流均为韵赋诗。

雅集高潮时，吴汝澄、张默君、曹经沅、熊式辉等竟纷纷赋诗对陈三立表示崇敬和拥戴。陈三立宠辱不惊，淡然以对。日后曹经沅将雅集之诗编辑成书，请陈三立作序。陈三立写道："余以荒老久废篇什，顾不弃其如喑蝉，要遮接踵，遂强一至而赘其列焉。"庐山峰峦一样傲然独立的陈三立对政客名流们的热情和政治游戏表明了距离和不屑。

陈三立在庐山诗性勃发的时候，他的四子陈方恪正在上海正风文学院任教务长，风度翩翩的世家公子，引起了官宦人家的注意。时任国民政府行政院长的谭延闿，这个当年在长沙碧湖诗社禊集时陈三立的诗友，想将女儿嫁与方恪。谭延闿派人三上庐山说媒，均被陈三立婉拒。诗人对来人说，谭延闿是民国政府高官，我平民人家怎好高攀？

对于耄耋之年的陈三立来说，1932年让他心灵破碎。"一·二八"抗战不久，他的诗友郑孝胥在日本人的威逼利诱下，拥护溥仪在东北建立伪满洲国。好友欧阳竟无知道陈三立与郑孝胥素有深交，便请陈三立出面规劝。陈三立说，郑孝胥借日本人之力，推溥仪复辟帝制，无人能够劝转，他日后当会自食恶果的！此后，陈三立与汉奸割袍断袖，《散原精舍诗集》重印时，他毅然删去了郑孝胥文采盎然的序言。他不愿让一个汉奸的谎言，玷污诗歌和诗人的神圣与高洁。

自 1895 年辞去吏部主事离开京城，并由于父亲陈宝箴湖南新政失败太后秘密赐死发誓不再回京城至今，陈三立已经三十八年未踏入熟悉的皇城一步了。陈三立以为，父亲惨死的深仇大恨，从此会让他的人生脚步永远止于紫禁城外。然而，1933 年初冬的亲情，却让他住进了北平的姚家胡同。

这并不是陈三立的食言。因为，陈三立重回京城的时候，历史的脚步已经进入了民国，北京更名为北平，满清的辫子，已经被孙中山的民国剪断，成为一根敲醒中国大地的手杖，他也不必再提防窃国的袁世凯诱他入彀的机心了。

1933 年的初冬，在海外留学十八年的陈寅恪已经进入清华园，成为影响巨大的清华国学院导师已经八年了。作为陈三立的第三子，在兄长陈衡恪突然去世之后，已经成家立业的他肩上增加了侍奉老人的责任。每个星期五，陈寅恪都要带着女儿，进城与老父团聚。

前往座师陈宝琛寓所拜访的时候，陈三立不顾棉衣厚重和已经八十二岁的高龄，用三跪九叩的大礼，感谢陈宝琛的知遇之恩。两位久别的耄耋老人相互搀扶，抱头痛哭。在民国的时光里，面对比自己年长五岁的前朝遗老，陈三立蓦然苏醒久远了的晚清朝中吏部的记忆。

陈宝琛当然明白，如果时光倒退回去若干年，陈三立绝对不会在这里踏上清朝的土地，只有民国的旗帜，才会让一个遍体骨筋的诗人回到旧地听见辛亥革命的喊声。接下来的一个细节，真切地证实了座师的判断。陈宝琛邀请一贯言听计从的诗人和他一起共同做已经从太和殿宝座上下来了的逊帝溥仪的老师。在以不善京语的借口推托之下，陈宝琛一眼就看出了陈三立誓死不与满清随流的本质。杀父之仇，那种刻骨的疼痛已经烙在了陈三立的心上。

八十四岁那年，陈三立收到了国民政府转来的伦敦国际笔会的邀请。作为中国诗人的代表，陈三立和胡适分别代表中国传统文学和中国新文学与世界交流。陈三立的孙子陈封雄看到了报纸上发布的消息，问询祖父，陈三立漫不经心地说:"南京寄来的通知,我已经丢掉了!"

在同光体诗创作的天空中,已经取得了诗歌最高成就的陈三立一生始终是晴朗的世界。如果不是1937年卢沟桥事变日本军队侵华的杀戮,陈三立的诗歌光辉仍将照耀在民国的诗坛上,他生命的夕阳不会这么快地沉落。

当抗日成了一个民族的主题时,怒发冲冠的陈三立放下了手中的笔,他日日倚门,枯眼遥望卢沟桥,盼望传来中国军队胜利的消息。当那一日听到有人议论说中国不是日本的对手,最终会被日本征服时,当即大怒,斥责说:"中国人岂狗彘不若,终将帖然任人屠割耶?"

陈三立的信心和希望无法阻挡日军占领北京的铁蹄,诗人衰老的身躯终于被日本军人的侵略击倒了。在生命的最后时刻,侵略者派人登门,游说他出任伪职。陈三立愤怒已极,强撑病体,怒骂来人,下令家人用扫帚驱赶。此时,陈三立自知逐敌无望,且不同异族侵略者共戴天日,毅然拒药绝食。

在1937年9月这个日寇侵华的惨痛时刻,少肉只剩下了骨筋的诗人陈三立唯一的人生选择便是死亡。民族危亡之痛,让死亡变得比生存更重要,更具有唤醒的力量!先生死时,仅有三子陈寅恪送终,二子陈隆恪同四子陈方恪乘轮船急急赶赴北平,却被船上流行的恶疾霍乱阻住了奔丧的脚步。一个月船上隔绝滞留的漫漫时光,利刃一般割着他们的孝心。

陈三立拒药绝食而死的消息传到了汉奸郑孝胥的耳朵里。一瞬间,郑孝胥仿佛回到了当年两人诗歌唱和的友情年代。他在陈曾寿面前谈到了自己的悲哀,他以为,看在诗的份上,散原老人会原谅他的变节,但是他很快就知道自己错了。就在当年冬天他从东北来到北京,为早已与他割袍断袖的老友吊唁,陈家的冷脸,让他明白了气节才是一个人的脊梁。郑孝胥在日记中写到,散原去世了,他身边那个在清华作教授的儿子,既不开吊,亦不报丧。一个不再回头的汉奸,他无法理解陈寅恪的守节尽孝。一身孝服的陈寅恪,经受着亡国的痛楚,他知道在侵略者的刺刀下,为父亲举办的所有悼念,都是为日军唱颂的赞歌。

"不堪友人劝投敌,以死相拒振纲常。风骨岩岩表百代,人品既高诗自芳。"这是许多年之后,中山大学教授胡守为先生所作的《读散原精舍诗》。而汪荣祖教授则说:"三立之死更象征老一代的凋零,随风而逝,永不会再有如此人物。"

精神与思想的丰碑

在西装革履的教授群中，一个夏秋蓝布长衫，冬春长袍马褂，抱一摞双层布包裹着的课本的中年先生走进了清华大学的教室。在同学们的注视下，先生手执粉笔，在黑板上写下了一堂课的材料。先生转过身，面向学生，知识和智慧就开启了闸门，从他长沙口音的普通话中倾泻而出。座下语言文字修养稍差和国学功力稍浅些的学生，瞬间就分辨不出梵文、巴利文、满文、蒙文、藏文、突厥文、西夏文、波斯文的区别了，还有快速漶漫而来的英、法、德、俄、日、希腊等国语言的潮水，更是让他们沉溺得失去了方位。当下课的钟声响过之后，先生舒了一口长气，他看见了坐在教室最后排的国学院主任吴宓和朱自清、冯友兰、孔繁蠹等教授以及在北平大学任教授的德国梵文学者钢和泰男爵。教室门口和窗户外，围满了学生，那些面孔陌生，他无法叫出他们的姓名。这个时候，先生尚不知道门外、窗外的陌生面孔，不仅仅有清华国学院、中文系、历史系的学生，还有许多是从北平大学、北洋大学、燕京大学、辅仁大学慕名来偷听他讲课的外校学子。

这是时任清华国学院导师的陈寅恪先生的一堂普通课。陈先生一如往常，但听课的学生们却如饮醍醐，未酒而醉，美好的时间宛如春光，一纵即逝。

而在当时，胡适、傅斯年、金岳霖等人和学术界人士就用"陈先生的学问三百年来一人而已""教授之教授""太老师""盖世奇才""活字典"等评价来赞扬陈寅恪。清华园内声名颇著的冯友兰，每当陈寅恪先生上中国哲学史课的时候，总是十分恭敬地跟着陈先生从教员休息室里面出来，边走边听陈先生说话，直至教室门口，对着陈先生鞠一躬，然后分开。这是清华园学子经常看到的一个镜头，这个场景令学生们对陈寅恪尊敬羡慕不已。

这是20世纪20年代末陈寅恪在清华园里授课时常见的一幕。然而，大多数人未必知道，如此博学的导师，进入清华园之初，几乎遭到了校方的拒绝，如今校园中这一片独特的学术风景，差点被俗世的著作、学位的帷幕永远遮蔽。

清华国学院筹建于1925年春天。在用人之际，非常了解陈寅恪的主持国学院筹建的教务长吴宓和甫任国学院导师的梁启超，分别向清华学校校长曹云祥竭力推荐正在德国柏林大学研攻梵文的陈寅恪。

对陈寅恪的学识和水平能力，吴宓和时已到任的王国维、梁启超、赵元任三位清华国学院导师最为了解。吴宓曾说："始宓于民国八年，在美国哈佛大学得识陈寅恪。当时即惊其博学，而服其卓识，驰书国内诸友，谓合中西新旧各种学问而统论之，吾必以寅恪为全国最博学之人。今时阅十五六载，行历三洲，广交当世之士，吾仍坚持此言，且喜众人之同于吾言。寅恪虽系吾友，而实吾师。"

在曹云祥校长面前，竭力推荐陈寅恪的梁启超碰了钉子。

曹云祥不愿相信陈寅恪是我国最有希望的读书种子的评价，因为他知道"读书种子"这个词只是一个没有实际标准的华丽比喻修辞，作为校长，他必须坚持自己那套俗世流行的用人标准。曹校长问："陈寅恪是哪一国博士？"

梁启超回答说："他不是学士，也不是博士。"

曹云祥又问："他有何著作？"

梁启超应曰："也没有什么著作。"

曹云祥摇了摇头说："既不是博士，又没有著作，这就难了！"

梁启超听了这话，顿呈不悦之色。他说："我梁某也没有博士学位，著作算是等身了，但总共还不如陈先生寥寥数百字有价值。好吧，你不请，就让他在国外吧！"

读这段话的时候，我想象得到梁启超脸上的怒容，从字里行间中看到了他对校长的不屑。

"曹梁对"最后以曹云祥校长的"最终破格"而画上句号。意气风发的陈寅恪在1926年7月7日早晨抵达北京，下榻位于西河沿新宾旅馆5号的时候，他不会想到"最终破格"这四个字成了他进入清华园的通行证。在一生自负的陈寅恪心中，他永远不需要别人为他提供任何照顾，任何的降格，对他来说都是一种耻辱。

从陈寅恪站上清华国学院讲台的那一刻起，"最终破格"四个字就失去了意义。但是，它却依稀留下了中国教育史上和文化史上的佳话，它是对学术和人才的尊重，曹云祥校长无意中为清华园留下了一座大学的经典。

曹云祥校长写下了"最终破格"四个字之后，他的心中依然笼着一片疑云。那就是陈寅恪超过梁启超等身著作的寥寥数百字，到底是哪些珠玑宝典呢？

曹云祥没有想到被学识渊博的梁启超评价至高的寥寥数百字，竟是陈寅恪1923年写给妹妹陈新午的一封家信。这封纯粹谈购书的家书无意中涉及陈寅恪的读书兴趣和研究对象及学术关注范围。一个被同时代的留德中国学生们称为最有希望的读书种子的人，在梁启超的印象中自然有着不同寻常的分量。

陈寅恪在信中写道：

> 我前见中国报纸告白，商务印书馆重印日本刻《大藏经》出售，其预约券价约四五百元。他日恐不易得，即有，恐价亦更贵。不知何处能代我筹借一笔款，为购此书。因我现必需之书甚多，总价约万金。最要者即西藏文正续藏两部，及日本印中文正续大藏，其他零星字典及西洋类书百种而已。若得不之，则不能求学。我之久在外国，一半因外国图书馆藏有此项书籍。一归中国，非但不能再研究，并将初着手之学亦弃之矣。我现甚欲筹得一宗巨款购书，购就即归国。此款此时何能得，只可空想，岂不可怜……西藏文藏经，多龙树马鸣著作而中国未译者。即已译者，亦可对勘异同。我今学藏文甚有兴趣，因藏文与中文，系同一系文字。如梵文之与希腊、拉丁及英、俄、德、法等之同属一系。以此之故，音韵训诂上，大有发明。因藏文数千年已用梵音字母拼写，其变迁源流，较中文为明显。如以西洋语言科学之法，为中藏文比较之学，则成效当较乾嘉诸老更上一层。然此非我所注意也。我所注意者有二：一历史（唐史西夏）西藏即吐蕃，藏文之关系不待言；一佛教，大乘经典，印度极少，新疆出土者亦零碎。及小乘律之类，与佛教史有关者多，中国所译，又颇难解。我偶取《金刚经》对勘一过，其注解自晋、唐起至俞曲园止，其间数十百家，误解不知其数。我以为除印度、西域、外国人外，中国人则晋朝唐朝和尚能通梵文，当能得正确之解，其余多是望文生义，不足道也。隋智者大师天台宗之祖师，其解"悉檀"二字，错得可笑。好在台宗乃儒家五经正义二疏之体，说佛经与禅宗之自成一派，与印度无关

者相同，亦不要紧也。禅宗自谓由迦叶传心，系据《护法因缘传》。现此书已证明为伪造。达摩之说，我甚疑之。旧藏文既一时不能得，中国《大藏》，吾颇不欲失此机会，惟无可如何耳。又蒙古、满洲、回文书，我皆欲得。可寄此函至北京，如北京有满蒙回藏文书，价廉者，请大哥五哥代我收购，久后恐益难得矣。

一封纯粹购书的家信，没有涉及亲情，简短的文字中透露出了陈寅恪学术研究的博、杂、深、精。满腹疑虑的曹云祥校长是何时读到这封被梁启超视为超过自己等身著作的短简的，我无从得知。但我可以想象得到，曹云祥校长对陈寅恪的了解和放心，就通过这寥寥的数百个汉字完成。

1925年的春风，从清华园里跨洋过海吹拂到遥远的欧洲，在陈寅恪瘦弱的身上留下了无尽的温暖。吴宓是除陈新午之外最早看到这封信的人，吴宓立即把他刊发在《学衡》上，《与妹书》这个标题亦是吴宓所加。1923年第20期的《学衡》，一出版就让清华园里的梁任公倾倒。

从亚洲到欧洲的距离太遥远了，正在德国的陈寅恪难以感受到来自古老祖国的阳光。就在吴宓、梁启超为他进入清华园颇费心力的时候，陈寅恪仍对回国的想法屡有疑虑。即使清华国学院研究教授的聘书漂洋过海来到他手中的时候，他仍然向吴宓表示因家务羁绊不拟立即就聘的鲜明态度。只是，远在德国的陈寅恪没有听到清华园中吴宓发出的长叹："介绍陈寅恪来，已费尽气力，而陈还迟疑不决，要办好这事真难哪！"

幸好，清华园有着极大的耐心，而王国维、梁启超、赵元任三大导师，也一直面朝西方翘首期盼。

一颗读书的种子，最早播种在长沙的泥土中。

1890年7月3日，初夏的长沙，赤日炎炎。岳麓山脚下通泰街的"蜕园"中，传来了一阵婴儿坠地时的啼哭声，街坊邻居们都知道，租住在这所房屋中的湖北按察使陈宝箴的长媳俞明诗夫人产下了一个男婴。由于陈宝箴正在湖北任上，婴儿的祖母黄太夫人便按照族谱排行，为婴儿取名"寅恪"。

好静多思，是这个出生在官宦人家的孩子与生俱来的性格。热闹的场所，总难见到寅恪的影子，离群独坐，常见出他的与众不同。家里的私塾开办了，童蒙未开的寅恪兴趣盎然,从门缝中窥视兄长和那些比他大的亲戚的子弟们诵读,久久不肯离去。当私塾先生听见尚不识字的小寅恪把那些艰涩的课文流水一般背诵时,惊异不已。识字之后,一个孩子的灵魂就附在了书本上,陈寅恪见书即读,不分昼夜。

这是这个后来被留学生们公认为中国读书人种子的陈寅恪人生最初的异秉。一粒良种,入土之后,迅即萌芽长叶。但是,如果没有适当的阳光、雨露和养料,小苗也难以长成参天大树。陈寅恪是一粒幸运的良种,他出生在家世显赫的义宁陈氏这个官宦书香世家,恰如良种落入沃土,小苗被阳光雨露照临。

陈寅恪的幸运在于有一个被称为晚清四公子之一的父亲。

陈寅恪的祖父陈宝箴上任湖南巡抚时,他的儿子陈三立辞去了吏部主事官职,全力辅佐父亲推行新政,维新变法,改革天下。办报刊,倡新学,选派留学生出国等就是新政的内容之一。时务学堂,诞生在陈氏父子新政的高潮中。这所湖南历史上的第一所新式学校,采用的是与传统迥然有别的新式教学内容和教学方法。这个时候,年仅六岁的陈寅恪入私塾跟随湘潭宿儒周印昆先生读书。

三年之后,变法失败,陈寅恪随父亲迁居南京。虽然遭遇了祖父陈宝箴削职赐死的重大变故,但是陈寅恪的教育并未中断。定居金陵,陈三立办起了延续他的教育理念的新式家塾。陈三立先后聘请了名流王伯沆、柳翼谋、萧屋泉担任教师。教学内容除"四书五经"之外,还大量地引进了历史、地理、数学、外文、音乐、绘画和文体等西学内容。私塾老师不打学生,学生亦不背死书。独具一格的教育方法和学习内容,让陈寅恪从小就打下了坚实的中国传统文化基础,同时又吸收了西方文化的养料。一颗读书的种子,承载着父亲维新变法改革天下的理想,在晚清的时光里破土萌发。

1902年3月,日本轮船大贞丸号离开南京,开往日本。未满十二周岁的陈寅恪跟随兄长陈衡恪登上了这艘异国轮船,自费东渡扶桑求学。东京弘文学院,就成了陈寅恪漫长海外求学生涯中的第一个驿站。

让后代走出国门,接受西方教育,对于陈三立来说,这是他培养子女的必然选择。1882年乡试之时,年仅二十三岁的陈三立因讨厌八股文,公然冒犯科举,竟然用散文体答题。幸运的是,陈三立遇上了慧眼识珠的主考官陈宝琛。

当陈宝琛在落第考生的试卷中看到陈三立的答题时，不禁拍案叫好，并打破常规，破格录取。

破除陈规革除旧习的陈三立将自己的精神性格人生理念移植到了子女身上，于是就有了三子陈寅恪十二岁出国求学的非常规经历。两年之后，陈寅恪同他的二哥陈隆恪一起高分考中，成为官费留日学生。在上海吴淞口码头送行的陈三立，将不舍的亲情和海外留学励志图强的希望和理想送给了远行的儿子。作为晚清时期的诗坛领袖，陈三立用诗歌记录了码头送别的情景：

> 风虐云昏卷怒潮，东西楼舶竞联镳。
> 忍看雁底凭栏处，隔近波声万帕招。
> 游队分明杂两儿，扶桑初日照临之。
> 送行余亦自厓返，海水浇胸吐与谁。

与散原老人这首《十月二十七日江南派送日本留学生百二十人登海舶隆寅两儿附焉遂送至吴淞而别其时派送泰西留学生四十人亦联舟并发怅望有作》诗一同留存在时光深处的还有一幅名为《负笈东瀛图》的珍贵照片。那是到达日本之后，陈寅恪同他的兄长陈衡恪、陈隆恪的合影。三兄弟英俊年少，居中的陈寅恪的眉眼间，还透出一股明显的稚气。这幅照片不仅印在多部书中，而且也深深地刻在了我的脑海中。一百年前异国的阳光，照亮了一个中国少年冷峻的脸庞，并从此定格了一个学术伟人一生的模样。

维新变法，陈寅恪的祖父为此失去了生命。但是维新变法的火种并没有熄灭，经过父亲散原老人之手，革新图强的理想已经随着陈寅恪兄弟的出洋种植在了心底，这便是陈三立说的"历验世务欲借镜西国以变神州旧法"。

自1902年3月南京码头上轮船汽笛响过之时起，陈寅恪辗转日本、德国、瑞士、挪威、法国、美国，在弘文学院、柏林大学、苏黎世大学、巴黎高等政治学校、哈佛大学等学校度过了十八年的求学光阴，穿越了梵、巴利、波斯、吐火罗、突厥、西夏、藏、蒙、满、日、拉丁、希腊、英、法、德等多种语言文字的屏障，登上了学术的顶峰。在清华国学研究院的讲坛上，我们仰望到了一个大师的身影。

20 世纪中叶之前的大师,是一个稀有的名词。大师不是一顶廉价的桂冠,大师的背后,有着支撑起千钧重量的骨头。

陈寅恪的骨头,是他写在王国维纪念碑上的文字。

1927 年 6 月 2 日,清华国学研究院导师,一代大儒王国维在颐和园投湖自尽。昆明湖盈尺的死水,瞬间夺去了一个人的生命,这绝对和意外无关。只能说,王国维去意已定,无人能够挽回。

那天上午,王国维写好遗嘱,装入衣袋中。他的目的地离此有一段距离,他向办公室借了车资,雇了人力车,购票进入了颐和园。当他从容地在鱼藻轩抽完最后一支烟,面朝浅水,纵身一跃之时,一代大儒的遗言终于成了文化的绝响:"五十之年,只欠一死。经此世变,义无再辱。"王国维在遗书中交代了后事:"书籍可托陈(陈寅恪)、吴(吴宓)二先生处理。"

陈寅恪赶到颐和园,他从王国维安详的遗容中看到了一个时代文化落幕的余晖。三跪九叩大礼之后,陈寅恪吟出了"赢得大清干净水,年年呜咽说灵均"的诗句,并挥笔写下了"十七年家国久魂销,犹余剩水残山,留与累臣供一死;五千卷牙签新手触,待检玄文奇字,谬承遗命倍伤神"的挽联。

两年之后,王国维先生纪念碑在清华园落成,陈寅恪应约撰写碑文,用简短的珠玑文字,让一代大儒的殉世之谜水落石出:

> 士之读书治学,盖将以脱心志于俗谛之桎梏,真理因得以发扬。思想而不自由,毋宁死耳。斯古今仁圣所同殉之精义,夫岂庸鄙之敢望?先生以一死见其独立自由之意志,非所论于一人之恩怨,一姓之兴亡。呜呼!树兹石于讲舍,系哀思而不忘。表哲人之奇节,诉真宰之茫茫。来世不可知者也,先生之著述,或有时而不章。先生之学说,或有时而可商。惟此独立之精神,自由之思想,历千万祀,与天壤而同久,共三光而永光。

勒石成碑,陈寅恪的文字已经半世纪而未朽。八十多年的时光,已将这段碑文凝成了一个瘦弱书生的坚硬骨头,那就是"独立之精神,自由之思想"这十个带着风骨的大字。

独立而自由的义宁学子，他的精神和思想生长在民国的土壤中。透过海宁王静安先生身后那块沉重的石碑，我们看到了义宁陈氏的夫子之道和中华文化的绵延薪火。

王国维自沉昆明湖之后赶到现场的清华国学院的学生们，面对导师安详如生的遗容，无不哀伤悲凄。遗体入殓之时，清华师生，依次用三鞠躬的方式向先生告别。最后同亡灵告别的陈寅恪那天穿着庄严的长袍马褂，他沉默无语，缓缓跪下，沉重地躬下身体，艰难地将头颅叩在冰凉的地上。陈寅恪叩头的声音撞击着在场的每一个清华学生的心灵，不待陈寅恪起身，三四十个学生，一齐在陈寅恪先生身后跪下，他们跟随着老师，用中华民族最虔诚、最庄严、最有难度的跪拜大礼表达对文化的悼念和敬意。

在王国维入殓仪式上目睹以及追随陈寅恪行跪叩拜的清华国学院学生，还在陈寅恪上海的家中见到过导师的另一种姿态。那也是一种骨头的仪式。陈寅恪的学生们，围着父亲散原老人而坐，同晚清中国诗坛的领袖亲切交谈。而他们的导师陈寅恪，则毕恭毕敬地站在父亲身边。在学生们惊异不解的目光中，清华国学院的导师，在父亲的声音中，就那样恭敬地站着，不知疲倦。在陈寅恪始终站立的身姿中，学生们看到了千年儒家传统的复活。

这是时间独立没有生活关联的两个细节。一跪一立，陈寅恪无意中展现了中国传统文化的精义和个体的人格风范，在这个非戏剧的生活情景中，所有的观众都是陈寅恪的学生。只不过情景的展示地点南北相距千里，一是北京颐和园的昆明湖边，一是上海他的家中。真实的生活情景，用一种非审美的深刻方式，让清华国学院的学生们，在心上烙下了王国维纪念碑上的文字。

就在王国维纪念碑在清华园中耸立起来的时候，沉重的陈寅恪也用轻松的嘲讽影射了当时的世态。时任清华大学校长，昔年留德时有过往来的罗家伦，就是陈寅恪不留情面的嘲讽对象："弦箭文章苦未休，权门奔走喘吴牛。自由共道文人笔，最是文人不自由。《石头记》中刘姥姥，《水浒传》里王婆婆。他日为君作佳传，未知真与谁同科。"

这是1929年的陈寅恪，那个时期的书生，眼睛尚未遭到时光的重创，他用如炬的目光，穿透了此后岁月的阴霾。谁敢否认，他的《阅报戏作二绝》，不是八十年后我们当今的人性描画和病态的写照。

在我见过的所有陈寅恪的照片中，大师无一不是瘦骨伶仃的模样，在他七十九年的人生中，他似乎永远都没有强壮过、健康过。没有人想象得到，最坚硬的骨头，竟会以一种病态的表象呈现。即使在他目瞽脚膑的晚年，在是非颠倒的"文化大革命"运动中，他的骨头也没有一丝一毫的钙质流失。相反，他的骨头在政治的敲击下，訇然发出金属的镗鞳之声。

这是1953年的冬天。饱经颠沛流离之苦刚在温暖湿润的广州落脚喘息的陈寅恪拒绝了章士钊、张奚若、周培源等朋友建议他应政府之邀进京出任中国科学院哲学社会科学部第二历史研究所（中古史研究所）所长的好意。11月21日，他曾经的学生和助手，时任北京大学历史系副教授的汪篯，携带着中国科学院院长郭沫若和副院长李四光的两封信，兴致勃勃地走进了中山大学校园内的陈寅恪住宅。

作为陈寅恪最得意的门生，汪篯没有料到竟遭到了老师的怒斥。愤怒不已的陈寅恪发出了"你不是我的学生"的指责，又提出了北上京城出任第二历史研究所所长的两个条件：允许研究所不宗奉马列主义，并不学习政治；请毛公或刘公给一允许证明书，以作挡箭牌。

见证了这场惊世骇俗的谈话的冼玉清和黄萱两位陈寅恪的助手，都对陈寅恪的态度和决断提出了劝说，陈寅恪说："我对共产党不必说假话。"又说，"如果答应了我的条件，那我就去，牺牲也可以。""我要为学术争自由。我自从作王国维纪念碑文时，即持学术自由之宗旨，历二十余年而不变。"

陈寅恪义正词严说这番话的时候，二十多年的光阴倏忽闪回，他一瞬间回到了清华园中。新旧两个时代，对于他来说，都在自由和独立的追求和维护中转换。

新中国学术史上最著名的科学院事件的谢幕，最终由陈寅恪口述，汪篯记录，形成了那篇著名的《对科学院的答复》。这篇结构严谨、深思熟虑的口述文章，通篇闪耀着自由思想、独立精神的光辉。

十天之后，失望的汪篯带着深深的遗憾踏上了复命的归途。学生的离去，表明了陈寅恪向北京关上了遵命的大门。这一年，陈寅恪的生命已经跨进了六十三岁的门槛，他以一个饱经沧桑的历史学家秉笔直书的壮烈情怀展示了他孤瘦的傲骨。

四十年后，季羡林先生在纪念陈寅恪教授学术讨论会上作过一次演讲。作为陈寅恪的学生，季羡林先生用"爱国主义"概括了老师的一生。"爱国主义有两个层次：一般的层次是我爱我的国家，不允许别人侵略；更高层次的则是陈先生式的爱国，王国维先生式的爱国。""歌颂我们的国家是爱国，对我们的国家不满也是爱国。"季先生已经追随他的老师走了，但是，他的断言却依然活着。

写到这里，我又一次想起了清代诗人赵翼描述陈寅恪的父亲散原老人的诗："江西诗派江西人，大都少肉多骨筋。庐山亦复犯此病，青孱片片摩青冥。"

父子两代，一脉相承。

庐山的宿命

庐山，坐落在江西北部，一面临江，一面环湖。这座名山是现实中的客观存在，但是，对于义宁陈氏来说，有可能是一个隐喻和一种宿命。

1934年，在庐山松门别墅度过了六年时光的陈三立见证了庐山植物园的成立。作为文化名人，散原老人应邀参加了庐山植物园成立盛典。

两年后，从英国爱丁堡大学毕业的植物学家陈封怀意气风发地来到了庐山，他踩在祖父散原老人留下了足印的土地上，在庐山植物园开始放飞他作为中国植物园创始人的梦想。中国无植物园历史的终结，就在此时同义宁陈氏密切关联了。

庐山位于义宁之东，距义宁竹塅仅两百公里。到陈封怀上庐山开创中国植物园事业时止，义宁陈氏与庐山的缘分，已经有了悠久的历史。

陈小从在《义宁陈氏四代人之庐山情结》一文中写道："若要追踪义宁陈氏之庐山缘，上推若干年代有位老祖宗陈旺曾隐于庐山，后来迁居浔阳县太平乡，为宋之江州义门陈氏之始祖。这一线'山缘'不绝如缕，直到我们这房'义宁陈氏'又接下了老祖宗之衣钵，与山灵之情谊'水乳交融'，历时四代。"

在陈小从的叙述中，陈宝箴的庐山情缘可通过他的《陟庐山顶，旷然有高世之想，举酒作歌》等诗作体现。在罢黜湖南巡抚之前，陈宝箴还在庐山脚下的陶渊明故里购得一块山地，以备作退隐之所。

出于女儿陈小从养病的需要，陈三立次子陈隆恪离开武汉，一家三口上庐山牯岭租屋居住，其时是民国十七年（公元1928年）。这是义宁陈氏家族最早定居庐山的开始。一年半之后，陈三立被儿子迎养上山，开始了他同名山的六年缘分。散原老人同庐山结缘之后，庐山便成了陈氏家族活动的中心。时在武汉大学任教的陈登恪，寒暑假都在庐山陪同父亲度过，而散原老人的二女陈新午和女婿俞大维，更是庐山的常客。后来，陈三立用江西省政府补偿陈寅恪的留学款项购买了位于牯岭河南路1129号的一幢别墅，供家人居住。1932年秋天，陈三立八十寿诞，散原老人后人数十人云集庐山祝寿。时在清华大学任教的陈寅恪也专门请假上庐山为父亲贺寿并与从全国各地赶来的兄弟姐妹及亲友团聚。这次陈氏家族的大团聚，见证了这个文化大家族与庐山的缘分。

时任北平静生生物调查所研究员的陈封怀作为陈三立的孙子参加了祖父的盛大祝寿活动。所有人都不会料到，四年之后，从英国爱丁堡大学学成归来的植物学家陈封怀，再上庐山，成为庐山植物园的创始人之一，为中国的植物园事业，为庐山奉献了近二十年的青春。而且，被誉为中国植物园之父的陈封怀在广州病逝之后，他又回到了庐山，中国科学院、江西省科委和庐山植物园为他在庐山植物园的松柏园内建造了陵墓，让义宁陈氏家族继续庐山的情缘。

陈封怀回归庐山，似乎并不是义宁陈氏家族同庐山的最后缘分。陈封怀的墓地，离牯岭的松门别墅相距不远。抗战结束之后，遭到战火创伤的庐山植物园百废待兴，陈封怀居住松门别墅，每天步行去植物园上班。从牯岭松门别墅至植物园的小路，至今还可寻觅到他的脚印，那一串串不尽的脚印，似乎寄予了一种期待。

陈封怀终于等来了他的三叔陈寅恪。

陈三立八十寿诞大庆的那段日子，陈寅恪在山上住了十多天，同众多亲友一同游览了仙人洞、黄龙寺、含鄱口等多处名胜。在众多的晚辈中，由于年龄和工作经历的关系，陈寅恪同陈封怀关系最为密切。

陈寅恪执教清华为国学院导师之时，陈封怀也来到了清华大学，担任助教。吴宓日记中有"晨七时，至麻豆腐作坊陈宅，偕胡牧、陈封怀同乘电车、人力车归校。宓导陈封怀至南院见寅恪"等多处记载。叔侄俩在庐山相见，在散原老人八十寿庆的宴席上言欢。兼有为静生生物研究所建植物园探勘园址使命的陈封怀，在风景秀丽的含鄱口远眺碧波荡漾白帆点点的浩渺鄱阳湖时，心情大好，他和三叔久久为脚下这片山林陶醉和流连。

这是陈寅恪一生中唯一的一次与庐山相晤，他留恋含鄱口这片日后成了中国第一所植物园的土地。作为一个洞察社会的学人，他看到了遥远历史深处的时光图景，但是，他没能预测到庐山这座名山与他，与陈封怀，与义宁陈氏家族未来的宿命。

因为父亲、母亲和兄长长眠在西子湖畔，杭州这个美丽的城市就成了恪守孝道的陈寅恪虚拟的故乡。如果权力能够批准，他一定会立即启程。但是，历史注定这是一个无法实现的愿望，1969年10月陈寅恪在"文化大革命"这场浩劫中辞世之后，他的骨灰暂寄在广州银河公墓。三十四年中，先生一直没有闭上他那早已失去了光明的眼睛。历史能够找出许多条拒绝的理由，但却没有任何一条理由具有哪怕一点点人性的温暖。在等待了漫长的三十四个年头，西子湖畔关上了冰冷的大门之后，庐山，这座与陈寅恪的故乡义宁近在身旁的名山，这片安寝着中国植物园之父陈封怀遗骨的土地，表现出了文化的敬意。

2003年6月16日，在异乡期盼了三十四年的杰出学人陈寅恪先生和夫人唐篔的骨灰在庐山植物园入土安葬。先生之墓与他的侄儿陈封怀墓为邻。由著名画家黄永玉先生题写碑文："独立之精神，自由之思想。"陈寅恪先生一生的理想与追求，深深地雕刻在巨大的冰川石上。冰川石是庐山最高贵最长寿的物质，它先于人类多个世纪到达这个海拔。用它做学术和人格的墓碑，独立和自由就可以永固和不朽。

国学大师魂归故里，使庐山这座与义宁陈氏家族有着悠久缘分的名山增添了万钧的分量，庐山的高度，从此将鹤立群山之巅。陈寅恪和陈封怀，两个杰出的文化名人，在三十四年之后的重逢，此刻已经超越了血缘亲情的意义，它成了上帝的安排，成了在特定的历史时期中中华文化的宿命。

自雍正八年陈公元在护仙源停住迁徙的脚步结庐而居以来，义宁陈氏已经有了十代的繁衍历史。二十多年来，我不止一次进山，在陈寅恪的先人们生活过的土地上寻找。满目青山，已经找不到了一根蓝草。我想，护仙源的蓝草，已经随着陈宝箴入京会试的脚步一起离开了义宁，此后在漫长的岁月中散布在北京、河北、湖南、江苏等曲折幽远的路途中。蓝草的命运,也许是一个家族的命运,也是一种文化的命运。

  我居住了十七年的这座南粤城市,最早也因一种草而命名。这种从中国第一部诗歌总集《诗经》中生长出来的草,有着王公贵族的血统,"上莞下簟,乃安斯寝。乃寝乃兴,乃占我梦……"

  这些千年前的文字,真实地记载了莞草的荣耀和繁华。百年前的粤人,行走异地他乡时,包袱中必不可少的就是一袭温暖柔软可以折叠而且出自妻女之手同时还沾着亲情乡土气息的莞席。

  如今,莞草成了东莞人一个遥远的梦,而义宁护仙源中的蓝草,也已经成了一代人心中朦胧的记忆。任何高贵坚硬甚至可以生长骨头的东西,都逃不脱式微的命运。它们只能成为一个时代的象征,成为一种文化的标杆。从时间的意义来说,蓝草和莞草都具有血缘的联系,它们如今的消失,我把它当成一种自觉的隐匿,它们生长在今人看不见的地方。修水和珠江流经的地理,便是它们的秘密指向,它柔软的姿态,摇曳在《诗经》古老的行距中。

  义宁的源头,流经数百年,最终在庐山汇聚,并以"独立之精神,自由之思想"的风骨,矗立起了一面文化的大纛。渐行渐远的义宁陈氏世家,为一个民族奏出了时代的绝响。

民国的长衫

一

任何一所学校的开学，总会选择一个特殊的日子。从北平逃难来到长沙的长沙临时大学，选择了 11 月 1 日作为它的开学日。在 1937 年这个寒冷阴晦的日子里，庄严的开学仪式被恐慌取代了，铺展在学校草坪上的巨幅美国星条旗并未给师生们带来安全感，日本飞机投下的炸弹毫无隐瞒地彰显着长沙临时大学的临时性质。

三个多月前，"七七事变"中的侵略者就用铁蹄踩痛了中华民国的神经。国家和军队的最高领导人蒋介石立刻登上庐山，在阴凉如春的牯岭召开了一次决定战时中国教育命运的谈话会。蒋介石召开这个会的目的很明确，主题即是：面对已经无法通过外交方式阻止的日本侵华战争，中国应该如何抗战，中国的教育文化如何在蔓延的战火中保存。

参加谈话会的均是社会各界精英。北大校长蒋梦麟、清华校长梅贻琦以及胡适、傅斯年、王世杰等文化名人看到了国家领袖一夜之间长出来的白发。

日本军队进入天津的时候，遭到了中国军队的激烈抵抗。入城之后，侵略军还遭遇了夜袭，手无寸铁的南开大学学生，不畏强暴，向日本军人表示了不屈和愤怒。遭受日军飞机轮番轰炸之后的南开校园，被侵略军视为反日基地，最后焚毁在日军用稻草与煤油点燃的烈焰中。

蒋介石在谈话会上见到了南开大学校长张伯苓。战争夺去了一个教育家的平稳和持重，蒋介石第一次见到张伯苓老泪纵横，声音哽咽。这个一手创办私立南开大学，终生以教育为理想追求的大学校长，已经把与他私谊深厚的国家领袖视为中国抗战的全部希望，他痛苦而坚定地说："南开凝聚了我一生之心血，战端一开，难以保全。保不住就不保了，决不能向日本人屈服。打烂了南开可以再建，国家一旦灭亡了，还谈什么教育！"

蒋介石的心情在张伯苓的眼泪中逐渐沉重起来。沉默许久，蒋介石缓缓地说："南开为中国而牺牲，但是，有中国，即有南开！"

西南联大这张蓝图，就是在庐山谈话会上被胡适、王世杰和傅斯年勾画了一个朦胧的轮廓。谁也没有想到，这张蓝图的第一页，竟然只有两个字：长征。

在历史的教科书上，在以后人们的印象中，"长征"这个词只与中国共产党的一次万里战略转移相关。那场发源于1934年的重大军事行动，中国共产党指挥的红军用从江西至陕西延安的万里跋涉，逃出了蒋介石的围追堵截，并从此改变了一个国家的命运和历史进程。

汉语词汇的意义，和政治决策及人的命运紧密相连。"长征"这个动词意义所指的扩展就是一个典型的说明。鉴于日益严峻的军事形势，国民政府国防最高会议于1938年4月2日通过决议，国立长沙临时大学更名为国立西南联合大学，7月1日正式启用关防。从湖南长沙至云南昆明之间一千六百多公里的距离，此刻就用"长征"这个动词横亘在长沙临时大学所有师生的面前。一个想象中的词汇，突然间变得可以触摸可以感受了。

山水阻隔，道路险恶，距离，一千六百多公里的距离，在11月1日临时大学开学时还是一个纸上的概念，到了24日，这个数字就变成了生命的紧迫。

11月24日，日本飞机在长沙小吴门火车站投下了六枚炸弹，火海中，三百多人死亡。临时大学师生全部幸免，但却饱受了惊吓。鲜血淋漓尸首残缺的场面让和平环境中长大的师生们第一次触摸到了死亡的冰凉。

《国立西南联大校史》记录了一所大学在战争逼迫下迁徙的轨迹，它让我想起了战争影片中地图上的线条和箭头符号。第一批六百多人由樊际昌、梅关德和钟书箴教授率领，分批经粤汉铁路至广州，取道香港，辗转坐船到越南海防，再由滇越铁路到达蒙自和昆明。陈岱孙、朱自清、冯友兰、郑昕、钱穆等教授则率领第二队人马，乘汽车经桂林、柳州、南宁，取道镇南关进入河内，再从滇越铁路转乘火车抵达目的地。真正体现了长征艰难、危险、辛苦、漫长内涵的则是第三路人马。这支由二百九十名学生和十一名教授组成的长征队伍，用"湘黔滇旅行团"的休闲幌子作了艰险困苦的掩护。战争造成了乱世，湖南省政府主席张治中指派有丰富作战经验的黄师岳中将担任旅行团团长，军训教官毛鸿上校担任参谋长。在张治中主席的重视和关心下，湖南省政府给湘黔滇旅行团的每一个成员赠送了军装制服、干粮袋、水壶、雨伞和黑色的棉大衣。打着绑腿，排着长队的西南联大师生行进在漫长的乡间小路上，犹如一支出征的军队。

黄师岳中将把湘黔滇旅行团编成了两个大队、六个中队、十八个小队。除了大队长分别由邹镇华、卓超两个教官担任外，中队长和小队长全部由学生出任。

南开大学教授黄钰生、李继侗，清华教授闻一多、袁复礼，北大教授曾昭抡和许维通、李嘉言、吴征镒、毛应斗、郭海峰、王钟山六位教员是这支长征队伍中的成员。艰苦的步行彻底消除了名教授和学生的区别，夜宿晓行、土匪骚扰、饥渴交迫、雨雪阻挡、奇风异俗，漫长的旅途让这些活在文字中的书生感到前程莫测。一千六百多公里的道路一天比一天沉重，疲惫和饥渴让他们体验到"长征"这两个普通汉字超越了书本之后的现实意义，有些学生联想起了二万五千里长征路途中的红军，知识丰富的学生知道，他们脚下的小道，和1934年长征的红军所跋涉的路是重叠或者交叉的。果然，湖南桃源通往黄平的土路上，师生们看到了坚固的碉堡和土墙上的反共标语，这些蒋介石的军队堵截和追赶红军的遗迹，恍如昨日，真正让这些读书人看到了路途的漫长。

步行，所有的时光都消耗在崎岖的小路上，上路之后，人就变成了走路的机器，没有谁知道下一顿饭在哪里吃，晚上将在哪儿住宿。在黄师岳中将的指挥中，学生们终于发现了秘密，黄师岳将军展开那幅宽大的军用地图，从长沙到昆明的所有山峦、河流、村庄、道路，甚至水井、屋场、桥梁，都隐藏在那张坚韧的纸上，是这张标注了无数记号的地图，让湘黔滇旅行团不会迷路。

七十多年后，后人依然可以在历史的故纸中看到长征中的一些片段。

> 就寝之际，大队长忽召开分中队长会议，言团长转接军校情报，有匪百余人，今晨渡过沅江，正向此间窥进，似有意于吾人（余等及军校）。团长意欲余等轮流警戒，同时指定一集合所，以备必要时集合，然大队长意思，余等空手赤拳，而欲抵抗或警戒，均等于白送死……如匪意在我们，也只有与之婉言相商，要什么拿什么好了……吾人仔细考虑，觉得还是如大队长说的，做一次羔羊，避免无谓牺牲为上策。

民国时期，湘西边界土匪蜂起，地痞流氓臭名昭著，旅行团一路上见过了许多绿林土匪，只是由于旅行团人多势众，又有国军的衣服掩护，才一次次地化险为夷。最为关键的是，战争经验丰富、作风正派、严于律己的黄师岳将军，通过让当地士绅打招呼，贿赂或用布告形式告示沿途豪强等多种手段，让惊险万状的匪路上一路平安畅通。

三月的天气，和平时代当是风和日丽、鸟语花香，可是在战乱频仍的民国，却是风雨冰雹。1938年3月6日，也是湘黔滇旅行团出发之后的第二十六个日子，师生们被一场大雪困在了沅陵。

沅陵几家破败不堪的小旅店，成了湘黔滇旅行团的避难所。黑夜漫长，师生们烧炭取暖，用沉默的心思打发漫天的风雪和寂寞的长夜。白天他们见到石牌坊上"皇上万岁"的大字，石头一样地压在他们的心上，想不到，已经死去了二十七年的帝制，依然像烛光一样在偏僻的乡间摇曳。黎明时分，师生们听到了一阵歌声，一个深沉的男低音，用英语把《胡安妮塔》和《桑塔·露西亚》两首美国歌曲，撞击在大家心头。那是诗人闻一多教授，用他的激情，点燃起了大家心中的火苗。

其实，闻一多的歌声里，更多的是喜悦和高兴，有几个学生已经听出了闻一多歌声里包含的内容。在沅陵这个寒冷闭塞土匪出没的地方，诗人闻一多见到了新文学作家沈从文。

那个时候，沈从文住在他兄长刚盖起来的新瓦房里。室外天寒地冻，屋内，却温暖如春。围坐在温暖的火塘边，沈从文用美味的狗肉招待了来自远方的客人。乡间的烈酒，让他们的热血沸腾起来。

见到你，是我这次旅行的收获啊！诗人举起酒杯，相敬小说家。

在烈酒与友情的陶醉中，闻一多想起了出发时学生的疑惑。他们说："闻先生，你大可照学校的规矩坐车、乘船经广州、香港、越南然后舒舒服服到昆明，何必受这个罪呢？再者，你这大年纪，吃得消吗？"

闻一多笑了。他知道自己蓬乱的头发、茂密的胡须掩盖了他的真实年龄。四十岁的闻一多，自从日本侵略军的铁蹄蹂躏祖国的大好河山时，就蓄起了胡须，他发誓，抗战胜利之日，即是剃须之时。"国难期间，走几千里路算不了受罪。"

沈从文也知道，如果不是异族侵略，他和这个热情奔放的诗人，是无缘在穷乡僻壤的沅陵相见的。

1938年3月，小说家沈从文正在沅陵写他的《湘西》。在湘黔滇旅行团师生们眼中贫困苦难充满了危险的沅陵，在沈从文的笔下却展现了美好温馨的一面。沈从文写道：

> 这种人并不因为终日劳作就忘记自己是个妇女，女子爱美的天性依然还好好保存。胸口前的扣花装饰，裤脚边的扣花装饰，是劳动得闲在茶油灯光下做成的。（围裙扣花工作之精和设计之巧，外路人一见无有不交口称赞）这种妇女日常工作虽不轻松，衣衫却整齐清洁。有的年纪已过了四十岁，还与同伴竞争兜揽生意。两角钱就为客人把行李背到河边渡船上，跟随过渡，到达彼岸，再为背到落脚处。外来人到河码头渡船边时，不免十分惊讶，好一片水！好一座小小山城！尤其是那一排渡船，船上的水手，一眼看去，几乎

又全是女子。过了河，进得城门，向长街走走，就可见到卖菜的，卖米的，开铺子的，做银匠的，无一不是女子。再没有另一个地方女子对于参加各种事业各种生活，做得那么普遍那么自然了。看到这种情形时，真不免令人发生疑问：一切事儿几乎都由女子来办，如《镜花缘》一书上的女儿国现象了。本地的男子，是出去打仗，还是在家纳福看孩子？

闻一多在沈从文兄长那座被称为"芸庐"的新屋里住了五天。担心土匪骚扰，湘西人沈从文一直将队伍送到了湘黔交界的晃县。闻一多紧紧握着沈从文的手说，我在昆明等你。

土匪是黄师岳将军心中的一块石头，随着一千六百多公里的长路在脚下一点一点缩短，黄将军心中的石头，渐渐地轻了起来。队伍进入云南地界的时候，黄将军甚至轻轻地哼起了小调。那天晚上住宿平彝县，县长命令宰了几头猪，用丰盛的晚餐款待这支风尘仆仆的队伍。

晚餐之后，黄将军知道了饭菜的真相，顾县长用摊派的手段，下令当地老百姓每户征收一元钱，用于款待湘黔滇旅行团的师生。黄将军愤怒了，这种损害老百姓利益的行为让他的头发竖了起来，他想发作，突然间，他想起了脚下这片土地，已经不是湖南张治中主席的地盘，这是云南王龙云主席的天下，他没有资格对龙主席的部下发火。

对于如今的人们来说，黄师岳这个名字陌生得如同银河里的星星。我在团结出版社 2005 年出版的《中国国民党百年人物全书》中找到了这个军人的蛛丝马迹。这个对云南省政府主席龙云部下忍让熄灭了怒火的军人，抗日战争中任十三游击纵队司令，在敌后对日军作战。1948 年辽沈战役中成了中国人民解放军的俘虏，以一种失败者的形式结束了他的中将生涯。

黄师岳这个在我的印象中无比高大光辉的传统国民党军人，在平彝县长向百姓摊派钱款用以招待湘黔滇旅行团师生的恶劣行径中，勃然大怒。他从自己的行囊中，掏出三百块钱，让顾县长如实退还给老百姓。

黄师岳将军的故事随着湘黔滇旅行团师生安全到达昆明而结束。4 月 28 日上午 8 时，旅行团集合，黄将军向师生们作了最后一次讲话。黄将军要求所有人换上干净整洁的衣服,列队进城。一身戎装的将军,走在进城的队伍前头,他老远就看见了清华大学校长梅贻琦、北京大学校长蒋梦麟率领联大师生,举着欢迎的大旗,热情地迎接这支长征队伍。

在昆明城北的圆通公园那个令所有师生难以忘怀的交接仪式上,黄师岳中将正步向前,向梅贻琦校长敬了一个标准的军礼。这个眼睛有些湿润的军人,一字一句地说:"我在长沙时从你手中带走了两百多人,现在一个不少地交还给你!"他拿出名单,面向队伍,大声说:"现在开始点名,请点到名字的学生大声回答!"

梅贻琦校长心中有股暖流在四月的昆明涌动,他没有想好,该用什么得体的语言感谢护送了他的学生一千六百多公里六十八天的军人。只听到旁边的清华大学体育部主任马约翰挥起手臂,喊起了口号:"伟大的中华民国万岁!"

西南联大师生们以湘黔滇旅行团的名义走过的一千六百多公里长征于4月28日上午画上了一个圆满的句号。但是黄师岳将军与师生们的联系还没有结束。

一个月后,黄师岳将军在长沙接待了一个来自昆明的陌生人,那人呈上了一封西南联合大学的信函,还有一只金表和五百元的川资。信中的文字让铁石心肠的军人的心温热柔软了,原来他一路护送的辛苦仍在西南联大师生们的心里装着,这些礼物,就是西南联大对一个正直军人的感谢。黄将军没有多想,握枪的手拿起了笔,他在信中对蒋梦麟、梅贻琦两位西南联大常委说:"虽云跋涉辛苦,为民族国家服务,与数百青年同行三千里,自觉精神上痛快与光荣。到滇承招待慰劳,反使内心感与愧,并所赐纪念像,谨什袭珍藏,永远存念以纪此行。至赠送金表一只及川资五百元,在公等为诚意,在师岳实无法受,均原璧交来人带回矣。"(郭建荣《国立西南联合大学图史》,云南教育出版社2007年出版)这个历史细节,让作家岳南先生感叹道:"此事仅过七十年,却是今非昔比,遥不可及。观之今日之世风,黄师岳中将当年之人格风范,令人不胜感慨。"

我在书桌前坐下,黄师岳将军说话的声音突然穿透纸背到达了我的身边。我一次一次地恍惚,仅仅七十多年过去,黄将军这样的人物就已经绝种了,他在西行路上所做的一切,不知是否能为我们这个时代所容?

六十八天的行军和一路上的观感,让诗人闻一多产生了对穷苦百姓的同情,他的思想如同一粒等待春天的种子,在冬大的土壤中悄无声息地酝酿。四年之后,他带着诗歌的悲悯情怀,转向了政治,他愤怒激烈地控诉国民党政权的腐败,最终倒在了国民党特务卑鄙的暗杀下。

美国学者易社强将西南联大的长征同中国工农红军的长征进行了关联比较,他做出了如下结论:"毛泽东率领红军从江西开始的长征成就了延安精神,与此相类,从长沙出发的长征对联大精神的塑造至关重要。这是一次坚苦卓绝的长途跋涉。此后是八年患难,因此这次长征就成了中国学术共同群策群力的缩影,也成为中国高等教育和文化赓续不辍的象征。"(易社强《战争与革命中的西南联大》,九州出版社 2012 年出版)

二

抗战时期,大半个中国紧张、危险、混乱,这种情绪流行病毒一样感染到了后方昆明。

当陈寅恪、毛子水、刘崇鋐、钱穆、朱自清、闻一多等教授风尘仆仆到达云南的时候,省会昆明却尚未作好接纳他们的准备。偌大的昆明,难以安放西南联大全部师生的课桌。于是,处于滇越铁路中间的小城蒙自,就成了西南联大文学院和法商学院落脚的地方。三百公里的漫长距离,将一所大学分裂成了一地碎片。

1938 年的蒙自,只有一条小街,街上有一家银行、一所邮局和几家小商铺。联大的教室设在海关大楼,老师们的宿舍则租用了哥胪士洋行,那是一栋两层的欧式建筑,有熟铁建造的阳台。为了生活上的方便,吴宓又和汤用彤、容肇祖、贺麟、沈有鼎、钱穆、姚从吾等人在校外租了一幢西式楼房,而潘光旦、冯友兰等人也都租到了更安静的房舍。

和陈寅恪一样,闻一多是坚守在哥胪士里的人。除了吃饭上课,闻一多便不下楼。郑天挺与闻一多相邻,饭后邀请他去散步,说总是用功,何妨一下楼呢?闻一多总不响应。于是教授们便给他取了"何妨一下楼主人"的雅号。

蒙自的教学环境史无前例地糟糕。图书馆的书籍仍在长沙运往昆明的途中，教材和资料紧缺。蒙自分校图书馆，仅有十七个座位，无法容纳更多的学生。由于交通困难，教师们只能陆续到达。法律系的教授，只有蔡维藩一个孤家寡人，只好以学生自学取代讲授，用报告和论文代替考试。幸好历史和中文系教授相对齐整，历史系的陈寅恪、姚从吾、毛子水、刘崇鋐、钱穆，中文系的朱自清、闻一多、刘文典，经济系的陈岱孙、陈达、李卓敏，政治学系的张佛泉、崔书琴、王化成以及冯友兰、罗萧等教授们，用瘦弱的肩膀，奠定了一座大学的基座。刘文典的《红楼梦》专题讲座，钱穆的中国通史，早上六点开课，依然无人迟到。

联大分校附近有一片空地，学生们经常租着当地人的马，在那里驰骋。教授们不知道蒙自是有雨季的，六月初的一场大雨，把那片空地变成了一个湖泊。往日那些不起眼的树木，在水的映衬下婆娑多姿，远处矮山青黛，夕阳落在湖中，金光粼粼。这个时候，教授们才知道，南湖，是蒙自一处固定的风景，堤上石碑所刻"秋至杨生"四个大字，原来是一处奇异风景的写照。

蒙自，多年前被人种下了一粒诗歌的种子，此刻在"秋至杨生"的风光中萌芽了。哲学系学生刘兆吉和中文系学生向长清，联合了一批热爱缪斯的学生，成立了南湖诗社。闻一多、朱自清教授，成了诗社的导师。周定一、赵瑞蕻、林振述、刘重德、李敬亭、刘寿嵩、王般、陈三苏这些名字，从此就经常出现在以壁报形式出版的《南湖诗刊》上。

"南渡"，在中国历史上，是一个悲伤的动词，这个词的疼痛，深入到了中国人的骨髓。"稽之往史，我民族若不能立足于中原，偏安江表，称曰南渡。"冯友兰说："南渡之人，未有能北返者。晋人南渡，其例一也；宋人南渡，其例二也；明人南渡，其例三也。'风景不殊'，晋人之深悲；'还我河山'，宋人之虚愿。吾人为第四次之南渡，乃能于不十年间，收恢复之全功。庾信不哀江南，杜甫喜收蓟北。此其可纪念者四也。""南渡"这两个汉字，高度浓缩了国破家亡的悲痛。

那一天，冯友兰同几位同事来到二贤祠，堂中牌匾上"一会千秋"四个字让他触景伤情，他在泪眼朦胧中看到了朱熹和张栻当年在此聚首的影子。这个日后为《西南联合大学纪念碑》撰文的学者当即流泪写下了这样的诗句：

二贤祠里拜朱张，一会千秋嘉会堂。
公所可游南岳耳，江山半壁太凄凉。

洛阳文物一尘灰，汴水繁华又草莱。
非只怀公伤往迹，亲知南渡事堪哀。

南湖诗社的学生们，读到了冯友兰教授的伤心之言。他们虽然写的是新诗，但当朱自清教授在诗歌朗诵会上用深沉的声调表达国破家亡的情感时，大家都流下了热泪。韵文诗和散文诗，第一次在国恨家仇面前同舟共济，彻底消除了形式、平仄、音韵的界线。

闻一多、朱自清都是新文学运动的领袖人物，他们理所当然受到了诗社学生们的拥戴，而以维护文言尊严，反对白话诗的《学衡》派主将吴宓，学生们便同他保持了新与旧的距离。当诗社的成员们看到吴宓教授站在壁报前轻松的身影时，他们感到了保守者可爱的一面。十几年后，当刘兆吉同吴宓教授谈及往事，对诗社没有请他作指导老师表示歉意时，吴宓教授竟哈哈地乐了。这个坦率正直的书生说，自己从来不反对白话诗，而是不喜欢迎合那些不像诗的白话诗。用白话写诗，并非从西南联大开始，李白的"床前明月光"，杜甫的"两个黄鹂鸣翠柳"，孟浩然的"春眠不觉晓"，金昌绪的"打起黄莺儿"，都是优秀的白话诗。吴宓的寥寥数语和君子风度立刻让刘兆吉心悦诚服，老师往日的刻板严肃印象荡然无存，他对用韵文写的古体诗和用散文写的新诗有了一种全新的理解。

1938年的西南联大，民国二十七年的现代诗歌，最受南湖诗社学生们喜爱和崇拜的却是一个外国人。那是一个高鼻深目的英籍学者，这个中文名字为燕卜荪的浪漫主义诗人，空闲时经常独自一人在蒙自的野外游荡，与孤独为伴，在联大的课堂上却一丝不苟，霍普金斯、奥登、艾略特、叶芝等等，如数家珍，莎士比亚的作品，一字不漏地化作清泉从他嘴里流出来。在燕卜荪的影响下，西南联大的诗歌创作充满了现代意味和英国特色。南湖诗社社员周定一以南湖为象，展示个人内心的家国情怀：

> 我远来是为的这一园花,你问我的家吗?我的家在辽远的蓝天下。我远来是为的这一湖水,我走得有点累,让我枕着湖水睡一睡。让湖风吹散我的梦,让落花堆满我的胸,让梦里听一声故国的钟。

查良铮,这个日后以穆旦的笔名闻名中国诗坛的学生,他的现代诗此刻以一种沉静的姿势在联大课堂和诗歌壁报上萌动。《我看》《园》两首诗独现了他的清新和鲜活,随后,香港的《大公报》副刊和昆明的《文聚》就成了他展示诗歌才华的舞台。一颗明星升起,它的光芒照耀了中国诗坛。穆旦此后参加远征军入缅甸与日军作战,那些刻骨铭心的战地生活成了他诗歌的表现对象,独特的生活体验和过人的诗歌天赋,让"穆旦"这个代表了现代诗歌的名字,从西南联大走向了文学史。20世纪80年代之后,穆旦诗坛地位看涨,他被许多现代文学专家誉为现代诗歌第一人。

蒙自是一个静谧的地方,没有了日军飞机的轰炸,教授们的业余生活便多了一份闲适。晚饭后的散步,成了书生们每日的功课,连体弱多病、双目近盲的陈寅恪教授也兴致勃勃地加入了集体的队伍。

我在一幅黑白照片中见到了1938年夏天的刘文典。那天晚上,中文系教授刘文典同他十二万分佩服的陈寅恪和吴宓结伴散步。在郊外的一片朦胧中,刘文典听到了一个女人的号啕哭泣声。一贯痛恨男尊女卑思想的刘文典,立刻加快了脚步。他看到了一幅让他愤怒的情形,那个汉子落在女人身上的拳头,仿佛砸在了他的身上,让他感到了疼痛。他冲上前去,吼了一声。那人回过头来,看了刘文典一眼,"我打自己的婆娘,关你的球事?"在那个弱女子的鬼哭狼嚎中,刘文典彻底愤怒了,他冲上前,啪啪扇了男人几个耳光,骂道:"你不看看我是谁,在蒙自这块地盘上,还有我管不到的事!"那汉子被刘文典的话震慑了,对方的长衫和北平官话,让他感到了惧怕,他不再理论,拔脚就跑了。

一个文弱书生的豪气和仗义让陈寅恪和吴宓忍不住笑了,胜利了的刘文典脸上也露出了得意。谁也没有想到,那个被打得鼻青脸肿的女人,突然披头散发地冲了过来,对着刘文典又抓又扯。"我男人打我,关你屁事!你凭什么打我男人？"刘文典还在愣怔，脸上脖子上就被女人抓出了道道伤痕，女人的指甲锋锐，瞬间就让猝不及防的刘文典教授成了挂彩的伤员。

陈寅恪、吴宓和几个正在散步的联大学生赶紧上来，架住了那个老虎一般狂躁的女人。在别人的掩护下，民国十七年在安徽大学学潮中敢同蒋介石打架的愤怒书生，灰溜溜地逃跑了。学术上的强悍者，却不是一个乡村女人的对手。

后来，学问渊博的刘文典突然想起了清代褚人获的《坚瓠集》。"有夫殴妇者，甲见其已甚，为不平，殴其夫。妇见甲殴其夫，还同夫殴甲。甲言：'为尔出气，反同殴我。'拉以见易太守评理。太守批其词云：'福州剪子云南刀，广东茶铫苏州绦。'掷示两造，两造不解。易太守又云：'打得好，打得好！'"明白过来的刘文典终于笑了，原来还是书生之见啊！

蒙自南湖的这道独特风景，易社强先生有过一段描写：

> 在我们眼前，这边有一位四十岁的男子，戴着礼帽，西装笔挺，他就是著名的散文家朱自清。长髯飘逸，一袭长袍，四十三岁的冯友兰在湖畔缓缓走来。哲学系同事汤用彤比冯友兰年长四岁，他身材矮小，挂着手杖，步伐却很矫捷。戴眼镜的谦谦君子是大名鼎鼎的历史学家陈寅恪。他懂十三种欧亚语言，正在柳树下徜徉。你一定还注意到一对年轻的夫妇——他是一位诗人，风度翩翩；她身材修长，仪态娴雅，饶具古典之美。他们就是语言学家陈梦家及其妻子赵萝蕤。夕阳西下，他们并肩徘徊，直叫人感叹"只羡鸳鸯不羡仙"。那边，有位先生身穿长袍，一手托着一个石榴，他就是钱穆。一位长者迎上前去，施礼过后，向他请益学问。钱穆解释道，"中国学问，不是只凭一点浅近的逻辑所能理解。譬如说《论语》讲'仁'，你把所有讲'仁'的话，归纳排比在一起，就可以下个定义，这就算懂得'仁'了吗？"

钱穆的这些话，不知能否为刘文典教授被妇人打骂作为一个注脚？

三

刘文典5月22日才到达蒙自,他到达蒙自的时候,联大已经开课了。

没有人知道,为了及时赶到蒙自,刘文典一路上吃了多少苦楚,遇到了多少波折。

看到刘文典的第一眼,陈寅恪教授以为那是一个乞丐。陈寅恪教授眼中的刘文典,衣衫褴褛,满面黧黑,头发脏污蓬乱,他手中拄了一根棍子,肩上搭着一辨不清了本色的布包袱。饥渴中的刘文典,步履不稳,一阵风都能刮倒。刘文典第一眼看见了校内操场上飘扬的国旗,他扔了手中的木棍,理了一把头发,拍去了长衫上的灰尘,面向国旗,三次鞠躬。刘文典抬起头来的时候,已是泪流满面。

北平一别,已近一年。见到陈寅恪、吴宓、闻一多、冯友兰、朱自清、钱穆等同事,刘文典百感交集,他对梅贻琦说:"我来晚了,请立刻安排我上课吧。"

这个时候的刘文典,想到的只有上课,虽然他精心收藏的几大箱图书和手稿都在战乱中遗失了,但他对学生说,我把脑子里的东西给你们吧。他无论如何不会想到,四年后,因为离开联大去普洱磨黑为盐商张孟希作亲人的墓志铭,挣了些润笔和烟土,被一个屋檐下的同事、清华大学中文系主任闻一多坚决辞退了。

闻一多与刘文典的矛盾冲突,在西南联大的背景下无法调和。刘文典伤心地离开了那些熟悉的同事和朋友。

若干年后,刘文典的同事王力教授回忆起这段历史的时候,有一段为刘文典求情的介绍:系里一位老教授应滇南某土司的邀请为他作寿文,一去半年不返校。闻先生就把他解聘了。我们几个同事去见闻先生,替那位老教授讲情。我们说这位老教授于北京沦陷后随校南迁,还是爱国的。闻先生发怒说:"难道不当汉奸就可以擅离职守,不负教学责任吗?"他终于把那位教授解聘了。

"不当汉奸",这四个字的分量,对于21世纪和平时代的我们是无法体会的。日本侵华时代的一座大山，在我们这个轻描淡写的时期轻如一羽鸿毛，没有人可以理解刘文典见到国旗时鞠躬流泪的悲欣交集。由于家务事拖累，刘文典没有随同清华大学的同事们集体撤退离开北平。日军占领北平之后，刘文典一边在北池子骑河楼蒙福禄馆三号宅院内埋首学问，一边寻找逃脱的时机。华北沦陷区日伪政权建立之后，附逆者一时如过江之鲫。那些失去了骨头的人，拼命网罗人才，为投靠主子积累资本。已经当了汉奸的周作人几次来到刘文典的住宅，游说他出任教育机构的伪职。周作人诱惑说：叔雅兄的《淮南鸿烈集解》誉满学界，如今政府虽伪但教育不可使伪，以你的学问才识，应到"维持会"做事，以维持教育，抵抗奴化。

刘文典严词拒绝说，国家民族是大义，气节不可污，唐代附逆安禄山的诗人是可悲的，读书人要爱惜自己的羽毛！

周作人悻悻地走了，又有几批人接踵而至，他们的目的只有一个，游说刘文典加入他们的附逆行列。

这些人在刘文典面前碰壁，几乎不值一提。刘文典的四弟刘蕴六（字管廷）在冀东日伪政府谋了一个肥缺，当他兴致勃勃地在家中的餐桌上告诉兄长时，刘文典勃然大怒，当即摔掉筷子："我有病，不与管廷同餐！"并愤然站起，毫不客气地下了逐客令："新贵往来杂沓不利于著书，管廷自今日始另择新居！"

在刘文典的骨头面前，日本人的刺刀都失去了硬度。附逆者们退下去了，日本军人杀气腾腾地上门了。荷枪实弹的日本宪兵强行搜查他的寓所，抢走他的书信字画。刘文典却穿上袈裟，昂首抽烟，冷眼相看，不发一言。翻译官呵斥他留学日本，精通日语，让他用日语回话。刘文典冷笑道："我以发夷声为耻！"

在白色恐怖下，刘文典托外国朋友买到了一张船票，化装打扮，独自一人逃离了北平，从天津乘船至香港越南海防，辗转两个多月才进入云南境内。数千里颠沛流离，千辛万苦，都是为了不当汉奸！

侵略者的刺刀是检验一个人骨头硬度的最有效工具，这一点，刘文典比闻一多有更深刻的体会。所以，在磨黑事件中为刘文典说情的王力教授用了"爱国"这个词作为辩护，可惜的是极端愤怒之下的闻一多并没有为此打动，最终他让一个大师级的人物离开了西南联大。

痛恨被土司的金钱和烟土吸引，擅离教学岗位的刘文典，从而坚决辞退教职而获胜的闻一多教授，也是一根有气节的骨头，后来他倒在了国民党特务暗杀的子弹下，就是人格的最好证明。但是他显然没有完全理解王力等人用"爱国"这个词表明刘文典面对日本人刺刀时的勇气的内涵。

我是一个"文化大革命"的经历者，目睹过皮鞭抽打绳索捆绑的严刑，也看见过人的卖身求荣和自首变节。我曾经设身处地地想过，在1937年的北平，面对同事的引诱和日本人的刺刀，我能否不弯下自己的腰身？这是一个我至今都无法回答的问题，因为，在"文化大革命"结束之后风平浪静的和平环境里，不知有多少知识分子在权力和金钱面前出卖了自己的人格，丧失了自己的尊严。

为了保证人格骨气的刘文典不顾生命危险逃出了北平，但他仍在为那个后来被我们尊称为"知堂老人"的周作人担忧。几个月后，刘文典在昆明见到了晚到的西南联大吴晓玲教授，便问起周作人的景况。当听到周作人仍以家中还有老小为托词留在北平时，气愤地长叹了一声。"连我这个吸鸦片的'二云居士'都来了，他读过不少的书，怎么那样不爱惜羽毛呀！"

刘文典的吸食鸦片，源于他的长子刘成章参加北平爱国学生为敦促国民政府抗日的卧轨请愿行动，因感染风寒而死。家人用鸦片化解他晚年丧子的悲痛，不料一吸成瘾，不能自拔。

鸦片是人类公认的毒品，鸦片对人的伤害和摧残，深入骨髓。刘文典在鸦片毒害下的形象在民国知识分子中已成一个负面的典型，所有文章的描写中，刘文典教授均是一个令人厌恶的鸦片烟鬼。

知堂老人周作人晚年在《北大感旧录》中有过一段对他的旧日同事刘文典的描述和简单评价：

> 刘叔雅名文典，友人常称之为刘格阑玛，叔雅则自称狸豆乌，盖狸刘读或可通，叔与菽通，未字又为豆之象形古文，雅则即是乌鸦的本字。叔雅人甚有趣，面目鬈黑，盖昔日曾嗜鸦片，又性喜肉食，及后北大迁移昆明，人称之谓"二云居士"，盖言云腿与云土皆名物，

适投其所好也。好吸纸烟,常口衔一支,虽在说话亦粘着唇边,不识其何以能如此,唯进教堂以前始弃之。性滑稽,善谈笑,唯语不能择言,自以籍合肥,对于段祺瑞尤致攻击,往往丑诋及之父母,令人不能记述……他的说话刻薄由此可见一斑,可是叔雅的长处并不在此,他实是一个国学大家,他的《淮南鸿烈集解》的著书出版已经好久,不知道随后有什么新著,但就是那一部书也足够显示他的学力而有余了。

1935年出版的《清华暑期周刊》上有一篇《教授印象记·刘文典》的文章则描画得更为可怖:

记得那日国文班快要上课的时候,喜洋洋坐在三院七号教室里,满心想亲近这位渴慕多年的学术界名流的风采。可是铃声响后,走进来的却是一位憔悴得可怕的人物。看啊!四角式的平头罩上寸把长的黑发,消瘦的脸孔安着一对没有精神的眼睛,两颧高耸,双颊深入;长头高兮如望平空之孤鹤;肌肤黄瘦兮似辟谷之老衲;中等的身材羸瘠得虽尚不至于骨子在身里边打架,但背上两块高耸着肩骨却大有接触的可能。状貌如此,声音呢?天啊!不听时犹可,一听时真叫我连打了几个冷噤。既尖锐兮又无力,初如饥鼠兮终类寒猿……

读惯了中国现代小说中人物外貌描写的脸谱化,在这些纪实性的描写中,刘文典活生生就是一个反面人物。

在来自民国的图像中,我经常见到知堂老人周作人的影子,当了伪北京大学教授兼文学院院长的文化汉奸,脸颊丰盈,相貌堂堂。即使那幅他被控汉奸卖国罪押入法庭受审的照片上,周作人也长衫齐整,神情自然,步履不乱,完全就是一幅正面人物的形象。

历史终于在这里透露了一个信息,坚硬的骨头,被衣衫掩盖着,还有五官和皮肉,深深地遮盖着骨头的真相。只有在生死攸关的特定情境下,骨头才会冲破皮肉和衣服的阻隔宣示自己的硬度,才会在死亡面前发出铮铮的声响。

战争是打乱生活秩序的罪魁。由于日机轰炸,西南联大的教学便不能正常。刘文典住在昆明市郊的官渡,远离学校,但他却从不缺课。"国难当头,宁可被飞机炸死,也不能缺课!"这句话,刘文典不知讲了多少遍。

抗战胜利,刘文典也老了。但是他在战争年代说过的话却没有忘记。中华人民共和国成立后,云南大学为了让他集中精力进行学术研究,一度不安排上课。刘文典满脸不高兴,他表示:"教授怎能不教书?不教书就是失职!"

同样的话,西南联大的另一个教授陈寅恪也说过。在一封写给中央研究院历史语言研究所所长傅斯年的信中,陈寅恪剖白个人心迹说:"弟去学年全年未请假一点钟,今年至今亦尚未请一点钟假。其实多上一点钟与少上一点钟毫无关系,不过为当时心中默自誓约(不敢公然言之以示矫激,且开罪他人,此次初以告公也),非有特别缘故必不请假,故常有带病而上课之时也。"

磨黑事件影响了刘文典的终生。由于闻一多的坚持,刘文典离开了西南联大去了云南大学。抗战胜利之后,清华、北大、南开三校北返,刘文典成了一个为别人送行的伤心者。从此以后的北平和北大,只在他的梦里出现。

四

1938年的西南联大,有四个学院,即文学院、法商学院、理学院和工学院。师范学院,则是1938年秋天根据教育部的通知组建的。

战争来临,一个国家手忙脚乱,昆明虽大,一时也无法安放下西南联大所有学生的课桌。理学院,租用了大西门外的昆华农业学校、昆华师范学校作校舍,拓东路上的迤西会馆、全蜀会馆和江西会馆,则作了工学院的校舍。文学院和法商学院,则设在了三百公里外的蒙自。

校舍紧张带来了不便。但是,联大梅贻琦、蒋梦麟、张伯苓三常委胸中,却有一张蓝图。那张蓝图,寄托着一所大学的希望。联大在昆明西站东侧,购买了一百二十四亩土地,一片房屋,正在建筑学家梁思成的图纸上生长出来。

在梁思成的建筑设计生涯中,西南联大是让他感到最困难最伤心的一次经历,那些矮小简陋的小屋,费尽了他的心血,其设计的难度,超过了所有的摩天大楼。

当初接受设计任务的时候,梁思成和林徽因夫妇十分兴奋,在梅贻琦常委的眼神中,梁思成这位清华的老学生看到了校长的信任,一种荣幸感从他心中滋生出来。按照以黄钰生为首的十五人组成的联大建筑设计委员会的要求,梁思成林徽因夫妇花了半个月时间,完成了第一套设计方案,然而这个中国一流大学的现代化的规划图纸,由于设计委员会的疏忽,遗漏了理科学生实验需要的房舍,而被迫修改。梁思成没有想到,这一改,便改出了烦恼甚至愤怒。这些因为战争带来的意外,让简单的设计也遭遇难产。

战争带来的直接后果就是破坏,而建设,则隐藏在不为人所知的地方等待和平的到来。战争让一个建筑师失业了,梁思成在废墟面前痛苦叹息,他不知道距离自己的下一个作品还有多远。在一个没有建设的年代,即使是一幢茅草屋,梁思成也会乐意设计,也会把它当成一个杰作来完成。所以,当梅贻琦在经费一再压缩的困境中,让他反复修改图纸时,梁思成也毫无怨言。只是,三番五次之后,梁思成设计图上的西南联大真的以矮墙茅草屋顶出现的时候,建筑师终于流下了辛酸委屈的泪水。梁思成第一次在梅贻琦面前表达了他的愤怒,他把设计图纸重重地拍在桌子上,吼道:"改!改!改!从高楼到平房,又到茅草房,还要怎么改!?"

好脾气的梅贻琦依然不改他的儒雅本色,面对着从来都是心平气和的老学生,他叹了一口气,劝道:"思成啊,国家有难,每个人都在共度时艰。以你的大度,请再原谅我们一次。等抗战胜利回到北平,我一定请你为清华园设计几栋世界一流的建筑物⋯⋯"

梁思成的眼泪,在梅贻琦和风细雨的劝说中悄悄地滚落下来。一个知书识礼的知识分子,瞬间就理解了梅贻琦的困难和无奈。一年后,梁思成在昆明北郊的龙头村为自己设计了一幢小屋,那幢极为普通的民居,不知是否此时种下的种子。

历史无法通过实物的形态让后人看到1939年的情景,我只能在图片的记载上遥望到让一个建筑设计大师遗憾的作品。国立西南联合大学的大门,简陋得如同一个灰头土脸的农夫,站立在荒郊野外。大门之内那些低矮的房屋,虽然呈规则排列,却俨然一副养猪场的格局。三十六栋学生宿舍、五十六栋教室、办公室、实验室，两栋食堂，一栋图书馆。图书馆和食堂砖木结构，屋顶盖瓦，校长办公室和部分教室用铁皮作瓦，其余建筑均用茅草作顶。

用茅草作建筑材料，这是梁思成建筑设计生涯中唯一的特例，一所国家最高等的学府，用铁皮作遮风避雨的保护，这是战争带来的疼痛。杨振宁，正是铁皮之下读书的一个学生。这个后来荣获了诺贝尔物理学奖的杰出科学家，在他的回忆中说："教室是铁皮屋顶的房子，下雨的时候，叮当之声不停。地面是泥土压成的，几年之后，满是泥坑。窗户没有玻璃，风吹时必须用东西把纸张压住，否则就会被吹掉。"

杨振宁在铁皮之下听到的叮当之声当然不是悦耳的音乐，那只是一种分散注意力影响听课的噪声。然而，雨点和金属组合的噪声也是珍贵的。1944年，联大财政遇到了极大困难，学校不得不将铁皮卖掉，全部用茅草代替。茅草之下的杨振宁，不免怀念起叮当之声，叮当之声在心上激起的涟漪，化成了教室门口的一副对联：风声、雨声、读书声，声声入耳；家事、国事、天下事，事事关心。只是杨振宁不知道这是哪个同学的杰作。

下课之后，学生们走进了更加简陋的宿舍。三十六栋茅草房，土墙上嵌着几根木棍，就是通风透光的窗子。每间宿舍排着二十张双层木床。二十个学生，把狭小的寝室挤满了。那些饥饿的老鼠，也不知趣地进来与人类分享空间。1941年的时候，西南联大进入了饥饿期。朱自清教授的胃病，就是这个时候种下的种子。陈达教授种菜，梅贻琦家里揭不开锅，夫人韩咏华便做了糕点寄卖，并美其名曰"定胜糕"。潘光旦教授三月不知肉味，便捉老鼠来开斋。老鼠斗不过潘光旦，就把报复的目光投向了学生。有一天晚上，茅屋里的一个学生被极度饥饿的老鼠咬伤了耳朵，他在梦中跳了起来。第二天早上，这个对宿舍条件不满的学生说，如果蒋校长认为学生的住宿条件不错，就会把他的儿子送来。这个学生的不满之言立刻让大家想起了长沙的一幕。

一天上午，长沙临时大学蒋梦麟、梅贻琦、张伯苓三位常委视察学生宿舍，那所满清时代遗留下来的破败营房让蒋梦麟大为不满，他认为不应该让学生住在如此老旧的房子里面，而张伯苓则表示了不同意见。张伯苓认为国难当头，政府困难重重，抗战时期的学生，艰难困苦也是一种锻炼，两位常委争执起来，梅贻琦生性沉默，此时也不表态。蒋梦麟突然激动起来，说，倘若是我的孩子，我就不要他住这样破烂的宿舍！张伯苓并不让步，提高声音说，倘若是我的孩子，我一定要他住在这里！见两人互不相让，对话中渐渐有了怒气，梅贻琦只好站了出来，一字一句，说了那句立刻让两人息怒，并且日后在中国教育史上成为经典的名言："如果有条件，让学生住大楼当然好；如果没有条件，那就应该适应环境。大学之大，并不是因为有了大楼，而是有了大师！"

梅贻琦的这句话，化作了消防的水龙，瞬间就浇灭了蒋梦麟、张伯苓的怒火。这句来不及修辞的口语，日后成了更为简洁严谨科学的表述："所谓大学者，非谓有大楼之谓也，有大师之谓也！"这句从孟子语录中仿制的观点，寥寥数语，文字背后却延伸着大学集体领导的民主制度、教授治校的管理体制等现代教育观念。

蒋、张两位校长之争，转瞬即逝，却让在场的学生记住了蒋梦麟不让自己的孩子住简陋破败宿舍的话。然而生活却充满了戏剧性。不久之后，蒋梦麟的儿子蒋仁渊由内地辗转来到了联大，和其他学生一样，住进了茅草覆盖的学生宿舍。从此，梅贻琦用大学与大师关系的比喻化解蒋梦麟与张伯苓之间的矛盾就成了西南联大历史上的典故。

联大的屋顶是最矮的。作为一个建筑设计专家，梁思成每每听到别人描述西南联大的原始建筑，总有无地自容的感觉。一件不成功的作品，仿佛古代发配囚犯脸上的金印，让他抬不起头，他总想有个机会证实自己。

1939年秋天的时候，梁思成林徽因夫妇迁到了昆明郊外麦地村，住进了香火冷寂的兴国庵里，兴国庵里的尼姑们都被战火赶跑了，中国营造学社便鹊占鸠巢。梁思成一家三代，挤在一间半房子里。看到郊外空旷的野地，梁思成的梦想突然复活了，他决定设计建造一所属于自己的房子。梁思成的想法立即得到了妻子的赞同。林徽因，这个北平城里著名的"太太客厅"的女主人，在战火中逃难，文化沙龙已经成了久远的记忆，她做梦都想让金岳霖、徐志摩、张奚若、陈岱孙、钱端升、周培源、陶孟和、李济、胡适、朱光潜、沈从文、萧乾等北总布胡同3号的常客们再一次聚首。于是，当梁思成、林徽因费尽心力在离昆明八公里远的龙头村建起了完全属于自己的一个新家时，屋子里拥有一间宽敞砌有西式壁炉的客厅，就是必然的了。太太的客厅，就是林徽因人生的一个梦。

房子落成之后，兴奋的林徽因立即给她的朋友美国人费慰梅写了一封信。她不无自豪地说：

> 我们正在一个新建的农舍里安下家来。它位于昆明东北八公里处的一个小村边上。风景优美而没有军事目标。邻接一条长堤，堤上长满如古画中的那种高大笔直的松树。我们的房子有三个大一点的房间……出乎意料地，这所房子花了比原先告诉我们的高三倍的价钱。所以把我们原来就不多的积蓄都耗尽了，使思成处在一种可笑的窘迫之中……无论如何，我们现在已经住进这所新房子，有些方面它也颇有些美观和舒适之处。我们甚至有时候还挺喜欢它呢。但看来除非有费慰梅和费正清来访，它总也不能算完满。因为它要求有真诚的朋友来赏识它真正的内在质量。

昆明，这座记载着西南联大光荣和中国教育遗产的城市，我有幸去过两次，但我却无缘见到这幢有了七十多年历史的小屋。幸好，云南作家汤世杰先生用他精彩的散文，让后人看到了尘埃深处的历史。"土坯墙、瓦顶、木地板、花格窗，共八间房。住房坐西朝东，附属房坐东朝西，中间隔着一条便道，正好形成一个小小庭院。整个建筑，既融于当地乡俗，又特立独行，透出一派清雅、明净与大方。"

1940年日军轰炸下的昆明，梁思成的新居几乎可以用五星级的豪华来修辞。这座超出预算三倍从而耗尽了梁思成、林徽因全部积蓄建起来的小院，是梁思成为西南联大校舍设计的一个延伸，是一个建筑设计专家图纸上的梦想。很少有人在西南联大的国立茅草矮屋和龙头村这幢别具一格的私立小院之间寻找到某种关联，那些建筑之间亲缘的蛛丝马迹，只有从民国战火烽烟穿行过来的人才能看到。汤世杰在《梁林夫妇的昆明客厅》中写道：

> 倒是故居那青瓦的檐口、起翘的屋脊，诠释着梁思成这位虽然受的是西方建筑教育，却又终身守护中国民族建筑风格的大师之建筑理想……我最喜欢怀想的，是老屋那间客厅。置身那间客厅时想

起的，不是梁林夫妇在中国建筑史上留下的诸多佳话，也不是他们参与联合国大厦设计的辉煌，投身新中国国徽、人民英雄纪念碑浮雕设计的荣耀，甚至也不是林徽因优雅的诗文，而是两个普通中国知识分子的血性与坚韧，是那间客厅里曾经的人来人往，聚会与离散，欢乐与悲伤。

西南联大教授们在日军飞机狂轰滥炸下居所无定，为了安全和方便，自己出资建造房屋的还有金岳霖。这个苦恋着林徽因的哲学家，傍着梁思成的屋子盖了一间耳房，他又可以像在北平北总布胡同时期一样，同林徽因日日相见，亲如一家。然而。好景不长，梁思成与林徽因只在这幢属于他们的屋子里住了八个月，就在教育部的调令下，随同中国营造学社和中央研究院历史语言研究所一起迁徙到了四川李庄。他们给昆明，给西南联大留下了一份悲欣交集的见证。

五

与北平、南京、长沙相比，昆明是抗战的后方。但是抗战的后方、却并非风平浪静的世外桃源。凶残至极的侵略军，隐去了直面相对的接触，用一种高空轰炸的手段，摧毁中国人的肉体和精神。"跑警报"，这是抗战时期昆明市民创造的一个词。这个在以往的辞典里从未现身过的动词，是日军飞机轰炸下西南联大师生日常生活的一种描述和生存状态。

一个新词从鲜血和死亡中生长出来，它在西南联大师生的心里刻下了恐惧和仇恨。

在西南联大师生印象中，"跑警报"这个词最早在他们心中种下种子是1938年9月28日，九架日机组成的航空队从珠江口外起飞至昆明上空，飞机投掷的炸弹击中了西南联大的教师宿舍，军事教官毛鸿和他幼小的儿子倒在了血泊中。昆明市民一百九十人丧生。

两个生命的瞬间消失仅仅是西南联大师生跑警报的开始。日后成了著名作家的西南联大学生汪曾祺在他的散文中回忆说:"联大刚进入昆明的那几年,三天两头有警报。有时每天都有,甚至一天有两次。昆明那时几乎说不上有空防力量,日本飞机想什么时候来就来。有时竟至在头一天广播,明天将有二十七架飞机来昆明轰炸。日本的空军指挥部还真言而有信,说来准来!一有警报,别无他法,大家就都往郊外跑,叫作'跑警报'。"

昆明城中的每一座建筑,都成了日本飞机频繁轰炸的目标。1940年10月13日和1941年8月14日,日机以西南联大校园为目标,直接将炸弹倾泻在校园里,宿舍、饭厅、教室、图书馆都被击中。两次轰炸让联大当局做出了迁徙四川叙永设立分校的决定。

联大学生何兆武多次目睹日本飞机轰炸的惨状,他在《上学记》中描述:"日机来昆明轰炸都是排成'品'字形,3架排成一个小'品'字,9架排一个中'品'字,有时候是27架排一个大'品',有时候是36架,前面一个大'品',后边9架组成一个中'品',看得非常清楚。""飞机飞过去的时候炸弹极其耀眼,就像一群水银球掉下来,亮得晃人眼,就听见'吱吱吱吱'的一阵响,然后是'嘣——'的一声,如果离得近,就会感到地动山摇。"

根据何兆武先生的记载,1940年夏天至1941年秋天,这段时间日军飞机来得最为频繁,几乎天天都到,每天上午9点至10点钟,凄厉的警报成了一座后方城市的主旋律。"昆明没有山洞,幸亏联大就在城边,一拉警报我们就往郊外跑,十来分钟就能翻两个山头,跑到山沟里就安全了。不过因为日本飞机到处丢炸弹,山沟里也有不安全的时候。有一次,华罗庚先生和教我们西洋史的皮名举先生躲在一起,不知怎么日本人在那山沟里(记得叫黄土坡)撂下两颗炸弹,石头土块把他们埋了起来。皮先生爬出来,晕头转向地往外走,没走几步忽然想起华罗庚还在里边,赶紧又找人回去,又把华先生拉了出来。"

1940年10月13日是个星期天,前一天,联大招生发榜。日本飞机忽略了这天联大师生放假休息,校园内人稀。吴宓教授邀得多位友人同游西山,上午9时从小西门外篆塘上船,10时40分在滇池中听到警报,然后看见炸弹似雨点一般落在城内。傍晚回来,"始知被炸区为文林街一带,云大及联大师院已全毁,文林巷住宅无一存者。大西门城楼微圮,城门半欹。文林街及南北侧各巷皆落弹甚多。幸联大师生皆逃,仅伤一二学生,死校警工役数人云。"而何兆武眼中的校园到处都是灰尘，平时很少露面的蒋梦麟校长坐在图书馆门前的地上，满脸无奈。

警报声中，梅贻琦校长出现在学生眼中的次数最多。张伯苓和蒋梦麟大多时间在陪都重庆，学校的事务，大都由梅贻琦负责。陈岱孙教授说："梅校长就是那个时候的校长，尽管名义上是常委。他经常每天办公，警报一来，也跟学生一样一起往后山跑，飞机来时，跟学生一样趴在学生身边，所以当时，学生看起来，梅校长是很亲近的。"

中华文化，是侵华日军重点摧毁的目标。就像1932年"一·二八"淞沪抗战中日军首先炸毁中华书局和商务印书馆，1937年日军侵华首先焚烧南开大学一样，侵略者知道，文化是一个民族的根本，铲除一个国家的文化，就是切断了一棵文化古树的根须。所以，日本飞机两次以西南联大和云南大学为轰炸目标，试图让中华文化除根绝种。面对鲜血，愤怒的张伯苓怒吼："中国不亡，有我！"

学生何兆武看到蒋梦麟校长惊魂未定地坐在图书馆门前的地下，他却没有看到十分钟前，蒋梦麟办公室的一根房梁在炸弹中轰然塌落，把他的办公桌刺穿，大难不死的蒋梦麟侥幸逃出。

侵略军以为惨无人道的轰炸可以使一个民族屈服，可以让中国的读书人投降，他们不知道废墟中的西南联大师生们抗战信心更坚定，骨头更坚硬。"豁出去了，拼了再说！""中国不亡，有我！""还我河山！"这是一群手无寸铁者的慷慨悲歌。

对昆明的轰炸，对西南联大的摧毁，只是日本灭亡中国的一个部分。日军对中国战时陪都重庆的打击，已经超出了联大师生的想象。日军经常以一百架次以上的飞机狂轰滥炸。1939年6月11日，战时中国领袖蒋介石的重庆黄山官邸中弹，正在官邸三楼的蒋介石险遭劫难。面对满目疮痍的重庆和死伤惨重的百姓，蒋介石在日记中写道："其扶老携幼，负重行远之情状，见之心酸，下代国民应知今日其父母挈其避难之苦痛，为空前史所未有，为国为家，更应持尽忠孝之道，庶不愧为中华民国之子孙也。"他的愤怒和悲壮，让他的文字空前激昂："徒凭满腔热忱与血肉，而与倭寇高度之爆炸弹与炮火相周旋于今三年，若非中华民族，其谁能之。"这个时候的国家领袖，同他在1932年淞沪抗战中忍让退缩相比，判若两人。1941年的蒋介石，以视死如归的英雄气概，印证了他日记中这些坚硬的文字。写下这些文字之后，蒋介石的黄山官邸再度遭到了日机的空袭，炸弹声中，血肉横飞，蒋介石的六个卫士二死四伤。中国的战时领袖此时毫无畏惧，继续召开会议，那些断壁残垣的悲壮和骨气，通过图片和文字传到了昆明，让蒋介石的领袖形象空前高大。

"空袭"，是抗战时期西南联大使用频率最高的一个词，在血与火的惨痛中，师生们找到了一个与"空袭"对应的词："疏散"。于是，我们就看到了社会学教授陈达坐在坟头上为学生授课的情形。

那天上午，陈达教授拿着讲义，走进了昆明北门外联大新校舍一八甲教室。学生们都到齐了，翘首等着陈教授讲人口问题。当学生们听得津津有味时，空袭警报突然拉响了，陈达教授的精彩演讲被凄厉的警报声打断。有个学生兴趣正浓，正沉浸在陈教授的情节中，便提议说把课堂搬到郊外去。陈达教授欣然响应。在《浪迹十年》这本写于1946年的自传性随笔中，陈达教授记叙了此后的情节：

……晨十时三十五分，忽闻空袭警报！有人提议到郊外躲警报兼上课，余欣然从之。向北行，偏西，过苏家塘及黄土坡，见小山充满树林，前面海源寺在望，此地离北门约六里。学生十一人即在树林中坐下，各人拿出笔记本，余找得一泥坟坐下，讲C.Gini氏及R.Pearl与A.M.Carr-Saunders氏的人口理论，历一小时半有余。阳光颇大，无风。在旷野树林下讲学，大家认为难得的机会。

这是一堂没有黑板没有门窗的教学，疏散的昆明市民经过这里，好奇地停住脚步，连小贩都停止了吆喝，听陈达教授讲授那些让他们一头雾水的人口理论。

冯友兰教授也有过站在炸弹坑里上课的经历，那是一种与在任何一个教室上课都不同的独特感受。没有黑板，没有桌椅板凳。学生们静心听讲。冯友兰感到了一种不屈不挠的精神，一个民族在战乱时期体现出来的状态，上昭日月。

那个时候，陈寅恪教授住在靛花巷史语所三楼。这个双目几近失明的历史学家，行动不便，大多数时候都是被肥胖的史语所所长傅斯年搀扶进防空洞。幽默的陈寅恪，作了一副对联：见机而作；入土为安。靛花巷这幢三层楼房，还住着汤用彤、罗常培等教授，他们见证了陈寅恪在日机轰炸下的旷达和乐观。

行动不便的还有潘光旦教授。这个拄着拐杖的书生，在清华大学读书时踢足球造成了意外，所以那副拐杖从此以后就跟随了他一辈子。警报声中，潘光旦跋山涉水，他轻蔑地看着天上的飞机，幽默地对学生和同事说："看，我跑警报不比你们慢吧！"潘教授的自嘲化解了学生的恐惧。

躲警报，成了昆明市民和西南联大师生们日常生活的一个组成部分，住行之外，躲警报，他们每日的功课。

林徽因在写给费慰梅的信中描绘了联大教授金岳霖在炸弹声中的形状：

> 日本鬼子的轰炸或歼击机的扫射都像是一阵暴雨。你只能咬紧牙关挺过去……可怜的老金，每天早晨在城中有课，常常要在早上五点半就从这个村子（龙头村）出发，而还没来得及上课，空袭就开始了，然后就得跟着一群人奔向另一个方向的一座城门、另一座小山，直到下午五点半，再绕许多路走回这个村子，一天没吃、没喝、没工作、没休息，什么都没有！这就是生活！

金岳霖是著名的哲学教授，他把书本中的理论知识运用到了日常生活中，他知道跑警报的时候人人都把值钱一点的东西带在身边，尤其是金子之类的细软，比如，金戒指。于是他运用了哲学中的逻辑推理：有人带金子，必有人会掉金子；有人丢金子，就会有人捡到金子；我是人，故我可以捡到金子。因此，跑警报时，特别是解除警报之后，他每次都很留心巡视路面。金教授的逻辑推理果然有效，他真的在兵荒马乱的荒野里捡到过金戒指，而且是两次。

金岳霖是幸运之人，但他也是倒霉之人。金岳霖跑警报的时候，每次都带着他刚刚完稿的著作《知识论》。他把这部书稿视为他的生命。那一次跑警报，他把生命般珍贵的书稿用布包了一层又一层。后来警报解除，回到学校才发现书稿丢了，金岳霖绞尽脑汁，把他的一生所学运用于寻找书稿，仍然杳无踪影。哲学家的智慧成了学生们嘲笑的一个标本，金先生捡了芝麻，丢了西瓜。唯一的办法，只有把数十万字的书重新再写一遍。

闻一多教授把学术视为生命，他嫌躲警报浪费时间，于是就在院子里挖了个简易的防空洞，飞机来时，便到防空洞里躲避。警报解除，就立即写他的《唐诗大系》。有一次，闻一多在昆明的武成路上看到一家牛肉店，门口挂着一块"不怕炸牛肉店"的招牌。闻教授立刻心生敬意，一个民族的气节和骨气，此刻都凝聚在那块招牌上。他当即走进店里，要了一碗牛肉汤。他觉得那是他一生中喝到过的最鲜美的汤。

躲警报，在西南联大常委蒋梦麟那里，却是另外一种情景。蒋梦麟已经厌烦了每日必做的功课，他觉得许多宝贵的时光都在山野里浪费了。但是他又不得不跑警报，那些倒塌的废墟和血泊中的尸体让他心惊胆战。于是，那一天，蒋梦麟带上了纸笔，席地而坐，写起了那本日后给他带来了广泛声誉的自传体著作《西潮》。

"炸弹像冰雹一样从天空掉下，在我们周围爆炸，处身在这样的一次世界大动乱中，我们不禁要问，这些可怕的事情为什么会发生呢？"蒋梦麟作为一个接受过西方教育的知识分子。他力图对发生在自己身边的战争和动乱，找出罪恶的根源，他将这些日本侵华带来的伤痛记录在硬面的练习本上。令后人百思不得其解的是，那些沉重的文字，蒋梦麟全部用异国的英文来记录。蒋梦麟解释说，写中文需要郑重其事，颇为不便。

> 当我开始写《西潮》的故事时，载运军火的卡车正从缅甸源源驶抵昆明，以"飞虎队"闻名于世的美国志愿航空队战斗机在我头上轧轧掠过。发国难财的商人和以"带黄鱼"起家的卡车司机徜徉在街头，口袋里装满了钞票。物价则一天三跳，如脱缰的野马。
>
> 一位英国朋友对西南联大的一位教授说，我们应该在战事初起就好好控制物价。这位教授带点幽默地回答："是呀！等下一次战争时，我们大概就不会这样笨了。"

这是蒋梦麟的《西潮》中的文字，这段文字让我这个热爱母语和中文的读者找到了蒋梦麟用英文写作的秘密。

蒋梦麟的《西潮》以英文的优雅在练习本上小溪一般潺潺流过时，他的生活却陷入了困境，这种战争带来的苦难让他山穷水尽，他的夫人找不到工作，家里仅靠典卖衣物书籍维持。他在给驻美大使胡适的信中罗列了昆明火车一般飞驰的物价：

> 昆明一年以来百物腾贵，米每石已涨至一百元以上，前年每石七元。人人叫苦……炭每石近十六元。猪肉每斤一元七角。盐每斤六角。鸡蛋每枚一角。同人八折支薪，每月入不敷出。人口较多之家。有午吃饭而晚饮粥者。学生方面，政府每月给贷金十四元，幸官米每石五十元，犹能吃菜饭充饥。营养大成问题矣。

写这封信的时候，是 1943 年 12 月，是《西潮》发展的间隙，蒋梦麟说防空洞里光线不足，用英文写作容易辨识，但真实的原因却是为了此书在美国出版，以便"能赚点稿费养家糊口"。堂堂的国立北京大学校长，用一种遮遮掩掩的方式，谋求生存最低的温饱。而此时，西南联大的另一位常委，国立清华大学校长梅贻琦，却让他的夫人韩咏华隐藏身份，上街叫卖"定胜糕"。

蒋梦麟写信给胡适请求他为《西潮》在美国寻求出版的窘迫掩盖了一个读书人的真相，我在日本军人的淫威面前，看到了蒋梦麟的骨头和他的"有种"。

> "我们司令请你到这里来，希望知道你为什么要进行大规模的反日宣传。"他一边说，一边递过一支香烟来。
>
> "你说什么？我进行反日宣传？绝无其事！"我回答说，同时接过他的烟。
>
> "那么，你有没有在那个反对自治运动的宣言上签字？"
>
> "是的，我是签了名的。那是我们的内政问题，与反日运动毫无关系。"
>
> "你写过一本攻击日本的书。"

"拿这本书出来给我看看！"

"那么，你是日本的朋友吗？"

"这话不一定对。我是日本人民的朋友，但是也是日本军国主义的敌人，正像我是中国军国主义的敌人一样。"

"呃，你知道，关东军对这件事有点小误会。你愿不愿意到大连去与板垣将军谈谈？"这时电话铃声响了，大佐接了电话以后转身对我说，"已经给你准备好了专车。你愿意今晚去大连吗？"

"我不去。"

"不要怕，日本宪兵要陪你去的，他们可以保护你。"

"我不是怕，如果我真是怕，我也不会单独到这里来了。如果你们要强迫我去，那就请便吧——我已经在你们掌握之中。不过我劝你们不要强迫我。如果全世界人士，包括东京在内，知道日本军队绑架了北京大学的校长，那你们可要成为笑柄了。"

他的脸色变了，好像我忽然成了一个棘手的问题。"你不要怕呀！"他心不在焉地说。

"怕吗？不，不。中国圣人说过，要我们临难毋苟免，我相信你也一定知道这句话。你是相信武士道的。武士道绝不会损害一个毫无能力的人。"我抽着香烟，很平静地对他说。

中央大学校长罗家伦感慨地说："蒋梦麟先生是郭子仪第二，大有单骑退回纥的精神。"

曹聚仁则赞叹道："这男子汉的气度，并非胡适鲁迅诸氏所能及的。"

外敌入侵，强盗的刺刀是检验一个人骨头的试金石。相同的场面，刘文典遇到过，陈寅恪太平洋战争爆发时在香港也遇到过。他们遇到的是同一个敌人，那是世界上最残忍凶暴的日本占领军。书生的骨头，硬过了军人的刺刀！

写到这里，我要改变"警报"前面的那个动词，用"跑"取代"躲"。一字之差，却有意义的不同。当年的西南联大学生汪曾祺先生说，也有叫"逃警报"或"躲警报"的，都不如"跑警报"准确。"躲"，太消极了；"逃"又太狼狈。唯有这个"跑"字于紧张中透出从容，最有风度，也最能表达丰富生动的内容。

梅贻琦校长的风度，是汪曾祺这段话的最好诠释。每次警报响起，联大师生眼中的校长总是穿戴整齐，仪容庄严，步履不乱。他拿着一把弯把雨伞站在路边，指挥疏散人群。那种临危不惊、镇定自若的风度，堪比身经百战的将军。

刘文典教授跑警报时，多和陈寅恪教授相伴，他们借着此刻的空闲闭目养神。刘文典写信给远在美国的胡适大使，调侃说："多见日光空气，天天相当运动，都是最有益于卫生，所以身体很好。弟常说，敌机空袭颇有益于昆明人之健康，并非故作豪语，真是实在情形。"

跑警报，并不是所有的人都厌恶，对于豆蔻年华的青春男女来说，有时还能产生歪打正着的效果。汪曾祺先生的文章中就记载过青年男女利用跑警报谈情说爱的浪漫。

有一回，沈从文跑警报回来，远远就看见自己住的房子已经在空袭中炸塌了一半，让他吃惊的是，一个学生端坐在房中看书，他的聚精会神，竟然连墙壁倒塌都没有发觉。这个学生就是卞之琳。

1935年，卞之琳写下了著名的《断章》，在这首只有四行的短诗里，诗人为世界留下了"风景"。而此时，卞之琳在炸弹和废墟中读书的情景，更是为后人留下了一片永恒的"风景"。无坚不摧的炸弹，无法改变一个书生的意志，死亡，在一个读书人的心中，就是一副人生的"断章"。

卞之琳在死亡面前镇定自若忘我读书的情景，被战争复制到了一个离中国遥远的大陆。我在一幅1940年的照片上看到了英国伦敦的荷兰屋图书馆，德军飞机空袭之下，图书馆残垣断壁，三个头戴礼帽的绅士，站在废墟上，静静地翻书。他们沉静的风度和安闲的神情，仿佛身边不曾发生过激烈的轰炸。七十多年过去，我们已经无法知道这三个爱书如命的绅士的姓名和身份以及他们日后的命运，我所知道的是，1940年的伦敦，遭到了战争历史上最残酷的轰炸，德国使用了最新研制的先进导弹，狂轰滥炸了七十六个昼夜，十万幢房屋成了废墟，超过四万三千名市民遇难。德军轰炸下的伦敦，已经成了人间地狱。在一座死去的城市里，一座残存的图书馆和三个神情自若的读书人，成了伦敦的活力和尊严。城市可以毁灭，但人民不会被打败！

六

西南联合大学由北京大学、清华大学和南开大学三所学校组成。联大拥有大约三千名学生，五个学院，二十六个系，两个专修科和一个先修班。抗日战争时期，联大是中国人数最多、规模最大的综合性大学。

三校联合是战争的结果，这种特殊的形式在中国教育史上没有先例，学校内部错综复杂的关系更是让后人无法梳理和想象。冯友兰教授有一个形象的比喻，联大"好像是一个旧社会中的大家庭，上边有老爷爷、老奶奶作为家长，下边又分成几个房头。每个房头都有自己的'私房'。他们的一般生活靠大家庭，但各房又各有自己经营的事业"。

冯友兰先生的比喻形象温和，但我却在他的比喻中感觉到了文字背后的矛盾。一个大家庭中必然产生的纠结，西南联大也无法避免。我在历史学家、西南联大校友何炳棣先生的《读史阅世六十年》里找到了印证。何先生说："最初较严重的是北大和清华之间的摩擦，主要是由于北大资格最老，而在联大实力不敌清华。"

联大学生都有一个以字母打头的学号，P代表北大，T代表清华，N代表南开，A代表联大。英文字母本身并无高低优劣之区别，但联大按学号评分，T总是排在前列，N总是垫底。清华学生人多势众，有很强的学术优越感，战时在昆明入学的许多毕业生总认为自己是清华校友，而否认联大身份。而北大学生坚持母校的贵族传统，绝不认为自己比清华同学逊色。对南开学生，清华北大学生总有几分轻视。因此有人说联大学生佩戴着不同的校徽，却无时无刻不在争吵。

三校合并之初，梅贻琦任命了联大各学院院长、系主任。由于清华出身的人比例较大，矛盾就在北大的师生中慢慢生长起来了。有一天，北大校长蒋梦麟来到了蒙自，文法学院中的北大教授们便把校长围了起来，控诉联大学院院长、系主任任命不公平，说到激愤处，有人提出来解散联大，各自独立。这个时候，北大教授钱穆站了出来。钱穆说，日本侵华，国难当头，我们应该以和为贵,他日胜利还归各校自会独立,如今不应当在蒙自争利。见大家平静了下来,钱先生回顾四周,发出了一声感叹:"此乃何时啊!"钱穆声音不大,这五个字却如同惊雷,在每个人的心头久久震响。蒋梦麟在大家的沉默中站了起来,斩钉截铁地说道:"今夕钱先生一番话已成定论,可弗在此问题上起争议,当另商他事。"

作为北京大学的校长,蒋梦麟不为本校争利益,他用"无为"化解了一触即发的矛盾冲突,这似乎不大符合他的个性和工作方法。后人在评价此事时非常准确地解释了原因:"蒋梦麟在西南联大时的不争,成就了西南联大。如果争的话,就成西北联大了。"蒋梦麟的放弃,是因为他顾全大局的胸怀,而不是个人的性格所致。

西北联大,本应是战时西南联大的兄弟,这个西南联大的双胞胎,由北平大学、北平师范大学、北洋工学院和北平研究院组成,1937年9月在西安成立,然而不到一年就夭折了。

西南联大时期的蒋梦麟有一句人人皆知的名言,"在西南联大,我不管就是管。"他对梅贻琦说,我只管联大的对外事务,联大内部的事,还要请月涵(梅贻琦字月涵)先生多负责。

西南联大的另一位常委,南开大学校长张伯苓同样磊落,不遗余力地维护三校的团结。1941年4月,清华大学在联大工学院举行三十周年校庆。远在重庆的张伯苓无法出席大会,他委托南开大学秘书长黄钰生用"通家之好"来庆贺清华的生日。黄钰生在校庆大会上解释了"通家"的意义,他说,清华大学梅校长是南开第一班的学生。冯友兰教授立即登台,接过了黄钰生"通家"的接力棒,阐述了北大与清华的通家之好。冯友兰说,要说起通家之好,北大和清华的通家关系也不落后,北大文学院院长胡适先生是清华人,我是出身北大的清华文学院院长,这样的通家关系不胜枚举。冯友兰的话调动了大家通家的联想,与会人员纷纷列举三校之间互相支持的亲戚情谊,西南联大的团结在这个校庆会上得到了最热烈的体现。

由于主持校务,清华大学校长梅贻琦成了联大实际上的主要领导人。世俗的逻辑是,清华的教师和学生比另两校总和更多。由于拥有庚子赔款,清华不仅有能力维持本校的运转,而且还能支持联大,联大的图书和试验仪器,大部分也是清华所有。其实，背后的深层原因，是梅贻琦的人格风范众望所归。在学者风度、温文尔雅、寡言少语、勤俭节约、民主通达、公正无私等褒义词背后，每一条评价都有着情节和细节的有力支撑。

昆明物价飞涨的时候，白饭拌辣椒是梅贻琦一家六口人的主食，偶尔吃到菠菜豆腐汤，四个孩子便高兴得如同过年。当最低水平的生活都无法维持的时候，梅贻琦的夫人韩咏华便悄悄地学做一些糕点，上街摆卖。

有一次，家里来了客人，梅夫人囊空如洗，只好把孩子们小时候的衣服和自己的毛织品上街摆卖，换来十元钱。客人们吃着韩咏华手做的菜肴，只觉得可口，却不知道主人的辛酸。

生活如此困难，梅贻琦却不让四个正在联大读书的子女领取教育部发给联大学生的补助金。

1943年3月4日，梅贻琦惊悉老母亲去世的噩耗，悲伤之时，同事们都劝他将联大常委会改期，然而他却坚持照常开会。他用"不敢以吾之戚戚，影响众人问题也"这句轻描淡写的话掩盖了一个孝顺儿子的丧母之痛。梅贻琦在当天的日记中流露了自己的真实心情："盖当兹乱离之世，人多救生之不暇，何暇哀死者，故近亲至友之外，皆不必通知……故吾于校事亦不拟请假，惟冀以工作之努力邀吾亲之灵鉴，而以告慰耳。"

梅贻琦的公私观念在联大同事的心目中犹如泾渭两道河流，从来没有混淆的时候。1942年的时候，美国驻华大使特别助理费正清来到昆明，拜访他的朋友。梅贻琦在家设私宴，款待费正清。联大的美籍教授温德悄悄地告诉他的同胞，说梅贻琦月薪不足六百元，为了招待远道而来的朋友，所费不下一千元，梅校长要节衣缩食几个月了。费正清吃了一惊，他第一次知道了联大教授生活的艰难，也知道了梅贻琦的宴客真相。费正清感动了，为了回报，他送给梅贻琦一瓶专治疟疾的米帕林药片。

联大的公款，梅贻琦把它看得比自己的钱更重。他每天步行上班，把他专用的汽车给联大公用。路途远的地方，他就搭乘蒋梦麟的车。有一回到成都出差，他退掉飞机票，搭乘长途邮车，为联大省下了二百美元。

梅贻琦是联大有名的寡言君子，以至陈寅恪教授大发感慨地说："假使一个政府的法令，可以和梅先生说话那样谨严，那样少，那个政府就是最理想的。"

梅贻琦在美国留学时期接受了西方的现代文明理念，由于对基督教的信仰，他坚持宽容，从不把自己的意志强加于人。他虽然是国民党员，却不改教授治校、学术自由、科学民主、看重实干的教育理念，抵制国民党的专制。对于重庆当局要求联大解聘闻一多等教授的政治干涉，梅贻琦从不理睬，无声抵抗。联大"民主堡垒"的赞誉，是梅贻琦开明思想结出的果实。

我在民国的故纸中，打捞起了一个七十五年前的细节。这是一面可以照见人心灵的镜子，它离我们这个时代的距离如同人类遥望火星一样遥远。这个细节的主人公是有"云南王"之称的云南省主席龙云。因为西南联大办的附中教学质量高，昆明市民都争先恐后地把自己的子女送到这所学校去读书。龙云主席让自己的女儿龙国璧报考联大附中，不料分数不够，未被录取。大权在握的龙云在联大建设过程中给予过许多帮助，对于西南联大来说，龙云主席就是它的恩人，对于梅贻琦校长来说，龙云主席就是他的朋友。龙云有些不悦，对他的秘书长说，你去找梅校长疏通一下，让他录取龙国璧吧。见秘书长久久不动，龙主席发怒道："你还站着干什么？赶快去找梅校长！"秘书长小声地回答说："我打听过了，梅贻琦校长的女儿梅祖芬也没有被录取。"龙云久久没有说话，只是轻轻地"哦"了一声。龙云知道，自己的女儿和梅祖芬是同班同学，他没有理由要求梅贻琦违反他的原则。

在清华大学的历史上，驱逐校长的学生运动几乎成了家常便饭。唯独梅贻琦从来没有被倒过。拥护梅校长，这句口号贯穿了梅贻琦在清华的所有光阴。梅贻琦曾经幽默地说："大家倒这个倒那个，就是没有人愿意倒梅（霉）啊！"

1949 年之后，梅贻琦定居台湾，创办了清华原子科学研究所，并办了研究生院，但他坚持拒绝将研究所改为清华大学，他毫无隐瞒地说："真正的清华在北平。"梅贻琦去世之后，研究所的人打开了他一直随身携带视若生命的箱子，里面全是学校基金的账目，每一笔账目均分毫不爽。这个让人动容的场面，一直留在后人的心里。

在郑天挺的眼中，梅贻琦治校的方式表面上如同道家，无为而治，但实际上，他事无巨细，一丝不苟。在梅贻琦的主持下，联大的行政机构精干高效，没有冗员。梅贻琦把清华大学教授治校的传统嫁接到了联大。教授会由教授和副教授选举产生，不定期召开会议，处理学校的重大问题。教授会之上是校务委员会，校务委员会由教授会每年轮流选出十一名代表，同三位常委、各学院院长、教务长、训导长和总务长一起制定各项规章制度，审议预算，决定资金的设立和废止等。

七

刘文典是西南联大研究庄子的名教授。他给学生讲《庄子》，开口就说，中国真正懂庄子的，只有两个半人，一个是庄子本人，另外一个是自己，其他研究庄子的人加一起只能算半个。

刘文典恃才傲物、狷介不羁的名声，是西南联大校园里的一个谈资。他在课堂上开讲《庄子》的时候，经常有吴宓等几个名教授前去听课。见到几位同事，刘文典也不打招呼，旁若无人地闭目演说。当讲到紧要处时，他便戛然而止，睁开眼睛看教室最后排的吴宓，慢条斯理地问道："雨僧兄以为如何啊？"吴宓教授立即学生似的起立，恭恭敬敬地点头回答："高见甚是！高见甚是！"每逢这个时候，教室里便响起活跃的笑声。

名教授吴宓如此谦虚恭敬，所以刘文典瞧不起沈从文，不把闻一多、朱自清、罗常培等人放在眼里也就情有可原了。

因为磨黑事件，自负的刘文典被闻一多赶出了西南联大。即使到了云南大学，即使是改朝换代之后，刘文典依然不改骄狂的本性。1955年，云南大学一年级新生李必雨记录了他第一次见到刘文典的场景。

> 会议开始后不久，一个瘦小枯干的老人踱着方步走进了会场，手里还拿着一把茶壶，嘴里叼着一支"大重九"。正当新生在窃窃私语，好奇地相互打听这个"怪人"到底是谁时，系主任刘尧民主动站起来向大家介绍："这位便是刘文典先生。刘先生学术广博，古典文学的造诣尤其渊深，对《庄子》的研究更是独辟蹊径，成就超卓。现在请刘先生给大家讲话！"
>
> 台下的学生虽然都是初来乍到，但很多人刚进校门就不止一次

听说过刘文典这个名字，都已将他当成传奇般人物崇拜向往。没想到学校第一次活动，就能见到这位"真神"，学生们都竖起了耳朵，想听这位名教授将会发出什么样的惊世骇俗之语。

暴风骤雨般的掌声之后，刘文典微笑着站起身，向台下点点头，说道："我一向不参加这类活动。听说新一届新生的入学成绩不错，我心里高兴，破一次例，来看望大家。我不教你们，教的是你们老师的老师。说到《庄子》，不是什么研究的蹊径问题。古今中外的那些'学者'不论经由什么蹊径，皓首穷经，勉强算是挨近了《庄子》的，寥寥可数。算起来，全世界真正懂《庄子》的人，总共两个半。一个就是庄子自己，中国的《庄子》学研究者加上外国所有的汉学家，唔，或许可以算半个。"

那一天，刘文典上《文选》选读课。才讲半个小时，他便打住了。刘文典的一反常态让学生们疑惑，刘文典说："今天提前下课，改在下星期三晚饭后七点继续上课。"学生们不懂刘文典葫芦里装的什么药，疑惑就像晚饭后七点的夜色，越来越浓。

刘文典私定的日期和时间如期来到，学生们在校园的草坪上见到了老师，四周一圈座位，刘文典一身长衫端坐中间。刘文典突然像一个行吟诗人，抑扬顿挫地朗诵起来。学生们霎时醍醐灌顶，明白了刘文典的良苦用心。那个时候，月亮升起来了，校园静寂，大自然一片清辉，刘文典就在皎洁的月色下，讲起了谢庄的《月赋》：

白露暧空，素月流天……引玄兔于帝台，集素娥于后庭……升清质之悠悠，降澄辉之蔼蔼……歌曰：美人迈兮音尘阙，隔千里兮共明月；临风叹兮将焉歇，川路长兮不可越……月既没兮露欲晞，岁方晏兮无与归；佳期可以还，微霜沾人衣……

南朝一千四百多年的遥远时光，在刘文典的吟诵中跨越千山万水来到了西南联大的校园。学生们看到了一个绝色美人，对着皎月，思念远方的情人。学生们遥想，六百年之后苏东坡《水调歌头》中的"但愿人长久，千里共婵娟"的千古绝唱，一定沾染了南朝的愁绪。

1940年农历五月十五日的那个晚上，刘文典的《月赋》讲析，让西南联合大学听课的学生们，如痴如醉，不知今夕何年。

在西南联大，刘文典并不是把教室搬到操场，月下讲课的唯一人物。名气与他比肩的吴宓教授，也有着月下讲课听者云集的成功试验。不过，吴宓不是讲《月赋》，他讲的是古典名著《红楼梦》。吴宓研究《红楼梦》依靠的是群体优势，并非孤军奋斗。陈铨、黄维等欧美系教授是吴宓的同志，他们成立了一个研究《红楼梦》的团体，名曰"石社"，几个教授在不同时间不同场合开讲，听者甚众，充塞门户，竟然形成了一股热潮。而且，这股热潮溢出了联大校园，野火一般蔓延到昆明城中。昆明电台顺应潮流，邀请吴宓进入广播，让他的红学心得插上翅膀，进入了寻常百姓家。

吴宓和"石社"的成功让刘文典心痒和不服，他准备了一番，穿上粗布长衫，换上圆口平底布鞋，手执长杆竹烟袋，决心与西装革履满口英文的西洋派教授们一试高下。刘文典的演讲被安排在小教室进行，组织者担心听众稀少，或者刘文典不是吴宓们的对手。没想到听众云集，临时改到大教室，后来连大教室都无法容纳听众的热情，最后又迁到了联大图书馆前的广场上。

刘文典在广场讲《红楼梦》，如同他在月下讲《月赋》一样，受到了听众的欢迎，取得了意想不到的效果。此后的讲座，组织者便事先在校园里张贴海报，广为宣传，参加讲座的听众更加踊跃。学生们早早来到广场上，席地而坐。有时候停电，讲台上便点燃蜡烛。在学生们的翘首盼望中，刘文典教授长衫飘曳，仙人一般乘着烛光降临。寂静的夜空中，刘文典的声音穿透了听众的心房。"只——吃——仙——桃——一口，不——吃——烂——杏——一筐！仙桃只吃一口，就行了啊——"

刘文典缓慢的语言节奏如同剧场里精彩的说书，磁铁一般牢牢吸住了听众。"凡是别人说过的，我都不讲；凡是我讲的，别人都没有说过。今天给你们讲四个字就够了！"有学生听出了刘文典话中的挑战意味，那是针对吴宓，针对"石社"的。不过，此刻学生们最关注的还是刘文典说的四个字。在学生们的注视下，刘文典拿起粉笔，在黑板上写下了"蓼汀花溆"四个大字。

鸦雀无声！刘文典"国宝"和"大师"的美称，在这个夜晚，在学生们的心里悄悄地拔节生长。

在《红楼梦》的讲座热潮中，西洋派的吴宓与东洋派的刘文典都是成功者，他们之间没有失败的人。在汪曾祺的记忆中，讲《红楼梦》的吴宓先生没有任何教授架子，一派绅士风度。讲座进行时，吴宓看到后来的女生没有椅子，便停止讲授，马上去旁边的教室搬来椅子，等学生坐好后再接上刚才的话题。

吴宓教授上课时翩翩有礼，绅士风度，但他心中的偶像遭到损毁时，便也会斗士一般大怒。联大对面开了一家湖南餐馆，门楣上挂着"潇湘馆"的招牌。吴宓见了，怒发冲冠，闯进餐馆，砸毁碗碟。吴宓说，餐馆必须改名，不准玷辱林黛玉的冰清玉洁！

关于吴宓怒砸餐馆的故事，坊间流传有另外一个版本。刘宜庆先生在《绝代风流》一书中有如下记载：

> 有一天，吴宓发现有个饭馆，上面写"潇湘馆"，他一进去，里面都是喝酒划拳的，就说，叫老板来一下。老板说，先生有何指教？吴宓就说，你看这样行不行？我给你一些钱，你把这个名字改了，别叫潇湘馆。老板说怎么了？"林妹妹会难受的。"吴宓回答。因为林妹妹的潇湘馆是有幽幽篁竹，适宜吟诗的地方，怎么能划拳？

我认为刘宜庆的记载更真实，更值得相信，因为那些对话更符合人物性格。古怪、迂腐，和一个君子的儒雅有时是血肉相连、密不可分的。

古文字学家唐兰教授讲课却是另外一种风格。

目中无人、一生自负的刘文典在他谦虚的时候，说过蔡元培、陈独秀、胡适、陈寅恪都是自己一生中敬重服膺的人物，尤其在他十二万分佩服的陈寅恪面前不敢有半点造次。有一次，刘文典路遇清华中文系同事杨树达，主动同这个语言学家打招呼，并真诚地说："近读《学报》大著，实属钦佩之至。不佩服者，王八蛋也！"在刘文典尊敬佩服的教授名单上，唐兰是一个占有一席之地的人物。

刘文典多次在联大校园公开自己的观点，他评价说联大文学院只有三个教授，"陈寅恪先生是一个，冯友兰是一个，唐兰先生算半个，我算半个。"

其实，唐兰在文字学、古器物学、先秦史学等领域的成就远非刘文典认为的"半个教授"这么简单。联大时期的唐兰，开设过六国铜器、甲骨文字、古文字、说文解字、尔雅、战国等等课程。1946年出版的《联大八年》中，有一段对唐兰的评价："中文系教授，说文解字教者，唐先生的课很叫座，现在却不行了。但无可否认的唐先生是古文字学的权威。唐先生常说只有容庚先生可和他较量，郭沫若、董作宾等人的功夫都不太够……"

听过唐兰教授讲课的汪曾祺回忆说，一度自己填词，而且词风极艳的唐兰教授上词选课，主要讲《花间集》。他讲词的方法只是用无锡腔调吟唱一遍："双鬓隔香红，玉钗头上凤——好！真好！"

讲词的唐兰教授是一个有魅力的人，他在课堂上生动精彩的讲述，无意中改变了一个学生的兴趣和学习方向。语言学家朱德熙1939年就读于联大物理系，师从著名物理学家王竹溪教授。有一次，朱德熙无意中走进了唐兰的课堂，突然就被唐兰讲述的古文字迷醉了。朱德熙沉醉在几千年前的甲骨文中不能自拔，便申请转到了中文系，成了汪曾祺的同班同学。

朱德熙成了唐兰的得意门生。此后朱德熙与何孔敬相恋，王竹溪、唐兰成了他们甜蜜爱情的大媒。在一对新人修成爱情正果的时候，唐兰手书的墨宝，挂在了弟子新房正中的墙壁上。唐兰选用了《诗经》中的名句"关关雎鸠，在河之洲。窈窕淑女，君子好逑"作为他对学生的祝福。

唐兰讲课的方式是独一无二的，他一反传统，别出心裁。老师讲课，重在一个"讲"字，但唐兰却不讲，他捧着一册词集，朗读，朗读，声情并茂，到了关键处，便停下，大叫一声："好！"学生们吓了一跳，一齐抬头望着老师，可是却没有意外发生，唐兰继续朗读，沉浸在另外一个世界。课堂上的唐兰，活像一个入了定的老僧。他讲课的方式，让我经常想起慧能与禅宗，明心见性，直指人心，见性成佛。

一晃，西南联大就远去了六十多年，后人再也没有在大学的课堂上见到过刘文典、吴宓和唐兰了。

八

"世界是一个舞台,人生是一本戏剧,谁也免不了要粉墨登场,谁也不能在后台休息。"这是 1939 年西南联大乃至昆明的一句流行语。这句话来源于文学院外国语文学系教授陈铨话剧中的台词。

陈铨是文学评论家和尼采、叔本华研究专家,他同时还拥有一顶剧作家的头衔。

西南联大的话剧热潮,与陈铨这个名字有着莫大关系,与《祖国》这台话剧有着密切的逻辑关联。

联大剧团成立于 1938 年 11 月,陈铨被聘为剧团的名誉团长。剧团成立之后,陈铨陆续编导了《黄鹤楼》《无情女》《蓝蝴蝶》《野玫瑰》《金指环》等多部话剧。

《祖国》是陈铨根据德国剧作家弗雷德里希·沃尔夫的剧本《马门教授》改编的话剧。《祖国》描写了一位大学教授在国难背景下不顾个人安危,不计个人恩怨,同学生和工人一起,同日寇、汉奸进行顽强斗争,最后英勇牺牲的故事。联大师范学院副教授孙毓棠导演,闻一多出任舞台设计和制作。孙毓棠的夫人、著名话剧演员封凤子饰演女主角,其他角色均由联大学生扮演。

《祖国》的爱国主义和抗战主题以及演职人员的精彩表现,让这台话剧的上演获得了很大成功。在 1939 年 1 月昆明市的新滇大舞台的演出中,场内观众高呼"打倒日本帝国主义"的口号。经久不息的掌声,送给了所有为《祖国》付出了劳动的人。陈铨和闻一多上台与演员合影。《祖国》的影响在昆明持续涨潮,联大剧团的师生通过舞台形象让话剧艺术在 20 世纪中叶的昆明捷足先登。

话剧创作与演出,不是西南联大师生们的主业。所有与话剧有关的一切,都在课外时间进行。在《祖国》中扮演教授夫人的婢女小云的联大历史系学生张定华,回忆那些闪耀着青春光彩让她终生不忘的时光时说,所有演员,不分角色主次轻重,均早早化好妆,安静地等候上场。一时无事的人就抓紧时间准备功课，复习笔记，解答习题和作业。每一个学生都知道，联大考试严格，毕业门槛不会因为他们排演戏剧而降低。

有一天，历史系教授皮名举来看戏，开演之前，看到他的学生张定华在后台的一个角落里做西洋通史的作业，而这份作业，正是他布置的。皮名举有些感动，他对另外一个老师说，张定华作业字迹潦草，我准备将她的考试成绩扣减十分。原来她的作业是这样完成的，这分不扣了。

《祖国》之后，陈铨教授还写出了轰动一时的剧本《野玫瑰》。《野玫瑰》依然是孙毓棠导演，演员除一人外，都是联大的学生。这部只有四幕的话剧剧本，1941年在重庆的《文史杂志》发表，随后在昆明大戏院首演。

《野玫瑰》的演出，陈铨当然想到了掌声，但是，他没有想到的是，昆明大戏院的喝彩声，会蔓延到战时的首都重庆，会惊动国民党的宣传部长。

《野玫瑰》在昆明的成功，立即被复制到了重庆。演员秦怡成了这台话剧的主演。1942年3月6日至9日的《新华日报》，打出了别出心裁、夺人眼目的广告词："故事——曲折生动；布景——富丽堂皇。客满，场场客满；订座，迅速订座。"《野玫瑰》的风头，只有郭沫若的《屈原》可以与之相比。

话剧成功之后，它的编剧就成了明星。国民党中央宣传部长在重庆宴请陈铨，联大的两位校长蒋梦麟、梅贻琦陪宴。几个国民党的高级将领，也争相接见陈铨，那些达官贵人，成了中华民国时期的粉丝，他们是21世纪初叶娱乐至死粉丝们的先祖。甚至，生死攸关的政治，都在艺术面前黯然失色，共产党的领导人周恩来邓颖超夫妇也来到剧场，观看《野玫瑰》的疯狂。

1942年4月，教育部颁发了年度学术奖。华罗庚的《堆垒素数论》和冯友兰的《新理学》获一等奖；金岳霖的《论道》和刘开渠的雕塑获二等奖；在三等奖的荣誉榜上，《野玫瑰》和曹禺的话剧《北京人》、常书鸿的《油画》并列一起。

二十多年后，陈铨教授彻底消除了艺术的风光，他在"文化大革命"中以一个反派角色的身份交代了《野玫瑰》出笼的过程：

> 1941年我在昆明西南联大写第二本反动戏剧《野玫瑰》，那时我担任联大学生剧团的名誉团长，先后上演《祖国》和《黄鹤楼》

两剧，但是《黄鹤楼》人物太多，服装布景道具太花钱。他们要我再写一个人物较少、布景简单的剧本。我想人物布景既然简单，内容必然要富于刺激性，才能抓住观众。我早知道当时军事间谍剧本，如像《黑字二十八》《这不过是春天》《女间谍》《反间谍》《夜光杯》都非常受人欢迎。并且我当时戏剧方面，还没有地位。我决心写一个军事间谍剧本。为着要把它写好，我从图书馆借了几本英文间谍故事来仔细研究。头一幕写完，北大数学系教授申有谌看，他说"太像李健吾的《这不过是春天》"。我知道要失败，放弃不写了。正好这个时候，昆明传遍了汉奸王克敏的女儿，逃到香港，登报脱离父女关系的故事。我认为这是一个戏剧的好材料。我立刻写了一个短篇小说《花瓶》，登在《中央日报》副刊（那时是封凤子主编）。隔些时候，我根据这篇小说写《野玫瑰》（我还记得写《花瓶》时，我还请教过清华大学电机系教授孟昭英，花瓶里面放收音机是不是可能，他是无线电专家，他说是可能的，所以后来我写入《野玫瑰》）。

"文化大革命"，是中国不堪回首的一段历史，清华大学，乃至西南联大，都没有一个智者预见到这段悲剧，会埋伏在一个国家的路上，剪径他们。陈铨在写这个交代材料的时候，内心充满了痛苦和悲伤，但那些深入骨髓的痛苦和悲伤，外人没有感受，只有陈铨和上帝知道。陈铨听见了上帝悲悯的声音，你是无罪的羔羊，但前方已经有恶魔举起了屠刀！

由于政治的斗争，《野玫瑰》上演之后的鲜花凋谢了，剧作家收获了"法西斯""专制政权的帮凶""炮制汉奸理论"等批评和指责。尤其是1941年1月"皖南事变"之后，《野玫瑰》更是被部分文人强烈攻击和激烈批判，国民党政府在强大的压力面前，撤销了对《野玫瑰》的嘉奖。

六十年之后，台湾导演李安导演了一部名为《色戒》的电影。《色戒》的故事内容，总让我联想起陈铨和他西南联大时期的话剧《野玫瑰》。谍战与爱情，抗日战争背景，汉奸与情报，上演之后的巨大争议，是李安和陈铨作品中共同的血缘。只是，陈铨是艺术上的前辈和先驱，李安的电影《色戒》，在历史的观照下具有了一种转世投胎的想象。

在政治、政党的斗争中,由中共地下党发起组织了一个团队,把根据鲁迅小说《阿Q正传》改编的话剧搬上了舞台。田汉编剧的《阿Q正传》在国民党云南省党部的礼堂首演,一连演出十五场。《阿Q正传》被当成联大话剧舞台上最成功的作品,它不仅演出阵营强大,而且所有的演员都全力投入。"废寝忘食"这个成语,非常恰当地概括了当时的演出状态。一位女同学,为了扮演好尼姑这个角色,毫不犹豫地把自己一头漂亮的头发剪掉了。扮演主角的黄辉实,在《联大戏剧研究社和〈阿Q正传〉的演出》一书中说:

> 在演出时,四十多个演员没有一个迟到的……每天下妆都在午夜十二点以后。夜点也都是同学自己掏腰包的……小D在演出的第二天就打摆子,他仍然坚持,后来,竟在演出中把"摆子鬼"赶跑了。我演阿Q在体力上是相当辛苦的,每晚头上要挨赵秀才一竹杠,假洋鬼子一手杖,偷萝卜的一场还要翻过一堵墙,最后在监狱里还要让二虎骑在身上打一顿。尤其是挨赵秀才这一竹杠最难,因为即使打得再重,也不响,台下听不见……翻墙是最吃力的,常常从墙上摔在后台,再加上连续熬夜,有一次竟然吐了一口血。

这些真实的记载,让观众了解到演员风光背后的辛苦和付出,这些没有回报毫无功利的公益活动,折射了西南联大作为一所战时大学的活力,表现了联大学生的一种精神。

精神,这两个朴素的汉字,在某一个特定的场合,体现了一种悲壮和哀痛。联大学生汤一雄在演出话剧《夜光杯》的时候,突然阑尾炎发作,剧烈的疼痛化作豆大的汗珠从额头上滚落。但是演出已经开始,已经不可能找到替换他的演员。汤一雄咬紧牙关,忍受剧痛折磨,连续坚持了几场演出,最后昏倒在后台。同学们把他抬到医院,然而为时已晚,汤一雄将他年轻的生命永远定格在了舞台上。汤用彤教授失去了亲爱的儿子,他的悲伤痛入骨髓。在汤一雄隆重的追悼会上,这个用《汉魏两晋南北朝佛教史》奠定了自己中国佛教史权威地位的杰出学者,心中默默地为儿子中共地下党员的身份欣慰。一心钻研学问,自觉与政治保持距离的汤用彤,突然对那些进步学生充满了理解与同情。

抗日战争胜利了，在全国人民的欢庆中，北大、清华、南开三校北返，西南联大的舞台戏剧终止于1945年这个历史的转折点上，但是，话剧的戏剧性仍在延续、发展。我在2013年南京大学的舞台上看到了它的影子。一台名为《蒋公的面子》的话剧，出自该校在读学生温方伊的学年论文。这台让许多知识分子关注，一年之内上演了一百三十场，创造了近千万元票房的普通话剧，这台被网民称为二流编剧、三流表演的话剧，没有名演员，没有名导演，只有区区五万元的投资，却在平淡的中国话剧舞台上引爆了一颗威力巨大的精神炸弹。《人民文学》杂志在刊发剧本《蒋公的面子》时，有一段准确的评价文字："学问家遇到了窘事，选择上陷入了困局，盖因颜面体统。国学与国事、教授与校长、爱书与自爱，那赴宴之有无、这牌打得成还是打不成……缘于时世都构成了戏剧冲突。喜剧的质素仿佛一面哈哈镜，关于面子的纠结，折射的却是对知羞脸红的素质与人格底线的追究。"

《蒋公的面子》导演、南京大学文学院教授吕效平先生总结了一条艺术经验，他认为，全世界一流的戏剧没有一个不是在表达道德困境的。"《蒋公的面子》归根到底还是表达'五四'启蒙运动，新文化运动提倡的，但后来被颠倒的价值观，即个人主义。在权力面前个人对自我尊严的维护，把个人的脸面放在跟国家脸面同等的地位上，这也是现代化的核心所在。只有当个人权利是至高无上时，才会有整个社会的现代化。"

《蒋公的面子》其中的一个背景是1943年冬天的重庆，它同西南联大学生话剧团同一个时代。1943年冬大的重庆和蒋公，相隔了七十多年才化身艺术的形象出现在南京和北京、上海的舞台上。我出生也晚，没有亲临过抗战的现场，也没有到过西南联大的校园，但我相信，南京大学文学院戏剧影视艺术系2009级学生温方伊，是历史的转世灵童，《蒋公的面子》，让我们看到了民国知识分子带着鲜血的胞衣。

九

汤用彤因病失去了儿子和女儿，萧涤非因家贫而将孩子送人。骨肉离散让战争中的联大知识分子们，遭受到了生命的凌迟之痛。

抗战时期的萧涤非，任联大师范学院副教授。为了一家人的生活，萧涤非先后到中法大学、昆华中学、天祥中学兼课，但是依然无法维持一家人的衣食，在一个自然生育的时代，萧涤非的第三个孩子在昆明呱呱坠地。一个生命问世之后，萧涤非脸上看不见半点笑容。妻子产后无乳，萧涤非无法找到维持一个生命成长的代用食品。孩子肌瘦的面容和日渐微弱的哭声和挣扎，终于让父母动了恻隐之心，与其在父母怀中饿死，不如送给别人留一条生命。在断肠的悲愁中，萧涤非用一首五律《早断》为骨肉送行："好去娇儿女，休牵父母心。啼时声莫大，逗者笑宜深。赤县方流血，苍天不雨金。修江与灵谷，是尔旧山林。"

《早断》中的"修江"这个名词与我有一种天然的亲近感。修江发源于陈寅恪先生故乡幕阜山，最终注入长江，它是鄱阳湖的五大水系之一。由于乡土的缘故，我每年都要回到义宁亲近这条生命的河流。萧涤非是江西人，但他的家乡却是历史上那个才子辈出的临川，他与修江并无血缘的关联。在诗中，萧涤非用了一个真实而又模糊的地名为孩子的命运指路，不管流落在何方，他的骨肉总会记得血脉的方向。

朱自清教授是最早读到这首断肠诗的人之一，一个抒情散文家被这首只有八行的诗感动了，他把这首让他心酸的诗推荐到重庆的《饮河诗刊》发表。

萧涤非家贫送子的悲剧在抗战时期的昆明并不是个案和偶然。1943年12月28日，昆明《朝报》上刊有一则启事：

> 欲领子女者鉴：某尹夫妇服务于教育文化机关，因无力俯畜，愿将行分娩之婴孩儿（约明春分娩）无条件赠送予人。凡家身清白，有抚养及教育能力尚无儿女，意欲领为螟蛉者，请投函……面洽。

这对无奈送子的夫妇虽然没有留下名字，但是他们服务于教育文化机关的公务员身份，却是战时生活困苦民不聊生的人伦悲剧的见证。

"物价一日三跳，有如脱缰的野马。"这是蒋梦麟对战时昆明物价上涨速度的形象描述。抗战时期在沦陷区上海行医的名医陈存仁，用最具体的数据，准确地记录了物价涨幅的惊心动魄：

> 一种就是最不值钱的油炸烩（油条），每一条要卖到二千元，后来涨到五千元，再后来涨到一万元。还有一样东西，就是买一盒火柴，要一万元，什么纸币我已记不清楚，我却算了一算，究竟一根火柴要值多少钱，拿凤凰牌（最有名的一种）来说，我叫学生细细点一下，一盒火柴大致七十根，用一万元计算，就是一根要值到一百三十三元。
>
> 从前银元的市价，几天一变，渐渐地成为一日一变，更进一步，成为早晚市价不同，总是涨，涨！币值总是跌，跌，跌！

在疯狂的物价上涨中，陈寅恪教授写了一首有感而发的诗，赠给吴宓："淮南米价惊心问，中统钱钞入手空。念昔伤时无可说，剩将诗句记飘蓬。"

有一天，化学系二级学生吴大观上化学实验课。火柴，是学生做化学实验必备的物质。三个学生一组，火柴盒里只有三根火柴，每人一根。做完了试验，吴大观随手把空火柴盒一扔，只将借用的试验仪器归还。当保管员问他那个火柴盒时，吴大观不以为然地说扔了。第二天下午，化学系主任杨石先教授把吴大观找去，吴大观进办公室时，第一眼就看到他昨天扔掉的那个空火柴盒，他知道坏事了。果然，杨教授怒骂起来："这是什么岁月，你竟敢把火柴盒扔掉，你要大爷脾气，我就停止你的化学实验！"吴大观突然知道自己错了，唯唯诺诺，战战兢兢。不过，从此以后他知道了战时一只空火柴盒的珍贵。

联大的教授们，原先都住在昆明城里，后来为了躲避敌机轰炸，就纷纷迁往郊外。这些敬业的书生们，在住所到课堂的距离中，用脚步丈量出了生存的艰辛。

住在岗头村的物理学教授吴大猷，有一天搭乘一辆两个轮子的马车去联大上课。不料路上马受了惊吓，暴跳起来，把吴大猷摔到了路旁。吴大猷后脑受伤昏迷，卧床一个多月。吴大猷伤愈，妻子阮冠世却病倒了。由于缺医少食，阮冠世病情日愈沉重，医生上门看过，也束手无策，以至联大派人上门，准备料理后事。幸好这个命大的女人苦苦挣扎，吴大猷便借了一辆牛车，把妻子送到了远离岗头村的西山车家壁的惠滇医院，住了两个月，把她从鬼门关上挽救了回来。

在死神面前，阮冠世是幸运的。然而有的生命却没有这样的运气。研究人类文化学的陶云逵教授带领几个助手去大理作人类学调查期间，孩子突然染上了当地人称为"大热病"的恶疾，一夜之间就离开了人世。陶云逵回到昆明，却再也看不到儿子可爱的笑容。更为悲惨的是，陶云逵在贫困中也被"回归热"病击倒了，挣扎了数月之后，最后以四十一岁的年华离世。

不久之后，一个在滇池捕鱼的渔民救起了一个投湖自杀的女人。在医院抢救的时候，大家发现了女子口袋里的遗书，原来，这个衣衫褴褛、神情憔悴的女人，却是西南联大著名教授陶云逵的妻子林亭玉。这个不幸的女人，遭受不起失子丧夫的双重打击，在经济贫困生活无望的压力之下，狠心撇下才出生两个月的孩子，去追随丈夫。这样的人世惨象，令人落泪。陶云逵的生前好友罗常培、冯文潜、黄钰生、郑昕等联大教授，发起募捐，凑得了一笔路费和生活费，将林亭玉和襁褓中的孩子送回了广东阳江县的娘家。

外国文学系教授吴达元是个认真而严厉的老师。最让学生们印象深刻的并不是他的课堂风度，而是他的不幸和坚强。吴达元的妻子去世之后，两个年幼的孩子无人照看。他便把孩子带到教室门口，让他们玩耍，自己则为学生上课。每次警报响起，吴达元便抱起两个孩子，往郊外跑去。

梅贻琦的五弟梅贻宝，时在成都燕京大学代理校长，听人说大哥生活贫困，嫂子隐藏校长夫人身份卖"定胜糕"维持家庭生活，半信半疑。那一次，梅贻宝去美国参加学术会议。从昆明出境，在梅贻琦家下榻了一宿。晚饭十分简单，还见侄子梅祖彦闷闷不乐，似有心事，问起大哥，才知前两天跑警报，梅祖彦把眼镜丢了，家里无钱再配眼镜，没有了眼镜，祖彦便不能正常念书。此时梅贻宝才知嫂子卖"定胜糕"，并非传说。

"疏散"这个动词，是日本飞机轰炸的发明。疏散的一头是昆明城里，另外一头则是郊区。从城里到郊区，那些重复、单调的长路，不知磨破了联大教授们多少双布鞋。

王力教授费了好大劲才在东北郊龙泉镇龙头村租到一间关猪牛的房子。人畜共居的房屋结构是当时昆明农民的习惯，房子的上层住人，下层关着家畜。这种不适合人居的屋子让王力和妻子夏蔚霞很不习惯，猪牛粪遍地，臭味熏天，令人作呕。但是比起日机轰炸下的死亡威胁来，这一切都是可以忍受的。度过了适应期之后，王力教授就乐观了一回，他写了一副对联，贴在大门两边。每次进门，他总要念一遍："闲招白云鹤千里，静读黄庭香一炉。"再自言自语地说一声："君子居之，何陋之有？"

王力进城的时候，手里提着个书袋，不紧不慢地用脚步丈量着龙头村至昆明的十多公里寂寞长路。到达联大之后，住一个晚上。第二天早晨上课，下午再慢悠悠地转回龙头村。

那一天王力教授进城上课去了，妻子突然临产了。情急之下，夏蔚霞央人请来了冯友兰教授的夫人任载坤。那天晚上，冯夫人抱着产妇坐了一夜，第二天孩子才呱呱落地。

住到郊区，还有一点小小不习惯的是没有电。教授们开始点煤油灯，但是煤油太贵，就改点菜油灯。菜油灯亮度不够，王力在灯下为报刊写稿极为不便，于是，写作之时，便每每怀念昆明的电灯。后来，王力发现，他住的屋子距离电线杆只有五十米，用二百多码的电线，就可以将电源引到屋里。王力心动了，他计算了安装电灯的费用，竟然是他房租的百倍。王力思考了多日，终于下了决心，预支了几个月的薪水，将一片光明引进了牛屋。那天晚上，王力教授在电灯底下又蹦又跳，欢喜得如同小孩。

王力教授租住的牛屋，虽然破旧，气味难闻，但毕竟只用作人居，而数学家华罗庚教授住的牛屋，则是真正的人畜共居。那段时间，正是华罗庚写作《堆垒素数论》和《数论导引》的关键时候，每天晚上，他窝在牛棚上层，一灯如豆，而下层呢，则是牛在啃草反刍，还不时在柱子上擦痒，每当这时，牛棚便呻吟摇晃，危楼欲倒。

因为没有钱送妻子去医院分娩。华罗庚的一个孩子就在这所蚊虫飞舞、虱蚤猖獗的牛棚里诞生。望着这个苦命的孩子，囊空如洗的华罗庚幽默地说，我的钱都花光了，这孩子就叫华光吧。

蜗居在牛棚里的华罗庚，正在写作中的《堆垒素数论》就是他的生命和骨肉。有一天，妻子吴筱元得到了两个鸡蛋，华罗庚让她把鸡蛋煮熟分成五份，把自己的一份吃了。妻子望着剩下的四瓣鸡蛋，突然泪如雨下。华罗庚安慰她说，别伤心了，等我的《堆垒素数论》出版后，就去割几斤肉，全家人美美地吃一顿。要是有剩钱，就给孩子们添几件新衣服，然后再买两包烟吧，真想抽支烟啊……

华罗庚费尽两年心血，终于在1942年底完成了三十万字的《堆垒素数论》。为了尽快兑现割肉买衣抽烟的愿望，他迅速将书稿寄给了重庆的中央研究院。华罗庚在漫漫的时光中没有看到猪肉和孩子的新衣服，也没有换来自己盼望的香烟，半年之后，他得到了一个手稿已经遗失的噩耗，坚强的华罗庚被击倒了！

后来，华罗庚挣扎着爬起来了，他重新站立，开始了《数论导引》的写作。就身体来说，华罗庚不是一个健全的人，但在精神的领域，他却是一个钢铁战士。1944年，他再一次完成了《堆垒素数论》，并由苏联国家科学院出版，这部著作让一个三十五岁的数学新星冉冉升起。

社会学家费孝通疏散后的住所和王力、华罗庚的住所大同小异。费孝通租住了呈贡古城李保长的一间厢房，厢房下面一半是厨房，一半是猪圈，炊烟和猪粪气味从楼板的缝隙中袅袅升起，却没有诗情画意。费孝通没有什么好抱怨的，唯一让他头疼的是妻子怀孕了，房东却不许他的孩子在这里出世。房东的决绝让费孝通知道了当地的风俗，如果别人家孩子的血光冲了自己的住宅，则自己的子子孙孙将会遭殃！

抗战时期的科学，是无法同民俗乡风抗衡的。费孝通求助卫生院，不料卫生院设在文庙里，文庙是圣地，更不能容留产妇。最后，费孝通用五元钱一天的代价，在县城租了一间没有窗户的黑屋，终于让孩子出生在一个暗无天日的世界中。

汤用彤失子，萧涤非送子，骨肉分离的疼痛是人间最恐怖的凌迟。我从小受过的教育中，有过送子的悲伤，但悲剧的对象都是乡间的农民或城镇的贫民。大学教授与骨肉分离，于我是第一次听闻。抗战时期西南联大知识分子身边的丧子送子悲剧，疼痛了一个时代，它至今还在阴雨天里呻吟作响。

四十年后，华罗庚揭开了那道贫困的伤疤。他在回忆文章中写道："当时有句话叫'教授教授，越教越瘦。记得有这么个故事：教授在前面走，要饭的在后面跟，跟了一条街后，前面那个教授实在没有钱，回头说：'我是教授！'那个要饭的听了就跑掉了，因为连他们也知道，教授身上是没有钱的。"

四十年后,王力教授重返昆明。在当年的牛棚遗址前,他写下了《缅怀西南联合大学》一诗:"卢沟变后始南迁,三校联肩共八年。饮水曲肱成学业,盖茅筑室作经筵。熊熊火炬穷阴夜,耿耿银河欲曙天。此是光辉史一页,应叫青史有专篇。"

十

在西南联大的历史上,胡适是一个从未踏上过讲台的人,但是,胡适却始终认为自己是西南联大的一个成员。

除了出身北大和知识分子的情感因素之外,胡适自认为联大人是有根据的。西南联大成立之时,国民政府任命胡适为西南联大文学院院长,只是由于蒋介石有意让胡适做驻美大使,胡适才离开祖国去了遥远的太平洋彼岸,他的联大文学院院长职务,由冯友兰取而代之。即使是在驻美大使这个重要的职位上,胡适仍然表达了他对联大的依恋。他认为在驻美大使位置上不叫从政,只能算作暂时征调。国家有外患的时候,作为公民,为国家分担责任应该在所不辞。如此心态的驻外大使胡适毫无掩饰地表达了他的联大情结。

其实,胡适同西南联大的骨肉联系早在"七七事变"之后蒋介石主持的庐山谈话会就开始了。在那个决定西南联大命运的重要会议上,胡适提出了战时教育的四项主张。关于战时教育应是常态教育的建议,直接让政府做出了建立西南联合大学、西北联合大学和东南联合大学的决定,避免了大学教育的改变和训练班形式。第二条是救济天才,防止造假的尊重同等学历主张。大学独立,是胡适建议的第三条。胡适对大学独立的解释是,政党退出大学,大学里不能有政党活动;政府官员不能做大学校长或者大学的董事,防止官员利用职权干涉校政。第四条内容是禁止无知疆吏干涉教育,比如在中小学提倡读经之类。

全面抗战之前的1932年,掌管了国民党组织大权的陈果夫以国家需要人力为借口,建议停办大学的所有文学院和法学院,企图把学生引向实用学科。但是,陈果夫扼杀自由主义的计划遭到了大学教授和学生们的激烈反对,他们维护学术独立的坚定信仰让教育部统一课程设置的企图破灭。在强大的学潮面前，教育部甚至丧失了任命大学校长的权力，任凭北大和清华的教授和学生们挑选自己认可的人出任校长。

全面抗战开始，陈果夫的弟弟陈立夫被任命为教育部长，大学中的自由主义知识分子们同政府的对立加剧了。陈立夫认为，战况紧张，国家困苦，大学必然更加依赖中央的经济支持，而这正好有利于政府加强对全国高等教育体制的有效控制。国民党中央组织部更是认为，战乱时期是国家统一教师资格、统一毕业考试、统一课程设置及统一教材的千载良机。

我在易社强的《战争与革命中的西南联大》一书中看到了西南联大教授们成为反对派的情景。朱自清、潘光旦、钱端升、金岳霖等教授纷纷表达了他们反对的声音。清华大学校长梅贻琦更是大声疾呼，高等教育"重心所寄应在通而不在专"，他敬告蒋介石和陈立夫，教育部的做法是引火烧身，树立对立面，强烈要求政府允许大学有"回旋之自由"。

"党化教育"这个名词，就是陈立夫领导下的教育部的发明，更是陈立夫迎合蒋介石的一个举措。由于蒋介石把孙中山的思想规定为教育的最高准则，陈立夫便下令增设了一门三民主义的必修课。为了不让教授和学生反感，这门课开始不计学分，但到了1941年，教育部便面目暴露，规定这门课享有四个学分，且必须修习一年。

联大的自由知识分子们洞若观火，一眼就看穿了教育部改变课程为学生洗脑的企图。国民党党员、法商学院教授钱端升首先提出批评，认为特别开设这门课纯属多此一举，违背了大学学术自由的理念。

在反对党化，维护学术自由的原则上，联大学生也表现出了尖锐直率的锋芒。联大经济系学生马灿华在钱端升主编的《今日评论》上发表观点鲜明的文章，认为所有真正的思想都是从怀疑中产生的，即使三民主义是绝对正确的真理，也必须在思想的市场上自我证明。钱端升随后以主编的身份表态说："我们对思想问题向来主张自由，向来主张容人怀疑；但对于三民主义，探求应是第一着，怀疑应用第二着。无论如何，怀疑总应在许可之列的。"

三民主义这门课最终在教育部的压力下开设了，但除了三青团成员，几乎没有学生愿意走进三民主义的课堂。有些忠诚的三青团员，也对这门课表现出冷漠和轻视。联大亦我行我素，从未遵守过只有通过这门课才能毕业的教育部规定，而是自行授予学分。有些教授只要求学生定期上交摘抄文字，敷衍了事的所谓读书报告。

在三民主义课之外，联大还在1942年秋天之后开设了一门伦理课，这门在蒋介石的指令下增加的必修课，被批评者讽刺为"阐释先哲嘉言懿行，暨伦理道德多种方面，用以砥砺学生德行，转移风气"。这门由名教授冯友兰讲授，有两个学分的课程，开始还有些听众，但后来上课人数逐渐减少，1945年秋天终于从课程表上消失了。

这些政治性极强的灌输式课程，不仅学生厌烦，联大校方也消极对待。1944年春天，联大被迫举行总理纪念周活动。校方把纪念活动安排在学生午餐的十一点钟举行。政治的专制敌不过学生们辘辘的饥肠，会场上人影稀少，屈指可数，而学校领导视而不见，听之任之。

谢泳先生在研究西南联大与中国现代知识分子命运时，有一个非常准确的概括，他认为抗战时期的大学教授，人数有限，无法形成一个阶级或阶层，只能视作一个经济上相对有保障、政治上有追求、专业上有固定方向的知识分子群体。大学教授最能独立表达自己的思想，很少受制于党派利益制约。谢泳先生列举了曾任上海光华大学文学院院长的张东荪对政治的反感态度。对于每次校务会上恭读总理遗嘱的仪式，张东荪极为反感，终于有一次他无法忍受，摔门而去，公开表示："下次再读遗嘱，我就不来了！"

陈立夫这个国民政府的教育部长，注定要以一个耻辱者的形象留在中国的教育史上。1939年后，教育部出台了一个规定，凡是联大担任院长以上的人，都必须是国民党员。联大的教授们，以一种不以为然的心态，冷淡对待这个规定。七十多年后，我翻开民国发黄的故纸，依然听到了联大法商学院院长陈序经教授愤怒的声音。陈序经说："如果一定要我参加国民党，我就不做这个院长！"

为了强化党化教育，教育部长陈立夫1939年12月出现在了昆明。在云南的十二天里，辛劳的陈立夫作了三十五场演讲。在联大的那场演讲中，教育部长遇到了前所未有的尴尬。陈立夫演讲的时候，学校关闭大门，让听众无处可逃。当陈立夫讲到联大学生要为党为国为将来而学习而奋斗时，台下的学生们突然挥动拳头高呼口号："坚持抗战到底！""民族至上，国家至上！"

在以学术为生命的自由知识分子们看来，政治，是政党和政府强加给他们的一道枷锁，是他们无法接受的强权。张奚若教授参加国民参政会的时候，直言不讳地批评国民党的腐败和蒋介石的独裁。蒋介石无法忍受，打断了他的发言，说："欢迎提意见，但别太刻薄。"张奚若勃然大怒，拂袖而去。国家领袖错愕不已，满脸尴尬。不过，下一次国民参政会的时候，张奚若教授依然收到了通知，但教授却不再买账，他回了一个电报："无政可参，路费退回。"从此以后，国民政府的参政会上，再也见不到张奚若教授的身影了。

谢泳先生在分析20世纪40年代西南联大知识分子的精神状态时，总结了三条原因：第一，政治上的严酷并没有到不准民间报刊生存的地步；第二，大学教授在经济上相对有保障；第三，大学教授有迁徙的自由、择业的自由、选择加入任何一个党派的自由、在政治上有阐述自己观点的自由。

西南联大作为民主堡垒的原因，与它们生存的地域环境亦有相当重要的关联。联大的校园，总有一根无形的线与一个强人相连。"云南王"，是一个强势的彝族男人在西南的敬称或畏称，但是，在支持教育、尊重知识分子的尊严上，云南省主席龙云却体现了民主、宽容的一面，他没有让联大的教授们感到"云南王"的专制和杀戮之气。

在龙云的认识中，西南联大的教授是中国第一流的人才，他用敬佩的口气对儿子说，西南联大建立，现在全国最出色的人才在我们的城市生活。因此，当学校和教授们的居住面临困难的时候，他毫不犹豫地将自己的一栋楼房改造，租给联大的教授们，仅收一点象征性的租金。北大校长蒋梦麟，一家居住在龙云改造过的房屋里，他没有丝毫寄人篱下的感觉。

龙云和蒋梦麟、梅贻琦建立了良好的私人关系，并展开了同西南联大的合作。他邀请教授们到军营演讲，当他得知联大教授们生活困难时，立即送来大米，捐赠冬衣。他在昆明设立了奖学金，为西南联大和其他高校的五百名学生带来了激励。当联大的自由主义思潮触及执政党的利益，戴笠的秘密警察在昆明抓捕学生时，他旗帜鲜明地反对和阻止。对于联大教授和学生们批评重庆中央政府的声音，他认为这是言论自由。

一个地方的统治者，一个靠军队和武力维持地方平安和建设的云南土著，龙云却喜欢和联大的教授们交往，他对蒋梦麟、梅贻琦和联大的教授们表现出内心的尊敬，龙云的省市机关和一些机构的墙上，挂满了联大著名学者们的名字。

当然也有反对的声音，但龙云却以一种出人意料的手段化解谣言，平息不满。龙云从部下那里听到了西南联大学生对他的毁谤，称他是专制的军阀，是中国的头号鸦片商人，说他勾结汪精卫，称他与日本私订了秘密协议，换来了日军没有侵犯云南的交易。

愤怒的龙云便召开高层委员会，讨论这些指控。大家一致认为要逮捕那些捣乱的学生，不料龙云连连否定，他不赞成武力。

几天之后，西南联大有四十多个学生收到了省主席龙云办公室的邀请函，当他们跟随警察来到龙云官邸的时候，他们首先看到了坐在沙发上的龙云、蒋梦麟和梅贻琦。这些对龙云不满的学生首先想到了鸿门宴，他们胆战心惊，他们以为会见之后便是他们的末日了。谁知当他们坐下之后，龙云主席拿出了一叠告状信，分别发还给它们的主人。龙主席说："你们这些孩子，相信民主，联大被誉为民主堡垒，民主的一部分就是保护他人的权利和名誉。恕我直言，谁愿意读读自己的控告信？"

接下来龙云处理学生控告信的紧张情节，易社强先生在《战争与革命中的西南联大》一书中有如下描述：

> 有几个人认为自己无论如何都难逃一死，就勇敢地遵从了。他们当中最严重的指控是，龙云与蒋梦麟有一笔秘密交易。龙云说："你们指控我有叛国罪，是从哪里得到这个消息的？"学生回答，是听来的。龙云问："道听途说就是证据？你们太鲁莽了，年轻人应该在批评中锻炼民主，"当然，龙云承认，"我们这里是比较落后，这部分是地理环境造成的。我们的学校也没有别处发达。我们并不像贵校那样幸运，拥有一大批教育工作者。现在我们应该齐心协力，相互学习。把信拿回去，随你们自己处置，但以后一定要核查信息是否属实。"

会见到此结束，学生们仍然好端端的。他们感到如释重负，大声哭起来，并跑上去握着龙云的手向他道歉。在一片混乱中，有几位也握着蒋梦麟和梅贻琦的手，他们看起来一样吃惊，继而放下心来。

一个大权在握的省主席的宽容大度，不仅让在场的学生们感动，也让七十多年后不在现场的我感动。这样的话和这样的情节不是如今的我们用"伪善"这个词可以轻易注释的。

离开龙云官邸的学生们，突然想起了龙云的一件事。曾经，他们在联大的校园里看到过一辆高级轿车，车里坐着一个女学生，学生们打听到了坐在车里的女学生是龙云的大儿媳。一贫如洗的穷学生们本就痛恨当地富豪，他们立即对这个特殊的联大学生不满起来，几个学生慢慢走在前头，故意不给汽车让路。最后，司机把车停在路边，去商店里买香烟，学生们趁机把汽车的轮胎划破了。

这个事件的结果同样让学生们感到了意外。龙云知道了事情的经过，不仅没有追查学生的行为，反而立即禁止了儿媳乘车上学的特殊待遇。

这些发生在昆明和西南联大校园里的公共事件，让联大的每一个教授和学生成为了旁观者和知情者。这些彰显公义、尊严的情节体现了一所大学的精神，所以，西南联大的教授们，走进课堂的时候，总会油然产生独立精神自由思想的信念。学术的圣坛不是体育的竞技场，特殊的身体条件和强壮者拥有突破限制的权利，每一个教授的面前，都横亘着一条导电的红线。即使高贵如校长者，他的前面也有不可触及的雷池。在龙云的官邸里见证了权力软化，自由和人权得到尊重的西南联大常委、北京大学校长蒋梦麟，也在制度面前低下了高昂的头颅。

事件的起因源于宋子文、翁文灏在1945年5月31日国民党一中全会上当选为行政院正副院长。在组阁的时候，行政院秘书长这个官位圈定了与宋子文、翁文灏私人关系密切且同为留美派系的北京大学校长蒋梦麟。

曾经担任过孙中山秘书、教育部长的蒋梦麟，经不起老婆的煽动和官场的诱惑，欣然同意入阁。

此时的蒋梦麟，正在太平洋彼岸的美国考察教育并为即将抗战胜利复员的北大采购教学仪器图书，物色新的教学人才。当入阁的主意打定之后，蒋梦麟便淡化了他的赴美使命。最致命的是，已决定放弃北大转而成为政府官僚的他忘记了《大学组织法》中大学校长不得兼任政府其他官职的戒律。回国之后，他在重庆给北大秘书长郑天挺写了一封信，告知了自己出任行政院秘书长的决定，表示自己"仍可兼任北大校长。西南联大常委事拟请周炳琳先生代理，北大事务拟请你偏劳"。

蒋梦麟的信件点燃了联大教授的不满和愤怒。被蒋梦麟委以联大常委重托的法学院院长周炳琳直言不讳，批评蒋梦麟见利忘义，并用浑账、王八蛋之类的街巷语言怒骂。得到蒋梦麟信任的郑天挺教授持相同观点，他对周炳琳说："果有此事，未免辱人太甚，不惟（蒋梦麟）个人之耻，抑亦学校之耻。"又说："（梦麟）师果允之，则一生在教育界之地位全无遗矣！"

郑天挺、周炳琳的话，让我想起了明末清初学者顾炎武在《廉耻》中说的话："博学于文，行己有耻。""士大夫无耻，是谓国耻。"联大教授们对蒋梦麟此时的评价，延续了顾炎武的廉耻观，成为一个人节操的衡量标尺。

蒋梦麟的选择，让西南联大的教授们无法理解。大家决定请与蒋梦麟有着公私交情的中央研究院历史语言研究所所长傅斯年出面游说，期望蒋梦麟回心转意。

不料，傅斯年在蒋梦麟的石壁面前碰破了鼻子，蒋梦麟在行政院秘书长的职务诱惑下，成了吃了秤砣的王八，没有任何力量可以使他回头。心情不爽的傅斯年给胡适写信抱怨说："我为这事，曾和孟邻（梦麟）先生谈过好多次，他总是说，联大局面之下无办法，一切待将来。"

联大教授们的愤慨，终于演变成了北大教授会上的集体意见，既然蒋校长要到政府做高官，就必须按照《大学组织法》的规定，主动辞去北大校长的职务。教授们还建议，请胡适回来，执事北大。

在重重压力之下，蒋梦麟终于做出了主动辞去北大校长职务的选择。1945年8月7日，蒋梦麟从重庆返回昆明，在教师大会上，他坦诚地检讨自己违反了《大学组织法》，并决定辞去北大校长职务。

这是蒋梦麟在北京大学的谢幕，他与北大的缘分，终结于行政院秘书长的权力面前。

蒋梦麟在西南联大的谢幕，是另一出大戏的启幕。九天之后，教育部长朱家骅传达蒋介石的旨意，拟任命傅斯年为国立北京大学校长。傅斯年没有任何犹豫，立即上书蒋介石，以病体不支坚辞，并郑重其事地推荐胡适出任这个职务。傅斯年说："适之先生经师人师，士林所宗，在国内既负盛名，在英美则声誉之隆，尤为前所未有。今如以为北京大学校长，不特校内仰感俯顺舆情之美，即全国教育界，亦必以为清时佳话而欢欣。在我盟邦，更感兴奋，将以为政府选贤任能者如此，乃中国政府走上新方向之证明。"

傅斯年的肺腑之言，深深打动了蒋介石。当即任命胡适为国立北京大学校长，在胡适未回国就职之前，由傅斯年代理校长职务。

胡适是一个清醒的人，八年之后，他仍然没有忘记决定中国战时教育命运的庐山谈话会，更没有忘记自己在会上的慷慨陈词。两年之后，胡适也遇到了蒋梦麟同样的难题，他遭遇了权力的严峻考验。

胡适接任北京大学校长之后的1947年1月，蒋介石决定让胡适出任国府委员兼"考试院"院长，他约中央研究院史语所所长傅斯年吃饭，征求傅斯年的看法。傅斯年当即表示，北京大学影响大，不容易找到适合当校长的人选。蒋介石作为一个大权在握的国家领袖，并不把《大学组织法》放在眼里，以一贯的权威口气表态说："可以兼着。"

胡适得到这个消息之后，毫不犹豫地回复傅斯年。"我若做国府委员，或做了一院院长，或做了一部部长……结果是毁了我三十年养成的独立地位，而完全不能有所作为。"胡适在写给说客王世杰的信中也说："终觉得我不应该参加政府。考试院长绝不敢就，国府委员也绝不敢就。理由无他，仍是要请政府为国家留一两个独立说话的人，在紧要关头究竟有点用处。我绝不是爱惜羽毛的人，前次做外交官，此次出席国大，都可证明。……我愿意做五年或十年的北大校长，使学校有点成效，然后放手。"

对于胡适的拒绝，蒋介石并没有放在心上，他把胡适这样的文人和他麾下以服从为天职的武夫放在同一架天平上，他用一种婉转的语言和书信的形式下达了对胡适的任命："用敢重违尊意，推定先生为国府委员。倘因时间匆促，不及于发表前商得先生之同意，尚望体念时局之艰难，务请惠予谅察。"

蒋介石无论如何都没有想到，他屈尊的态度和软性的专断不仅没有让胡适感恩，反而激起了北大教授们的众怒。书生们的骨头，平时包裹在柔软的皮肤和肌肉之下，一旦皮开肉绽，它们的坚硬和不屈就会让权力感受到疼痛。

国家最高领袖的决定,首先让傅斯年"至为惊愕"。汤用彤、饶毓泰、郑天挺等教授"遽听之余,深感惶惑",他们立即致电教育部长朱家骅:"窃意北大方始复员,适之先生万不能中途离校。国府委员会为国家最高决策机关,更不宜由国立大学校长兼任委员。此事倘经实现,不惟妨碍北大前途,又与《大学组织法》不合。"胡适在原则面前丝毫也不让步,他用电文的形式再次表态:"万一命下之日,学校人心解体,不但北大蒙其害,亦甚非国家之福。"几天之后,胡适到南京参加中央博物院理事会,蒋介石设晚宴款待,谈起这个心结,他说,院长可以不做了,但以无党无派代表参加国府委员会,并说国府委员不是官,每月集会两次,不必常到会,可以兼北大事。胡适并不让步,他在蒋介石问起胡太太的时候,见机祭起撒手锏:"内人送我上飞机时说,千万不可做官,做官我们不好相见了!"

北大校长胡适拒绝出任考试院长和国府委员事件最终以蒋介石"接受谢绝"而结束。胡适通过了一介书生气节的检验,他兑现了1937年7月他在庐山谈话会上当着蒋介石、蒋梦麟、梅贻琦、张伯苓、傅斯年、王世杰等人的面郑重表述过的大学教育原则:现任官吏不得作公私立大学校长、董事长,更不得滥用政治势力以国家公款津贴所长的学校。《大学组织法》,就是胡适教育思想的一个体现。《大学组织法》,在权力的眼中,是一纸不必遵守的文字游戏,但在胡适心头,却是一道不可逾越的禁令。所以,胡适有充分的理由和资格成为西南联大的一员。所以,1946年底联大九周年校庆的时候,胡适就自豪地说了如下一段话:"我是客人,但不敢自外,因为如以九年计,也是创办人之一,且为倡组临时大学者。"

十一

当我在民国脆黄的故纸上看到西南联大教授名单的时候,昏花的眼睛突然闪亮,群星璀璨,大师云集,科幻电影中独有的情景让我目瞪口呆。

编辑于1945年的《联大八年》一书,是西南联大终结使命的纪念。这本只有十余万字的小书上的每一个汉字,都坚硬得如同石头上的雕刻。1945年的时光，为后人提供了一组朴素的数据：联大一百七十九位教授当中，九十七位留美，三十八位留欧陆，十八位留英，三位留日，二十三位未留学。三位常委，两位留美，一位未留学。五位院长，全为美国博士。二十六位系主任，除中国文学系及两位留欧陆，三位留英外，皆为留美。

通过对这份名单的分析，谢泳先生做出了如下判断：

> 在西南联大，教授治校、思想自由、学术自由、兼容并包，已成为公认的价值标准。西南联大的贡献，不仅在于她为战时及后来的中国培养了许多专业人才，更在于她的融汇东西文化的优长为中国现代化进程提供了一个范例。
>
> 西南联大知识分子群的另一个特点是虽然他们多数有留学欧美的经历，但在伦理道德层面却明显留有儒家文化的色彩，他们可以说在专业和政治结构上倾向西方，而在生活的层面上还完全是中国化的。这个特征使他们成为当时的道德楷模和精神领袖。

有一个鲜为人知的情节，可以作为谢泳先生这段评价的一个佐证。昆明通货膨胀物价飞涨的时候，来联大访问的费正清看到了精力充沛身强体壮的萧蘧教授变得难以辨认了。他像个"流浪汉，破衣破帽，浑身上下都是补丁，挂着一条领带，好多地方磨得发光，洗得发白……"钱端升教授有一天上街，他发现自己卖掉的大衣穿在别人身上。费正清知道了冯友兰教授的妻子任载坤做芝麻烧饼，卖给学生，换取生活费。

就在西南联大教授们生活陷入空前困境的时候，教育部发布训令，"非常时期国立大学主管人员及各部分主管人员支给特别办公费标准"。这是一份岗位津贴，并非针对西南联大，而是涉及所有国立大学的行政人员。教育部的雪中送炭是有理由的，因为联大担任了行政职务的教授们，只领取教授的薪水，所有的行政职务，都是教学之外的兼职义务，没有一分钱报酬。

我的人生经验在20世纪40年代的联大教授们那里遭到了重创，我以为这将是一个皆大欢喜的结局。不料，联大的二十五位院长和系主任们集体上书教育部，坚决谢绝这笔在我看来他们应该得到的补贴。冯友兰教授执笔，为后人留下了一篇高风亮节的传世佳作。

> 查常务委员会总揽校务，对内对外交际频繁，接受办公费谊属当然，惟同人等则有未便接受者。盖同人等献身教育，原以研究学术、启迪后进为天职，于教课之外兼负一部分行政责任，亦视为当然之义务，并不希冀任何权利。自北大、清华、南开独立时已各有此良好风气，五年以来联合三校于一堂，仍秉此一贯之精神，未尝或异，此未便接受特别办公费者一也。且际兹非常时期，从事教育者无不艰苦备尝，而以昆明一隅为尤甚，九儒十丐，薪水尤低于舆台，仰事俯畜，饔飧时虞其不给，徒以同尝甘苦，共体艰危，故虽啼饥号寒，尚不致因不均而滋怨。当局尊师重道，应一视同仁，统筹维持，倘只瞻顾行政人员，恐失均平之谊，且令受之者无以对同事，此未便接受特别办公费二也。准此二端，敬请常务委员会鉴其困难代向教育部辞谢并将原信录附转呈为荷。

联大常务委员会立即转呈了这封让我们感动的信，同时也让后人看到了联大所有行政人员的价值观念。"惟本校训导长、总务长及各院院长、各系主任等闻讯后以依照三校以往惯例，并为维持联大甘苦共尝之精神，此项特别办公费未便接受，函请代为辞谢。"

这个神话般的情节，让一个后辈记住了二十五位先生的名字，他们是：冯友兰、张奚若、罗常培、雷海宗、郑天挺、陈福田、李继侗、陈岱孙、吴有训、汤用彤、黄钰生、陈雪屏、孙云铸、陈序经、燕树棠、查良钊、王德荣、陶葆楷、饶毓泰、施嘉炀、李辑祥、章明涛、苏国桢、杨石先、许浈阳。

学术精英，道德楷模。联大教授们在最矮的草房里，支撑起了梅贻琦先生的名言："所谓大学者，非谓有大楼之谓也，有大师之谓也。"在大师们的培育下，从草房子里走出的两千五百二十二位联大毕业生，都成了国家的栋梁。诺贝尔物理学奖获得者杨振宁、李政道；国家最高科学技术奖得主黄昆、刘东生、叶笃正；"两弹一星"功勋奖章英雄郭永怀、陈芳允、屠守锷、王希季、邓稼先、朱光亚，他们列队走在一个民族的前头。在这个漫长的队伍中，我还看见了陈省身、许宝𬴃、华罗庚等教授的身影，在1948年中央研究院第一届选出的八十一名院士中，西南联大占了二十六名，而且，陈省身、林家翘、杨振宁、李政道还首批入选了美国国家科学院。联大师生中，有一百七十一人成了中国科学院和中国工程院院士。这些数字，是西南联大成功的最有力证明。世界著名科学史家、英国剑桥大学教授李约瑟参观联大之后说，中国有一所可以与牛津、剑桥、哈佛相媲美的大学，那就是西南联大。

有一天上午，外文系学生赵瑞蕻独自一人在教室里看书，突然有一群人推门进来，原来是算学系教授华罗庚和几位年轻助教与学生。赵瑞蕻认识其中的徐贤修和钟开来两位学生。他们见到熟人，也不打招呼，径直在离黑板最近的椅子上坐下。有个人拿起粉笔在黑板上写了几道赵瑞蕻不懂的方程式。徐贤修站起来说，你错了，看我的。他跳上讲台，在黑板上飞快地演算。徐贤修刚刚写完，华罗庚教授又站了起来，连连说错了，错了。当华罗庚拄着拐杖站到黑板前演算时，台下的学生又叫了起来，他们认为教授的答案也有问题。学生、助教和教授争吵成一团，谁也无法说服别人。最后，华罗庚打断学生说，十二点，肚子早饿了，我们先吃饭去，我来请客。

那是赵瑞蕻第一次看见学生同老师因学术问题争论不休，他没有看到学生有丝毫的让步和情面，而老师呢，也没有半点恼怒和被冒犯的感觉。

沈有鼎是联大哲学心理系的教授，但他却是1929年金岳霖在清华大学任教时的学生。赵瑞蕻经常见到他在茶馆里同学生辩论哲学问题，有时争论得面红耳赤。有一次，金岳霖参加一个逻辑学讨论会，有人在会上提到了哥德尔。金岳霖对此人了解不多，表示要去买本他的著作看看。这时沈有鼎突然打断金岳霖的话，毫不客气地说："老实说，你看不懂。"金岳霖听了，丝毫没有被冒犯的感觉，他"哦哦"了两声，坦然地说："那就算了。"这段经历被金岳霖教授的一个学生写到了书里，他认为老师是真正的名士风流，胸怀坦荡，心无芥蒂。金岳霖的另一个学生殷海光后来在台湾看到了那本书，老师的雅量，让他肃然起敬。在大陆，学生毫不客气地批评，老师虚心地接受意见，金岳霖先生的风度史无前例。

尽管物质贫乏，生活艰难，但西南联大的精神面貌，始终保持一种向上和生长的态势。那些鲜活的人物和事件，构成了一所大学优秀的学术传统。

1946年1月，联大学生王瑶研究生毕业。联大文学院中文系主任闻一多就王瑶的研究生毕业考试安排向梅贻琦校长写了一封简短朴实的信函。

月涵校长、光旦教务长先生大鉴：

中国文学部研究生王瑶申请举行毕业初试。兹定于二月十五日下午三时起在办事处举行该项初试。谨将有关事项开陈于后，即乞核定。

嘱文书科办通知，并乞嘱事务组届时照例预备茶点。至纫公谊，敬颂。

道安

闻一多　上

卅五·一·廿九

计开：

王瑶论文题《魏晋文学思潮与文人生活》。

初试范围：中国文学史、中国哲学史、中国通史。

考试人员，除中国文学系教授外，聘请汤锡予、彭仲铎、冯芝生、吴辰伯四位先生。

用现在的眼光看，闻一多教授用信函的形式取代请示显得过于简单，似有不敬，而且，将毕业初试的安排附于信函之后，似不严谨规范。但就是这样一封毫无八股和教条的信函，梅贻琦校长第二天就作了明确的批复："照办，琦，一·卅。"

在闻一多和梅贻琦简洁得如同电报的公文中，后人看到了联大的办事效率，看到了闻一多工作的严谨，看到了梅贻琦处理公务果断迅速的风格。闻一多的信函，简洁清晰，没有仰视的敬语和谀辞，梅贻琦的批复，也没有居高临下的官气。三个月后，梅贻琦在朱自清呈报的关于王瑶毕业论文考试聘请教授的公函上的批示依然是明确得惜墨如金的寥寥数语："照聘。仍备晚饭。"

抗战时期的书生们，没有官僚习气，西南联大时代的公文，没有旅行的恶习,它坐了火箭,让呈报者在最短的时间内得到最明确的答复。

此时,我想起了一个外国学者说过的一句话:"西南联大的传统,已成为中国乃至世界可继承的一宗遗产。"

十二

一个民族的苦难八年在 1945 年 8 月 15 日太阳旗的降落中结束,西南联大伟大使命的终结也在这个时刻来临。西南联大历史上最后一次结业典礼在 1946 年的"五四"纪念日那天举行,在联大图书馆前广场上,联大常委梅贻琦作了最后一次演讲。然后,全体师生来到校舍后面的小山上,树起了用世界上最坚硬的材料雕刻成的西南联大纪念碑。

血与火的八年时光,通过文学院院长冯友兰撰文、中国文学系教授闻一多篆额、中国文学系主任罗庸书丹,刻在了不朽的石头上。"千秋耻,终当雪,中兴业,须人杰,便一成三户,壮怀难折……"西南联大校歌的旋律并没有因为三校北返而消失,它的精神一直萦绕在师生的心里。联大文学院外国语文学系教授,被鲁迅誉为中国最为杰出的抒情诗人的冯至将他人生中最深刻的记忆永远留在了昆明:

> 如果有人问我,"你一生中最怀念的是什么地方?我会毫不迟疑地回答,是昆明。"如果他继续问下去,"在什么地方你的生活最苦,回想起来又最甜?在什么地方你常常生病,病后反而觉得更健康?什么地方书很缺乏,反而促使你读书更认真?在什么地方你又教书,又写作,又忙于油盐柴米,而不感到矛盾?"我可以一连串地回答:"都是在抗日战争时期的昆明。"

如果不是日本侵华,就不会有西南联大。西南联大,实在是中华民族历史上的一个偶然,但是,西南联大的精神,却是那个时代的必然。教授是大学的灵魂。鉴于西南联大教授这个群体在抗日战争中表现出来的道德精神和民族风骨，1920年就参加中国共产党创建活动的哲学家张申府在《新华日报》发表文章，建议政府保护知识分子。张申府说："这几年来，国人中表现的比较最规矩、最公正、比较最有知识、最能感觉、最关怀国家、忍受的苦难也比较最多，最不失为固穷的君子的，就是若干大学教授。今后国家一切改革，总应该对他们多加些重视才是。"

张申府的呼吁，当然是个人的心声，同时也代表了当时社会的普遍评价。联大教授贺麟从学术自由的角度，诠释了西南联大成为中国教育史上传奇的主要原因。在《学术与政治》这篇文章中，贺麟认为：

> 学术是一个自主的王国，它有它的大经大法，它有它神圣的使命，它有它特殊的广大的范围和领域，别人不能侵犯。每一门学术都有它的负荷者或代表人物，这一些人，一个个都抱"鞠躬尽瘁，死而后已"的态度，忠于其职，贡献其心血，以保持学术的独立自由和尊严……假如一种学术，只是政治的工具，文明的粉饰，或者为经济所左右，完全为被动的产物，那么这一种学术就不是真正的学术……学术失掉了独立自由就等于学术丧失了它的本质和它伟大的神圣使命。

这个七十年前的观点，至今仍闪烁着智慧的光芒。

在我的眼里，西南联大的教授们，都是贺麟文章中的学术负荷者和代表人物，他们的意义和形象，至今仍为人称道。西南联大坚持并发扬了北大、清华、南开的优良传统。

> 从校长到校务委员会成员、教授会成员、教务长、总务长、训导长，到各院院长、各系系主任、各研究所所长等，无一不由教授担任。此为教授兼职，且兼职是不增加薪水的（兼职者不得减少授课量），纯粹是"义务劳动"。清华大学校长梅贻琦曾说："教授是学校的主体，校长不过是率领职工给教授搬椅子凳子的。"

北大校长蔡元培曾经说过："大学学生，当以研究学术为天职，不当以大学为升官发财之阶梯。"

蔡元培这句名言出自1917年1月他上任北大校长时的演讲，我想，当蔡校长斩钉截铁说出这句话的时候，台下一定会响起热烈的掌声，不会有学生怀疑这个要求的正确性。

清华大学曾经有学生挑战过国民党元老张继。这个名声显赫的国民党中央委员，空取了唐朝诗人张继的诗名，而他的观念，却世俗得可怕。

作为清华大学校长吴南轩就职典礼的监誓，张继在会议上发表了一通议论。张继认为清华建校二十个年头，有好的房子，有好的教学设备，每年花不少钱，却没有造就出杰出人才。张继说，试看我们的中央委员、各部部长中，有哪一位是从清华毕业的？自负的他还以挑战的口气激怒学生说，在座各位有勇气的请起来与兄弟讨论一番。

不料真的有学生站起来，毫不客气地接受了他的挑战。清华大学学生会主席张人杰提出了三点质询：一、此次就职典礼，本校时间定在上午十时，为何张委员你十时四十五分才到？二、张委员所言人才，不知是按什么标准来定的？如果按学识、专长和成就来定，清华毕业生却不能说没有。张人杰接下来列举了一长串科学、技术、工程、建筑方面取得了显著成就的清华学生名单之后，反问张继说：就连孙中山先生陵墓的建筑图案，不也是清华毕业生设计的吗？其他如教育界闻人胡适以及南开、燕京两校教授，也多为清华毕业者；（按：胡适此前似与清华无干，当时报刊报道如此）如果人才是指党棍和政客官僚，清华却没有一个。或许是这一点招致张委员的轻视吧。三、张委员也是人，为什么与你谈话，还需要勇气，难道张委员有什么特殊的地方？

张继毕竟是个有风度的人，他的脸色在全场雷鸣般的掌声中变得通红，他当即承认自己的失言，并向学生们道歉。

时光已经流逝了八十多年，但是，张继却像孙悟空一样变化了许多个化身，张继的人才观已经被社会包括许多大学全盘继承。拜金教授，正是大学培养升官发财观念的蝶变者。没有一种腐朽是后继无人的，这是历史告诉我们的真理。

谢泳先生在他的文章《过去的教授》中，直言不讳地批评说：

> 正是在回到过去的知识分子中，我才发现今日所谓的大学教授、

作家、诗人，太不是那么一回事了，无论从哪一方面看，今日的不少教授、作家、诗人，都远赶不上他们的前辈，就精神气质和学术水平而言，他们的前辈总有值得学习的地方……

所以，原子弹之父钱学森先生临终之时，以微弱的声音发出了振聋发聩的警醒："为什么现在我们的学校总是培养不出杰出人才？"

一所诞生在中华民族最困难的时期，只存在了七年的大学，也许是中国历史上甚至是世界历史上最短命的大学。但就是这样一所学生在煤油灯下苦读，教授在茅草棚里上课的大学，却以纪念碑的形式延续着教育和学术的香火。当中国的学术文化落后于西方的时候，所有的知识分子，都应该回顾过去的历史。

我的脑海里总会不由自主地跳出英国教育家阿什比在《科技发达时代的大学教育》一书中的那句名言："任何类型的大学都是遗传与环境的产物。"所以，面对一座1946年的纪念碑，我们没有理由不仰望民国的长衫。后人有充分的理由，向一块坚硬的石头致敬！

大师的村庄

一

日本飞机投下的炸弹是民国二十八年昆明市民的噩梦。警报声刺穿了所有坚硬的物质，人们争先恐后地往防空洞狂奔。然而，却有不往安全处躲避，或者从逃难路上重新折回的人，他们想起了困在靛花巷史语所三楼、双目几近失明、行动不便的西南联合大学教授陈寅恪，于是不顾个人安危，在一声比一声紧急、一声比一声凄厉的警报声中，把他们敬重的陈先生搀扶进防空洞。

在援助陈寅恪的过程中，西南联合大学教授刘文典怒斥那些马蜂一般奔逃的人：你们为谁而跑？保存国粹要紧！

被当成了国粹的陈寅恪教授却毫无慌乱之色，这个双眼近盲的人，看不见侵略军杀人的炸弹，他用幽默随口吟出一副对联：见机而作；入土为安！

陈寅恪用幽默掩盖了炸弹的凶残和威力，但是，纸上的文字却穿透了时光，让我们读到鲜血和死亡："炸弹落地爆炸，硝烟弥漫，破片横飞，死者尸横遍野，幸存者呼天号地，惨叫之声不息……最惨者为一年轻妇女领一岁多的小孩，妇女的头被炸掉，尸体向下，血流不止，而孩子被震死于娘的身旁。除此，其他破头断足，血肉狼藉……"

中央研究院历史语言研究所所长傅斯年是陈寅恪的上司，却是为陈寅恪安全操心最勤的人，也是把陈寅恪搀扶进防空洞最多的人。他满头大汗，喘着粗气，咬牙切齿地说："一定要找一个地图上寻不到的地方！"

就在一次次躲警报的惊险过程中，就在傅斯年的发誓中，李庄，这个四川省长江边上的小镇，就慢慢浮出了历史的水面，最终成了知识分子们战争的避风港，成了战时中国学术大师云集的地方。

庄，是中国农村最小的自然村落。这个普通汉字的前缀，常常以姓氏固定。李庄，这个以姓氏命名的乡村，它被河流山川和田园阡陌紧紧束缚在鸡鸣犬吠中，农耕，则是这个汉字的本质和精髓。

2013年，李庄这个普通的地名，从遥远的四川漂流，顺长江而下，到达我身边的时候，我依然赋予它农耕的想象和田园的诗意，我在千里之外眺望稻田中的夕阳。只是，当"傅斯年"这个人名和"中央研究院历史语言研究所"这个机构的名称进入我眼睛的刹那，我突然之间看到了它的历史，我闻到了那场惨绝人寰、历时八年的战争的硝烟。

抗日战争，是李庄走出乡土，站到时代前沿的契机。一个默默无闻，隐藏在农耕深处的千年古镇，它让傅斯年眼睛一亮。

傅斯年，这个与李庄有着万千联系的山东人，这个以学术研究为生命的中央研究院历史语言研究所所长，自1931年"九一八"事变的枪声响起之后，就率领史语所开始了艰苦卓绝的迁徙和长征。

日本人的飞机大炮不舍地跟踪着他们的足迹。在死亡的笼罩下，这些以学术研究为生命的学者们，东奔西躲，颠沛流离，从北平到上海，从上海到南京、长沙，再到西南边陲的昆明，中国的半壁江山，竟无法为书生们安放一张平静的书桌。

民国十七年，历史语言研究所在广州中山大学成立的时候，傅斯年正在为研究所物色一流的研究人才绞尽脑汁，他将引才的目光瞄准在陈寅恪、李济、赵元任、董作宾等著名学者身上。这个后来被学术界称为党同伐异、唯我独尊的学术机构领导人，十分清楚非巨子不足以服膺士林，因此，他采用了"拔尖主义"的选才原则，遍采全国各大学文史系毕业的年轻精英，把他们网罗门下。那个时候，胸怀大志的傅斯年绝对不会想到，历史语言研究所的前头，会是一条曲折坎坷的长路。作为一个所长，竟然要为寻找一个安全安静的研究场所而费尽心血。

北平静心斋，是史语所离开广州之后的第一个落脚点。对于一个学术研究机构来说，静心斋，无疑是一个最有理想色彩的名词。静心，是一条进入学术的必经之路，是学术研究人员的内在特征，在《中央研究院大事简编》中，我们看到了历史语言研究所的迁徙轨迹。五年后，史语所迁到了南京，它与中央研究院一起，成为了一个国家首都文化的一个重要组成部分。

一个古老国度的安静与宁谧，毁于一个侵略帝国的枪炮刺刀。从这个意义上来说，日本，是中华学术的敌人，是傅斯年不共戴天的仇敌。

立于1946年5月的《留别李庄栗峰碑铭》，用坚硬的石头，记录了中华学术史上那段屈辱的历史："本所因国难播越，由首都而长沙、而桂林、而昆明，辗转入川……海宇沉沦，生民荼毒。"

战争，让所有静心书斋的知识分子一夕之间变成了悲痛的难民，变成了画家蒋兆和笔下颠沛流离的流民。

20世纪30年代北平城里那个"太太的客厅"里的美丽女主人公，也在躲避战火的逃难路上遭遇了前所未有的苦难。林徽因和梁思成这一对出身名门、留学美国的夫妻，在离开北平的时候，没有想到迁徙的道路如此困难和艰险，他们的人生，似乎走到了绝处。

12月的湘黔边界，风雨和严寒成了日本人的帮凶，林徽因与梁思成乘坐的大汽车被强行征用了，他们被天气和路途滞留在晃县的一个小山村里。更为要命的是，林徽因在这个时候病倒了，急性肺炎和四十度的高烧让这个高贵的女人倒下了。小旅馆里挤满了逃难者，病人无处栖身，梁思成望着奄奄一息的妻子，一筹莫展，他隐隐约约预感到这个举目无亲的异乡将是林徽因生命的终点。当梁思成心情哀伤，泪眼蒙眬的时候，一阵突如其来的优美琴声打断了他的痛苦。循着声音,梁思成看到了一群穿着军服的士兵,挤满了小旅馆的房间。在一个兵匪一家的乱世,他以为逃不过去一场劫难。不想这群年轻士兵是中国空军筧桥航校第七期的学员,也和他们一样在往昆明撤退的途中被阻在了晃县。而神情优雅,让小提琴在自己手中发出天籁的那个士兵,还是梁思成的广东同乡。

意外中的这场邂逅,竟然解救了林徽因的苦难。那群热情的中国士兵,立即腾出一个房间,把高烧昏迷中的林徽因抬到了咯吱作响的木楼上。

关于这场历险,美国学者费慰梅女士在她的纪实著作《林徽因与梁思成》一书中有较详细的记载:

> 奇迹还不止于此。在大约一百来个被阻在这个小村里等车的外地者当中,有一位女医生,她曾在日本的一所美国教会医院受过训练,又曾研究过中草药。她给徽因吃了一些根据西医理论处方的当地能买到的中药。这样徽因在那个用薄板同那些可爱的广东飞行学员、可憎的当地妓女、骂骂咧咧的赌棍、操着山东方言的军官和从各个不同省份来并具有不同气质的司机们隔开的小屋子里躺了两个星期……

从湖南长沙到云南昆明的这场逃难,林徽因梁思成花了漫长的六个星期。抵达昆明的时候,已经是第二年的一月中旬了。时间虽然漫长,但是,比起生命的消亡来,再长的光阴,也是可以忍受的。

林徽因的逃难之旅是在疾病中熬过的,日后与她在四川李庄日日相见的一群年轻人却在此时以酒作为这次长旅的开端。

南京沦陷了,长沙成了日军下一个进攻的目标。在撤退昆明的会议上,史语所确定了人员化整为零的三条原则:服从资料的抢运,保证大部队的迁徙;家乡没有沦陷的,可先回家乡,史语所安定之后再返回;家乡已经沦陷的,可随大部队转移,也可自由行动。

长沙八角亭的清溪阁酒馆,注定要成为扬名于海峡两岸学术界,在历史上声名远播的聚会之地。这家位于长沙八角亭鱼塘街街口,以"卤子面"为主要特色的湘菜馆,那天晚上突然来了一群身穿长衫的读书人。史语所考古组李济、董作宾、梁思永三巨头悉数到齐，考古组十大金刚，除了老五尹焕章留在河南古迹研究会帮忙，未到长沙之外，老大李景聃、老二石璋如、老三李光宇、老四刘燿、老六祁延霈、老七胡福林、老八王湘、老九高去寻、老十潘悫以及数位技工参加了悲壮的告别宴会。由于人多，大家分两桌坐定。生离死别的气氛，沉重地笼罩在大家的心头，谁都知道这是最后的晚餐。天明之后，大家将各奔东西。

李济、董作宾、梁思永、胡厚宣、郭宝钧将保护殷墟出土的重要文物，随大队行动；李景聃、石璋如、祁延霈家乡沦陷，亲人生死未卜，选择回乡；刘燿、王湘等热血沸腾，决定投笔从戎。大家端起酒杯，用雄壮的声音，喊出了肺腑之言。

> 几人先说"中华民国万岁"，这是第一杯酒，大家都喝。第二杯喊"中央研究院万岁"，第三杯喊"史语所万岁"，第四杯是"考古组万岁"，第五杯是"殷墟发掘团万岁"，第六杯喊"山东古迹研究会万岁"，第七杯是"河南古迹研究会万岁"，第八杯"李（济）先生健康"，第九杯"董（作宾）先生健康"，第十杯是"梁（思永）先生健康"，第十一杯是"十兄弟健康"。如此喝将下去，有人已是勉力而为，还没有上菜呢，酒却喝成这样，于是有四个人——王湘、祁延霈、刘燿、石璋如四人就倒在餐馆地下不省人事，李景聃也醉了，不过没躺下。我们本来是住在长沙圣经学校宿舍，可是醉到一塌糊涂，又吐，根本不知道怎么回去。

抗日战争时期长沙清溪阁酒馆的那场醉，真实地记录在当事者石璋如的文字中。石璋如的文字略有粗疏，他忘了描述酒的品牌、商标、度数和酒杯的大小，但是后人可以透过漫长的时光抵达知识分子们心中的激情。在外敌入侵、家园破碎、学术研究无依的时刻，每个人的内心期盼和悲壮感情都通过酒精的出口得到真实的表达。酒精，点燃了书生们的热血。

石璋如记叙中的老四刘燿，此后以"尹达"的名字出现在了抗战的后方延安。刘燿的道路选择并没有改变他的学术追求，但在人生的终结处，尹达与十兄弟的其他人拉开了距离。谢泳教授评价说："用流行的观点，从政治上说，他进步了，而从学术上看他却停滞了。"1945年，傅斯年以国民参政会参政员身份访问延安的时候，百感交集的尹达表达过作为一个学术研究者看到当年的同道们不断收获成果，而自己却徘徊不前的自愧心情。谢泳教授惋惜说："以后的历史也证明，在当年史语所的同辈朋友中官做得大的要算尹达，尽管是学术官员。当年从史语所同赴安阳的朋友，留下来的郭宝钧、梁思永，在学术上的贡献都不小，离开的董作宾、石璋如成就也远在尹达之上，特别是同学石璋如，在台湾考古界做出了很大贡献，而尹达基本上是作为学术官员终其一生的。"

傅斯年的身影没有出现在长沙八角亭清溪阁的小酒馆里，他没有亲眼看到史语所的书生们醉倒在烽火连天的异乡。由于兼任了北京大学文科研究所所长，由北大、清华、南开三所著名高校筹组的"长沙临时大学"同时撤退，傅斯年匆忙的脚步很难在一个地方固定。更让他焦头烂额的是，中央研究院总干事朱家骅奉蒋介石之命出任浙江省政府主席，无暇顾及学术机构，而中央研究院院长蔡元培，更是身患重病，留医上海，院中事务无能为力，傅斯年受托暂时接替了中研院总干事职务。这个把学术看得比自己生命更重要的史语所家长，正在为史语所的未来费尽心力，他要为史语所寻找一个安家的地方。

昆明，是史语所离开长沙之后的又一个落脚点。这座中国西南边陲的历史名城，也不是史语所的世外桃源。由于战乱，千里迢迢颠沛迁来的大学和学术机构众多，一时挤满了这座美丽的春城。由北大、清华、南开三所大学组合的西南联合大学、同济大学、中央研究院社会所、北平研究院历史所、中央地质调查所、中央博物院、北大文研所、中央研究院历史与语言研究所、中国营造学社等高校和学术研究机构，用各种不同的口号为一座宁静的城市编织了斑斓的人文色彩。纷乱和拥挤，突然改变了一座城市的容貌。

但是，昆明的宁静只是暂时的。它的和平和安宁很快就被侵略者的炸弹彻底摧毁了。1940年秋天，侵华日军集中优势兵力，强渡汨水，进犯长沙。侵略军从宜昌和长沙两路进军，威逼西南和陪都重庆。

崎岖的山岭和湍急的河流拖慢了日军进攻的速度，但侵略者的飞机却可以毫无阻拦地长驱直入，用罪恶的炸弹把西南美丽的城市沦为一片火海。那个时候美军还在隔岸观火，陈纳德将军的飞虎队还没有起航。日军的飞机没有敌手，日本人用轻松的狞笑,让昆明的上空,弥漫着战火硝烟。

正在西南联合大学读书的青年汪曾祺,曾经用笔记下过躲避日军轰炸的感受。这个日后创作出许多优秀作品成了著名作家的大学生,在他的散文《跑警报》中写道:"我刚到昆明的头二年,三九、四〇年,三天两头有警报。有时每天都有,甚至一天有两次。昆明那时几乎说不上有空防力量,日本飞机想什么时候来就来。有时竟至在头一天广播:明天将有二十七架飞机来昆明轰炸。日本的空军指挥部还真言而有信,说来准来!"

最惨烈的一次发生在1938年9月28日,九架日军飞机从广东珠江口外的横琴岛起飞,昆明市民尚欠缺躲警报的意识,在日机二十八枚炸弹的爆炸中,一百九十人毙命,一百七十三人重伤,六十余人轻伤。

凶残的炸弹将昆明变成了一座人间地狱。惊恐愤怒中的平民将躲避死亡放在了生活的首位,中央研究院历史语言研究所、社会所、中央博物院筹备处等机构,也将搬迁列入到工作议程。

中央研究院总干事、中央研究院历史语言研究所所长傅斯年,面对支离破碎鲜血横流的惨状,拍板发誓,要将史语所迁徙到一个地图上找不到的地方!

二

在傅斯年迁徙的决心中,李庄,这个长江边上的宁静古镇,正以缓慢的脚步悄悄地走近他的身旁。

在一个炸弹让所有的坚硬粉身碎骨的战乱年代,安全,就是一方净土,就是鸡鸣犬吠的世外桃源。

在傅斯年的指示下,史语所副研究员芮逸夫和图书管理员王育伊离开了警报声中的昆明,他们要去寻找一个地图上没有的安宁之地,为史语所的同仁们安放一张书桌。

在历史的地图上,我看到过芮逸夫和王育伊的脚步到达了叙永。芮逸夫向远在昆明的傅斯年报告说:"离昆到泸,第七专署代觅叙永属江门兴隆及古宋属观音场已看。江门不甚妥,日内赴宜俟看李庄后再请裁决。"

芮逸夫请示中提到的李庄，成了他的下一个考察地。李庄是幸运的，这个介于四川宜宾市和南溪县中间的长江边上的古镇，最终成了傅斯年点头的地方，从而也成了学者云集、大师生长的村庄，中华民族学术史上的一段传奇，在这片默默无闻的乡土上开始了精彩演义。

芮逸夫、王育伊之前到过的叙永，与李庄同属四川，两地之间的距离，亦可以用"近"这个汉字来描述。弃叙永择李庄，不仅是人的选择，更是历史的一种宿命。

先史语所一步到达李庄的同济大学，最早感受到了这种机缘。踏上李庄的码头，同济大学的师生们，就看到了脚下这片土地的历史，看到了这个码头曾经出现过的热闹。

始于清朝前期"湖广填四川"的人类迁徙，数十万外省民众，沿长江而上，他们在这片土地上歇息、休憩，然后通过那些河流和官道，水一般地漫向天府蜀地。在漫长的时光里，在纷繁的脚印中，先人们在李庄的土地上，留下了神力的九宫十八庙，建起了人类居住的四合院，他们的脚板，踩出了一条石板小街。在李庄一千八百多年的史册上，记载了这个古镇作为县治、州府、郡府的四百多年的繁华时光。

罗伯希、王云伯在南溪县城吃茶的那天，从茶客那里听到了日本军队占领了湖南、湖北、广西，云南也一路吃紧的消息，那些逃难昆明躲避战火的机构，又开始了转移，选址的人员已经来到了四川。这两个脑子灵活、读过圣贤书的乡绅，一口饮干碗中的茶水，立即动身，赶回李庄，他们隐隐约约有一种预感。

时任国民党李庄区党部书记的罗南陔，听了罗伯希、王云伯的禀报后，立即约请区长张官周、镇长杨君惠和宛玉亭、范伯楷、杨明武、邓云陔等李庄镇的头面人物，到自己的住所羊街八号商议大事。

几天之后，罗伯希、李清泉代表李庄，在宜宾拜会了为同济大学迁徙选址的钱子宁。李庄人用"同大迁川，李庄欢迎，一切需要，地方供给"的简洁电文表示了态度和胸怀。

芮逸夫、王育伊那双长满了水泡的脚停在了李庄。千年古镇像一块磁铁，牢牢地吸引住了他们的目光。两人不约而同地赞叹说，好地方。话音落地，疲乏消失，脚上的水泡不再疼痛。

傅斯年摊开地图，他一眼就看到了那条长达六千三百多公里的长江，宜宾和南溪，就像坠在那条蓝绸带上的两颗珠子。傅斯年在宜宾和南溪之间仔细寻找，一无所获。李庄，真的是在地图深处隐藏了，再细心的人，再明亮的眼睛，也无法找到李庄的蛛丝马迹。

傅斯年满意地出了一口长气，心中充满了喜悦。他闭上眼睛，让李庄从时光深处浮现出来。他看到了系在宜宾和南溪中间的李庄，二十五公里的相等距离。南溪下游，隐隐望得见泸州、重庆。

傅斯年对李庄的满意，溢于言表。《南溪县志》，记载了傅斯年的一段话："斯年漂泊于西南天地之间数年矣，滇池巴渝不遑宁居，闻其雅正之音，观其甲部之学，知今日西南之系于中国者，盖远过于巴蜀之于炎汉矣。晚来南溪（李庄），暂获栖止，益惊其一邑中人文之盛，诗人辈出，后先相踵。"

李庄，毕竟是从泥土中生长出来的乡村，因为隐蔽的缘故，它不可能像下游的陪都重庆那样，空间广阔。

同济大学捷足先登，一千多师生，十余个机构，瞬间就挤满了古镇的中心区。同济大学占领了李庄最好的位置，校本部、工学院、理学院、医学院、图书馆、大地测量组、体育组、学生宿舍、教师公寓以及李庄小学，将禹王宫、东岳庙、南华宫、祖师殿、紫云宫、文昌宫、曾家院子挤得满满当当。随后迁来的史语所、社会所、人类学所、中博院和中国营造学社，就只能到离李庄镇稍远的乡村寻找落脚点了。

板栗坳，这是一个以树木果实命名的地方。板栗，它喜欢生长在僻静的山里，沉默寡言，它不喜欢热闹。因此，板栗坳，坐落在远离镇上的山坳里，是它的必然。八里多长的路程，是它与李庄镇中心的距离。傅斯年领导下的历史语言研究所，就这样与俗世繁华以及危险的战火保持了距离。

八里路程，在汽车的轮胎下只是几分钟的时间，但是，在民国二十九年只有田园阡陌的李庄，却是一段令人生畏的距离。

民国三十年六月，西南联大常委梅贻琦和总务长郑天挺、中文系主任罗常培来到了板栗坳，参加北大文科研究所的研究生答辩。三位名教授弃轿步行，崎岖的山路和炙热的太阳让他们尝到了乡间的苦头。

板栗坳又名犀牛山，其地形如同戏水老牛露于水面的脊背，山上遍布桂花、茶花，房前屋后种满了楠竹。板栗树，其实只是这个地名的点缀，它远远不如其他树木人多势众。山坳上的张家大院因为有一棵大板栗树荫庇，所以又称栗峰山庄。史语所所长傅斯年住的地方叫桂花院。

板栗坳上那些给人带来遐想的美丽地名，丝毫没有给三位教授审美享受。罗常培在他的文章中写道：

> 历史语言研究所的所址在板栗坳，离李庄镇还有八里多……离开市镇，先穿行了一大段田埂，约有半点钟的光景。到了半山的一个地方叫木鱼石，已经汗流浃背，喘得上气不接下气。躲在一棵榕树阴下休息一会儿等汗干了，才继续登山。又拐了三个弯，已经看不见长江了，汗也把衬衫湿透了，还看不见一所像样的大房子。再往前走到了一个众峦逃拱的山洼里，才算找到板栗坳的张家大院。

罗常培记载粗疏，如果仔细描述，木鱼石往上是一条狭窄的石径，当地人形象地称之为高石梯，从山脚到山顶，共有五百级台阶拦在路上，让人望而生畏。史语所考古组主任李济的父亲，七十三岁的郓客老人，面对五百级陡峻的石阶，发出了"石级未升胆先碎"的感叹。

对于如此偏僻的山坳和崎岖的山道，傅斯年是满意的。他知道，这是他那句地图上找不到的地方的必然代价。

三

史语所与李庄结缘的时候，正是这个中国第一流的学术研究机构的鼎盛时期，史语所的学术研究水平，几乎达到了世界一流。李庄时期的史语所，机构设置只有历史、语言、考古三个组，但是，这三个组的组长，都是令士林学界服膺的学术大家。

李济是中国第一个人类学博士。李济进入史语所，担任史语所考古组主任，都是傅斯年精心网罗的结果。

1918年，李济清华毕业，然后以官费生的身份留学美国。1923年，二十七岁的李济获得哈佛大学人类学博士学位，回国任教南开大学、清华大学。历史语言研究所成立的那一年，李济从欧洲考察回到香港，这个时候，他的行踪，正被一个人密切关注，然而李济却没有一丝一毫的察觉。那一天，李济从香港坐船，来到广州游玩，没想到在中山大学校园里碰到了庄泽宣。一见面，庄泽宣就告诉他，傅斯年正到处找你。李济既意外又吃惊。他同傅斯年从未谋面，不知这个学术上雄心勃勃的山东汉子找他有什么事。但李济知道，这个五四运动的学生领袖，在他的大学时代，就以超群的活动能力和学术眼光，以"批评的精神，科学的主义，革新的文词"，创办了《新潮》杂志，成为社会名人。这是一个令他仰慕已久的风云人物。

与傅斯年第一次见面的愉快，让李济心情大好。傅斯年身上似乎有超强的磁力，他用诗画一般的语言和激情描画了史语所的未来前景，李济的血液立刻被他点燃了，他成了一枚附在磁铁上的铁钉，从此一生无法甩脱。

傅斯年开诚布公地告诉李济，他和顾颉刚等人在中山大学办了一个历史语言研究所，这个机构隶属于蔡元培领导的中央研究院。研究所最早聘请了一批土学者，现在要全部换成洋学者。这些洋学者都要有欧美留学的经历。目前已请到了陈寅恪和赵元任两位西洋"海归"，聘请他们担任了研究所的历史组和语言组主任。他真诚地希望李济加盟史语所，并出任考古组主任。

在民国三十六年清华国学研究院的名单上，名列王国维、梁启超、陈寅恪、赵元任四大导师之后的是李济。这个以讲师的身份和王、梁、陈、赵一起把清华国学研究院推到了学术高峰的哈佛人类学博士，当然知道陈寅恪和赵元任的分量和影响，能和这两个人一起共事，是求之不得的光荣啊。更重要的一个原因是，哈佛大学的人类学博士，已经让他从书本上掌握了人类学、考古学、民族学、人体测量学、语言学研究的所有方法，他用《中国民族的形成》这篇极有分量的论文和在波士顿美国人类学年会上的学术报告，让金发碧眼的博阿士、威斯勒、克罗泊、狄克森等西方人报以热烈掌声，他的观点，还引起了哲学家罗素的极大关注。他要在实践中"把中国人的脑袋量清楚，来与世界人类的脑袋比较一下，寻出他所属的人种在天演路上的阶级。要是有机会，他想去新疆、青海、西藏、印度、波斯去刨坟掘墓、断碑寻古迹，找些人家不要的古董来寻绎中国人的始源"。

傅斯年的邀请，正中李济下怀。李济心动了，他告诉傅斯年，愿意辞去清华大学和佛利尔艺术馆的所有职务，加盟史语所，倾尽全力主持考古组的工作。

从这一刻开始，闻名遐迩的清华国学研究院，就彻底宣布了解体。在王国维投湖自沉之后，梁启超也因过度劳累，健康每况愈下，离开讲坛回天津养病，最终被协和医院的洋教授误治肾病而亡。国学院四大导师，已有陈寅恪、赵元任归入了中央研究院历史语言研究所，而紧紧排名四大导师之后的李济，也归入了傅斯年的帐下。

这一年，在中国学术最前沿的榜单上，历史语言研究所的栏目中，赫然列出了傅斯年、陈寅恪、赵元任、李济的名字。风华正茂，可以成为描述这四大"海归"的成语。序齿排班，陈寅恪三十八岁，赵元任三十七岁，傅斯年三十三岁，李济三十三岁。

傅斯年还告诉李济一个重要而且让他兴奋的消息，他已于8月12日指派中山大学副教授、史语所通信员董作宾赴河南安阳小屯，对殷墟遗址进行甲骨的调查和收集。

李济的思绪立即回到了1926年冬天。那一次李济同袁复礼离开京城，去离家遥远的晋南进行考古调查。走的时候，正是大年除夕，亲人倚门相送，李济的眼前，却是他想象中的古代人类生活气象，他想在瑞典考古学家安特生关于中国北部经历过新石器时代的结论中寻找到文化的证明，这些文化来源以及它与中国历史发展过程中的关系是他最想探究的秘密。李济在他的考古调查中记录了那些让他激动的片段："当我们穿过西阴村后，突然间一大块到处都是史前陶片的场所出现在眼前。第一个看到它的是袁先生。这个遗址占了好几亩地，比我们在交头河发现的遗址要大得多，陶片也略有不同。他们随手采集了八十六片，其中十四片是带彩的。带彩陶片中有七片有边（三片带卷边，四片带平边）。主要图案是三角形、直线和大圆点。几种图形通常结合使用。"李济在这个荒凉的现场中突然眼睛发亮，一瞬间他忘掉了一路的艰难困苦甚至土匪骚扰的生命危险，他在心里说，这片土地，就是我将来考古的挖掘现场！

李济在傅斯年面前想起他的山西西阴村之行时，他已经在激动中忘记了他为这次考察付出的代价。在回京的途中，李济染上了斑疹伤寒，拖延多日回到家中，生命已经亮起了红灯。幸好赵元任的夫人杨步伟果断，找来车辆，直接将他送到了协和医院的病床上。

其实，傅斯年求贤若渴，辗转寻找李济，早已将这种信任建立在了解的基础上。傅斯年知道，早在1924年，美国华盛顿史密森研究院佛利尔艺术馆中国考古发掘队专门委员毕士博邀请李济参加他们的团队，合作在中国田野考古。毕士博对这个哈佛人类学博士深为佩服，他相信李济不会放过同美国人合作的天赐良机。

毕士博没有想到李济会提出一系列合作的条件。李济在给毕士博的回信中明确提出："在中国的田野考古工作，必须与中国考古团体合作；在中国发掘出来的古物，必须留在中国。"面对这个充满专业正气和爱国情怀的年轻中国人，高傲的美国人也毫不犹豫地表达了自己的佩服。毕士博表示："你的条件，我们知道了。我们可以答应你一件事，那就是我们绝对不会让一个爱国的人，做他所不愿做的事。"

第一次见面，傅斯年就用开门见山的方式和诚恳信任征服了李济。傅斯年以他的爽快率性将李济收入麾下，让历史语言研究所的考古工作树起了一面大旗。1928年冬天的李济，一诺千金，清华大学和佛利尔艺术馆的工作，在他心里一下就失去了分量，他决定用辞职的认真严肃向清华和佛利尔告别，他期待着同清华国学院的导师和同事陈寅恪、赵元任在史语所再续前缘。只是，李济没有想到，数年之后，史语所会在日本侵略者的狂轰滥炸中迁徙到地图的隐秘深处，会在那个条件异常艰苦的李庄，度过中国学术研究中史无前例的六年时光。

傅斯年同李济的一面之缘，是他们终生友情的开始。傅斯年给李济安排好了住处，又亲自陪他去香港办理船票的延期手续。傅斯年用一幅未来的蓝图，让李济在广州流连了一个星期。

四

考古，是李济的人生宿命，也是傅斯年在第一次见面就轻而易举地让他信任的一个原因。

其实，在李济到任之前，史语所就已经开始了考古发掘。在傅斯年的学术布局上，时任中山大学副教授、史语所通信员的董作宾就已经来到安阳小屯殷墟，在那片中国人类远古生存的黄土地上进行甲骨的搜罗收集了。

小屯深厚的土层之下，埋藏着远古中国人生存生活的原始记录。用最早的象形文字，将生活刻录在龟甲上的祖先，他们的遗迹消失了数千年，董作宾却用锐利的目光，看到了土层之下的昨天，他要用科学的发掘，推翻古文字学家罗振玉小屯地下甲骨已被挖尽的权威判断。

董作宾到达安阳的时候，小屯的殷墟遗址已是一片疮痍。由于当地农民疯狂盗掘，到处是杂乱无序的坑洞，规模庞大的殷墟，被破坏得惨不忍睹。科学发掘，已经成为挽救历史的唯一手段了。焦虑万分的董作宾在写给傅斯年所长的报告中表示："迟之一日，即有一日之损失，是则由国家学术机关以科学方法发掘之，实为刻不容缓之图。"

清朝光绪二十五年秋天，国子监祭酒王懿荣突然染疾，肚子疼痛不止，频频出入茅房，竟达一日二三十次。京城一位名老中医登门就诊，开了一剂药方，其中有一味名为"龙骨"的中药。家人飞快地从宣武门外菜市口达仁堂按方拣来中药，生性多疑的祭酒打开药包查看，突然在龙骨上看到了一些隐隐约约的刻痕。这个具有渊博学识和金石造诣的皇家大学校长，立即敏锐地意识到了自己的发现。经过仔细观察和分析，他断定龙骨上的刻痕是一种人类尚未认识到的文字。王懿荣压抑住心中的狂喜，一副若无其事的表情，他冷静地吩咐家人，立刻出动，将京城所有药店里的龙骨全部买下。国子监祭酒的举动让那些具有商业眼光的精明者看到了发财的机会，山东淮县古董商人范维卿和京城古董商贩赵执离分别将自己收藏的甲骨送上门来，王懿荣悉数收购。很快，就有一千五百多片篆刻了神秘文字的古老甲骨汇集到了王祭酒家中。王懿荣只知道它们是无价的宝贝，却不明白，就在他用放大镜细心探究那些迷宫一般的文字时，历史，就已经悄悄地赋予了他认定中国商代文字第一人的地位。甲骨文研究的河流，从国子监祭酒王懿荣的放大镜下缓慢发源。

傅斯年的敏感和眼光，立即体现在了董作宾身处的殷墟。他指派李春昱、赵芝庭、王湘、张锡晋等专业人员，组成了以董作宾为首的殷墟科学发掘团。在那次为期二十四天的考古发掘中，共有三千余件珍贵的石、蚌、龟、玉、铜、陶等器物和八百四十五片甲骨出土。中华民族最早的文明曙光，就在考古学者们的心血中一点一点呈现出来。

在学术研究上，傅斯年是一个有独到眼光的人。他同李济第一次见面时开诚布公说过史语所聘请的都是土学者，现在要全部或大部改为西洋"海归"的话，在李济看来，无疑是一种远见。

就在董作宾率团主持殷墟发掘取得重大收获的安阳小屯现场，也出现过令人脸红的疏漏。这是史语所发轫初期难以避免的人才与学术遗憾。

这是董作宾第一次在考古发掘现场看到人的头颅，那个白色骷髅的来历、身份、性别、年龄都潜藏在空洞的骨头深处。董作宾调动了源于笔记小说中的生活常识，他知道人死之后，头发是最不容易腐烂的。这颗没有任何毛发的骷髅，让董作宾轻易地做出了古墓主人必定是和尚的结论。他判断这是一件没有研究价值的人头骨，仍旧让它回到了土层深处。

董作宾年青时刻苦自学，1922年考入北京大学研究所国学门，师从国学大师王国维。毕业后，被破格聘为福州协和大学教授，后在中州大学、北京大学和中山大学任教。他的优势在于文字，现代考古学的理论和方法以及田野发掘并非所长。李济被傅斯年招入研究所，没有留洋经历的土学者董作宾难免惶恐不安。所以，第二次殷墟发掘改为李济主持，也是顺理成章的逻辑。因而也就有了史语所同事，中华人民共和国成立后担任了中国社会科学院副院长兼考古研究所名誉所长的夏鼐说的那段话。夏鼐认为，蔡元培先生最后选定了代表科学考古的李济先生，后来证明这选择是明智的，这就是因为李济先生把殷墟发掘领导到一个新的方向上去，也就是把中国考古学带到了一个新的方向上去。

工作中，董作宾是一个诚恳、勤勉敬业的人。李济曾经评价说："彦堂为人，不但能吃苦耐劳，并且极能共事，弟极钦其为人。"但是，在科学考古的理论和方法上，董作宾留下了教训。"此次董君挖掘仍袭古董商陈法，就地掘坑，直贯而下；唯检有字甲骨保留，其余皆视为副品。虽绘地图，亦太简略；且地层紊乱，一无记载。故就全体论之，虽略得甲骨文（约四百片），并无科学价值。唯彦堂人极细心，且亦虚心，略加训练可成一能手，并极愿与济合作，斯诚一幸事。"

五

董作宾是史语所最早到达李庄的人。这个德高望重、勤勤恳恳的长者，是所长傅斯年最信任的人。

历尽千辛万苦安营李庄板栗坳之后，董作宾就像一个家长，所有人的油盐酱醋衣食住行大山一样压在他身上。董作宾在史语所没有任何职务，但他年长、老实，所长傅斯年身兼中央研究院总干事，常住重庆，公务繁忙，所以，中央研究院代理院长朱家骅就授权他代理所务。

从昆明到李庄，千山万水的苍茫大地上只有两条路选择，走川滇路，或经滇黔公路入川，都得翻越乌蒙大山。高山险峻，不知有多少道鬼门关在路上剪径这些躲避战火的读书人。一辆运输同济大学测量仪器的货车，在贵州威宁附近跌落山涧，车毁人亡，惨不忍睹。

史语所的搬迁，也在惊恐万状中进行。从长沙到昆明途中大病未死的林徽因又踏上了从昆明到李庄的危险旅途。由于突发高烧，昆明拴住了梁思成的脚步。林徽因独自带着两个孩子和年迈的母亲，坐上了史语所专门为家眷租用的有篷汽车。那辆破烂的卡车上，挤了三十多人，婴儿的哭闹和老人的呻吟，让人心惊肉跳，总有一种不祥笼罩在心上。若干年后，梁从诫回忆这段旅途时仍心有余悸。"到威宁县城，天已全黑，而车子在离城门几里处突然抛锚。人们既不能卸下行李捎进城，又怕行李留在车里被人抢劫，最后只好全车人留在卡车里过夜。而我又偏偏发起高烧，妈妈只好自己拖着一家人进城为我找医生。次晨听说，夜里狼群竟围着车厢嗥了半宿。"

林徽因一路上看到的尽是碰壁的急弯，险峻的陡坡。汽车颠簸，所有人都逃不过呕吐的折磨，五脏六腑，几乎要从喉咙中逃出来。只有借着汽车抛锚的间隙，大家才能松弛一会儿。汽车经过川黔交界的赤水河时，道路弯曲陡峻得让人把心悬起来，林徽因看到了面目狰狞的死神。湍急的河水中，一堆成了废铁的汽车，不知有多少人在这里做了孤魂野鬼。

林徽因是幸运的，那辆用木炭做燃料的汽车，老牛般在曲折险要的公路上走走停停，却平安地到达了目的地。董作宾在写给史语所同仁石璋如的信中，透露了路上的劳顿和艰辛。"第一批眷属车到了叙府（宜宾），一路受了颠沛之苦。如有未来同人，最好缓上一月半月为好。因内人病，请代买鱼肝油和温度表。又，过毕节时，乞代买洋布数丈。"

搬家之苦，迁徙之险，自处其中的人感受刻骨铭心，但是那些没有呼吸的财物，却不知道路途中的艰难。

抗日战争爆发之前的史语所，历尽艰辛搜集到了许多令人羡慕的材料，殷墟发掘的甲骨文、陶器、青铜器，故宫接手的大量明清档案，南京存放的古籍善本和大批的外文书籍，还有民间文艺人员征集到的歌谣、戏曲和鼓书说唱资料，二十多万册书籍和文物装入六百多个大箱，这些笨重而且不会行走的古董，在兵荒马乱的战争时代成了史语所的负担，和平时期的荣耀在崎岖的山路和湍急的江河中成了人心上的累赘。

不幸，不知不觉中来到了人们的身边。那些被傅斯年、董作宾们视为生命的文物，历尽千辛运抵宜宾之后，转运上船，然而却在开往李庄的江上失重倾覆，木箱滑落江中。

11月中旬的四川已经让人感到了阵阵寒冷，江风、江水和随着波涛沉浮的财物，更是让史语所的人心瞬间冻僵了，经过紧张打捞，木箱回到了船上，但是损失却是难以挽回了。正在李庄翘首盼望的董作宾惊恐交加，而远在重庆的傅斯年，更是气急败坏。

在史语所同仁丁声树、李方桂、石璋如、李济、梁思永、潘愨的相互通信中，七十多年后的我们依稀看到了那场惊险和损失。

> 王崇武全批，晨在宜宾落水，经捞起拓本善本粘滞成饼……趸船失事，弟当即速电前往迅速开翻晒干，不能揭者，徐图蒸治。

> 沉没公物已全数打捞，正觅修裱人。运来六车，五车已到，一车在毕节抛锚，已带零件救济，俟其到即可装运。

此前，傅斯年在重庆收到丁声树的信中，早已读到了让他忧心的噩耗："本所雇用之车五辆次第出发，到曲靖只有三辆。一为易隆附近车，二则未知是否开车，此次失事之故有数点，而损失大矣！"

分身乏术的傅斯年，在重庆仰天长叹。而为他肩负担子的董作宾，更是在李庄焦头烂额。

柴米油盐酱醋茶，是压在董作宾身上的七座大山。在董作宾之后陆陆续续到达李庄的史语所同仁，都见证了民国二十九年的天灾。久旱无雨，板栗坳的水井都张开了焦渴的喉咙，土地一片枯黄，热风吹过，卷起一层黄尘。那年的豌豆麦子颗粒无收，榆树被人们捋光了叶子。食物匮乏，米价飙升的速度远远超过了史语所搬迁时的汽车轮子。董作宾隐隐约约闻到了死亡的气息。

董作宾用平实毫无修饰的语言记录了当时的真实情景：

> 物价上涨得多么凶：柴五倍，米六倍七倍，面、糖、肉八倍，肥皂九倍，饼干十倍，都是日用必需之品。至于布，以阴丹士林为例，初来时两块钱一尺，现在已涨到十八块了。大家常谈：衣食住行，人生四要：衣，是添不了；住，是可以将就的；行，根本说不上，一动也不敢动；只有食，单身人，公伙每月要吃到二百多元；五口之家，一千元一月是不够的，八口之家更不了，只好一天两顿稀饭。薪金、补助，谷里包堆，谁能有千元以上的收入呢。肉，是饭桌上不常见的东西，如果有一家杀只鸡或买一条水鼻子，甚至大伙食团吃一顿炸酱面，那简直是山村里的重要新闻了。

板栗坳上的董作宾，就像一只热锅上的蚂蚁，他不知道逃生的路在哪里。他只好频频给远在重庆的所长傅斯年写信，有时竟隔天一封。李庄山中那些头疼的事，装在薄薄的信封中，顺流到达陪都，让傅斯年也感染上了无法治愈的焦虑。

荒年必乱，这条逻辑推理被罗嘉骝记录在文章中。这个当年李庄中学的学生，是社会所罗尔纲先生的公子，他用文字记录了一场自然界的异象和李庄的人祸。

> 1941年9月21日，李庄一带出现日全食。日全食长度可达数

百公里，宽度一般只有二三十公里。在同一地区要经三百多年才会再出现一次。父亲的同事前几天就告诉我，赶快去找一块玻璃，涂上深蓝色到时观看。那天上午十点左右，万里晴空，天无片云，太阳渐渐被蚀，当天空昏暗下来，正像平日傍晚，百鸟归巢，鼠兔入穴，叽叽喳喳之声，不绝于耳。只是时间急促紧迫，鸟儿、动物显得十分慌张，好像世界末日的到来，有的飞禽竟然从空中摔了下来。太阳全部被蚀的时间，得有两三分钟，漆黑一片，满天星斗，慢慢又透出阳光，直于太阳全部复圆。整个过程两个多钟头，十分壮观。

记得早在日全食前许久，李庄一带就开始闹大旱，连旱田也种不下杂粮。在当时笼罩着封建迷信的农村，大旱已经引起人们的恐慌，再加上从来没有见过，甚至也没有听说过日全食，更使农民惶惶不可终日。那天上午我们正在上课，恐怕有一二千人，黑压压的一片，举着幡旗和幛子，抬着灵牌和香烛，还有纸人、纸马、纸船等等，成群结队地向着高中部前进。高中部被打砸了，接着看见群众的队伍兵分两路，一路气势汹汹地向我们这边扑来。我们这些小孩子吓得面如土色，四处逃窜。我和一些同学向学校背后的小山坡跑，后面还有追兵，大喊大叫。我从山坡高处往下跳，有两米多，幸好旱田是犁过的，土质松软，只轻微地崴了脚。我还能继续向门官田跑去，回头一看，追兵和同学都不见了，但社会所隔壁的另一大地主的狗，可能觉察到我惊魂未定，有异于平常，便狠狠地咬了我一口。其后学校发了"快邮代电"，后方的报纸也有所报道，我才知道农民是怪罪学校把两座庙宇的菩萨砸掉了，激怒了老天爷，所以才有大旱和日全食等现象发生。

在读书人心中的日全食是一种自然天象，然而在目不识丁的李庄乡民眼里却是凶兆。凶兆的起因与菩萨的怪罪有关，所以李庄的下江人成了天象的责任人。我的文字在这里突然中断，我看到了一幅新华社发布的天上三个太阳的新闻图片。在2013年11月1日的内蒙古赤峰市上空，"幻日"的奇景用三个太阳复制了七十二年前李庄恐怖的一幕。

史语所的书生们在李庄水土不服，日全食事件仅是一个影子，土匪抢劫、兵士干扰等更为复杂更为惊险的事情，随后在板栗坳、门官田以及李庄的许多地方陆续出现，这些都让董作宾在柴米油盐酱醋茶的烦恼之后更为头疼和紧张。只不过，想起昆明城里日本飞机投下的炸弹，想起警报声中那些血肉横飞的尸体和浓烟火光，眼前的这些困难，都在董作宾的心中慢慢轻飘起来。

六

傅斯年是在董作宾望眼欲穿的期盼中回到李庄的。板栗坳上那幢名叫桂花院的屋子，早已等待它的新主人多时了。

傅斯年是个脾气暴躁的胖子，又以工作狂热闻名，所以，高血压病就成了他无法甩脱的一个影子。傅斯年被病魔击倒的消息，漂洋过海传到了国民政府驻美大使胡适的身边。胡适写信慰问说："我真十分担心，因为你是病不得的，你的'公权'是'剥夺'不得的！你是天才最高，又担得起担子的领袖人才，国家在这时候最少你不得，故我读你病了的消息，比我自己前年生病时还要担心。你的病必须休息静养，若能如来书所云，'六个月内绝对休息'，我可以包你恢复健康，但不可忧虑气恼，也不可贪吃肥肉。"

身在美国，以中华民国大使身份亮相的胡适，告诫傅斯年不可贪吃肥肉，他不知道，李庄山中的书生，正是饥荒之年，吃饱都是奢侈的享受，三月不知肉味。胡适大使哪里知道，租赁房屋、安置人员、筹集钱粮、抵御灾荒、周旋关系、改善环境、稳定人心、开展业务，每一件事情都是一座高山，拦在傅斯年的路上。

灾荒之年的大米，是傅斯年梦中多次出现的吉祥物。但醒来之后，发现自己正饥肠辘辘。

那人，傅斯年和中央研究院的所有职员都接到了文书室发来的通知，"顷接总办事处函，关于教职员及工役食米，拟依据需要发给食物"。所有的人都明白，战争时代，即使是霉变的大米，也强过了任何形式的货币啊。"赃官赃到底，不要钱要米。要钱好说话，要米交不起。"这首四川民谣，将大米的意义，推到了生命的极致。

为了史语所同仁的生存，高傲的傅斯年，放下了"人间最稀有的一个天才"的傲慢身段和架子，提笔给四川第六区行政督察专员兼保安司令王梦熊写信："请您不要忘记我们在山坳里尚有一些以研究为职业的朋友们，期待着食米……敝院在此之三机关（指中央研究院历史语言研究所、社会科学研究所、人类学研究所）约（需米）一百石，外有中央研究院三十石，两项共为一百三十石，拟供之数如此……凤仰吾兄关怀民物，饥溺为心，而于我辈豆腐先生，尤为同情——其实我辈今日并吃不起豆腐，上次在南溪陪兄之宴，到此腹泻一周，亦笑柄也——故敢有求于父母官者……"

史语所所在地板栗坳离李庄镇上街七八里之遥，路不算太远，但交通不便，路便延长了距离，让步行者生畏。更何况路上有道陡坡，五百级石阶，登梯一般艰难，即使是冬天，汗水也会在脊背上画出一道道河流。

来去李庄，傅斯年一般都乘滑竿出行。

但傅斯年是个胖子，体重超过常人，所以四川的土地上便生长出了关于胖子的幽默。那次傅斯年同李济、裴善元三个胖子在重庆参加一场宴会，主人为客人备好了三乘滑竿。裴善元第一个出门，六个抬滑竿的脚夫见是个胖子，都不愿向前。李济出来，两乘滑竿又是一阵推让，等到傅斯年出来，两个抬滑竿的吓了一跳，扛起滑竿便跑。

看见扛着滑竿逃跑的脚夫，傅斯年就笑了。他不生气，他知道一个胖子在脚夫肩上的重量。傅斯年是个体贴的人，从不对农民颐指气使。数十年后，李庄人张汉青说："傅所长经常去镇上办事情，或者从李庄码头乘船上南溪下重庆。从板栗坳到李庄，抬滑竿的稍微歪一下，他马上就喊停，自己下来走。他是怕我老者累倒了。他对下头人蛮好。到街上，有时区长张官周、镇长杨君惠请吃饭。饭碗摆好，他一坐下来，刚捏起筷子他又刷地站起来，看轿夫桌子上的菜一样不一样。要是不一样，他马上站起来就走。"

讲述这段往事的张汉青，正是当年为傅斯年抬滑竿的老者张海洲的儿子。李庄人对傅斯年的尊敬，就这样无声无息地传下来了。

史语所的魏善臣是个技工，曾经跟随考古组作田野调查。史语所迁到李庄之后，他就作了史语所合作社的掌柜。李庄人口里的掌柜，其实就是为史语所的研究人员服务的采购员。史语所的人,需要香烟、洋火、草纸或者油盐酱醋,魏善臣就一一记在纸上,然后再去李庄或宜宾进货。

魏善臣是北京人,做事勤快,手脚麻利,七八里路程,在他脚下并不显得漫长和艰难。这是一个有力气的汉子,每次去李庄,他都提着几十斤的东西回来,大气不喘,轻松自如。

却不料这个为大家信任的人却出了事。那次魏善臣去宜宾进货,经过水牛溪的时候,被几个土匪围住。面对几支黑洞洞的枪口,魏善臣慌了,腰间那个装了钱款的裹兜轻而易举就被土匪抢走了,力气在夺命的枪口下毫无用处。

傅斯年在李庄没有见过土匪,满腹疑惑,他板着脸,五官中明显透露着不信任。他疑心有诈,立即封存了魏善臣的账本和实物,吩咐汪和宗查账。

魏善臣经手的钱财分毫不差,账本清清楚楚。傅斯年的疑虑,就从那些阿拉伯数字中彻底消失了,他让魏善臣重新上班,他也从此知道了战乱时期土匪的凶残狡诈。

按照傅斯年的指示,史语所用严肃的语气,向南溪县政府和南溪县第三区区署分别发去公函:"请即派队缉捕劫匪并清查江滨一带户口以绝匪源!"

傅斯年不是有权势的地方长官,但他是有影响的名人,很快,南溪县政府和南溪县第三区区署就有了明确的回复:"已嘱派队缉捕抢劫合作社经理人魏善臣之劫匪并将办理情况函复一案,已严令三区署李庄镇限期破案送究。"

傅斯年以一个书生的诚实和认真等待官府破案,丝毫都不会想到新的案子又接踵而至。当年腊月,潜入了一伙盗贼,将史语所办公室的财物洗劫一空。傅斯年一介书生,别无他法,只好继续运用向当地官府寄送公函的老办法。

看在傅斯年的面子上,县里派了一个连的兵,开进了板栗坳,保护史语所和当地百姓。战争年代,兵匪一家,这句话在傅斯年面前应验了。有个士兵,光天化日闯进水坝上的一户农家,调戏一个女子。看见果园里的柑橘熟了,一群兵就大摇大摆地进去偷摘,根本不把主人放在眼里。那个为首的连长,更是在老百姓面前横行。那个为傅斯年家挑水的农民,不小心碰了连长一下,连长就解下腰上的皮带,狠狠地抽打他。

不知谁把这些官兵的恶行告诉了傅斯年,这个胖子瞬间就发怒了。他叫人把连长喊来,大声吼道:"把军帽摘下来,为何打人,好生交代!"

傅斯年的发怒吸引了好多人围观。连长规规矩矩地立正，任凭傅斯年吼叫怒骂，往日的威风荡然无存。

"你把那些抢人的兵查出来，看谁还敢无法无天！"

连长唯唯诺诺，点头哈腰。最后向傅斯年敬了一个军礼。

板栗坳上的老百姓，从来没有这么解气过。他们过年一般高兴，心里却有解不开的疑惑：傅所长是个读书人，连长却在他面前怕得要死，不知他到底是个多大的官！

后来，南溪县长李仲阳组织大搜捕，抓了十几个土匪，下令拉到长江边上枪毙了。

民国三十二年的时候，有一个说法长了翅膀在李庄流传：研究院是惹不得的，他们是中央的人。惹恼了他们，蒋介石会派大兵清剿，把这里捣个片甲不留！

七

董作宾在人头骨的判断上有过失误，但他在文史哲方面却是通人。他的甲骨文研究，更是进入了大师行列。

甲骨学是一条浩瀚的大河，它以王懿荣的发现搜集为起点，至20世纪结束。董作宾，则是甲骨学长河波澜壮阔的最辉煌阶段的代表。

"堂堂堂堂，郭董罗王"，这是20世纪30年代国学大师钱玄同、陈子展对中国甲骨学研究的整体概括和评价。而古文字学家唐兰，则为四堂作了更为精确和具体的评价：

> 雪堂导夫先路，
> 观堂继以考史，
> 彦堂区其时代，
> 鼎堂发其辞例。

罗振玉、王国维、董作宾、郭沫若这四个百年未朽的人名，集合在甲骨学这面大纛之下，实在是历史的巧合和命运的机缘。

雪堂罗振玉和观堂王国维，他们的生命终止在中华民国，只有彦堂董作宾和鼎堂郭沫若，他们一直将学术的薪火燃到了1949年之后。一个新的时代来临之时，二堂在政治上已分属了两个水火不容的政治阵营，台湾海峡这道政治鸿沟让学术的大鹏无法飞越，但是，两个人曾经的交往经历和学术友谊却是海峡的天堑难以割裂的。

李庄，虽然摆脱了日军飞机的猛轰滥炸，但是远离城市，与现代文明隔绝，研究条件的艰苦，让后人无法想象。那个彦堂董作宾，在板栗坳的戏台上架起一块门板，将中华民族千年前的历史铺在上面，细细审视端详。

李济从戏台下面踽踽走过的身影，勾起了董作宾对两次殷墟考古发掘的回忆。那场中止在侵华日军枪声中的伟大考古发掘，是董作宾与李济良好合作的时光。安阳小屯出土的两万多片甲骨和大量的头骨、陶器、玉器、青铜器，前所未有，世之罕见。对于这个创世纪的伟大成就，著名考古学家、美国哈佛大学教授张光直先生评价说："在规模上与重要性上只有周口店的研究可以与之相比，但殷墟在中国历史研究上的重要性是无匹的。"

对于后来加盟史语所的海归博士，董作宾给予了充分的尊重。他与李济约定，所有殷墟发掘的文物，都是国家的财富。而在研究范围方面，董作宾关注甲骨的契刻，其余的则由李济研究。

面对两万片甲骨背后的时光秘密，面对桌上正在写作的书稿，董作宾发出了"今者，观堂墓木盈拱，雪堂老死伪满。惟彦堂与鼎堂，犹崛然并存于人世，以挣扎度此伟大之时代也"的深深叹息。

董作宾在他成为学术大师的道路上，洒下了无数的汗水，而天书一般的甲骨文字深处的秘密，都在时光淘洗中一个个水落石出。

在甲骨文断代和时间的定位上，董作宾提出了"贞人"理论，这是一条寻找甲骨文时间的有效线索。此后，他又在《甲骨文断代研究例》中提出了断代的标准。董作宾用智慧的眼光，穿透了甲骨背后的历史。那些隐藏着年历时光的甲骨，在董作宾的文字中，串联起了商代晚期两百多年中的完整图景。

在李庄板栗坳戏楼的门板上，董作宾完成了甲骨学史上具有里程碑意义的鸿篇巨制《殷历谱》。这本石版印刷的学术著作，只印刷了两百部，每部都有验明身份的编号,每一个字都闪耀着他十多年来的心血。傅斯年所长在《殷历谱》的序中写道:"吾见彦堂积年治此,独行踽踽,备感孤诣之苦。故常强朋友而说之焉,朋友知此,亦常无意而强与之辩,以破寂焉。吾亦偶预此列,则故反其说,说而不休,益之以怪,彼我所以为乐也。"《殷历谱》印刷之前,董作宾专门复印了一份,郑重地寄给正在成都燕京大学任教的史语所历史组组长陈寅恪教授,以求教正。陈寅恪的回复,让盼望中的董作宾放下了心上的石头。"大著病中匆匆拜读一过,不朽之盛业,惟有合掌赞叹而已。改正朔一端,为前在昆明承教时所未及,尤觉精确新颖……"书出版之后,陈寅恪又以惊喜之情赞誉说:"抗战八年,学术界著作当以尊著为第一部书,决无疑义也。"一生坚持"独立之精神,自由之思想",从不阿谀逢迎、见风使舵的陈寅恪,用自己刚正坚硬的骨头,为一部学术著作作了人格的担保。

董作宾的弟子李孝定回忆起《殷历谱》问世时描绘:"这五年中,师徒二人,据大门板摆成桌子的两边,猫在戏楼院的戏楼上,唱了三年戏。我是跑龙套的,戏码就是这本'集释',彦堂先生是京朝名角,唱的是大轴,戏码是《殷历谱》。这可算学术界的一段小掌故。"

董作宾的研究成果,不仅在学术界有口皆碑,同时还获得了国家层面的高度评价。1946年,战时的国家领袖蒋介石为他签发了嘉勉令:

中央研究院朱院长勋鉴:
　　三十四年七月四日呈悉,董作宾君所著《殷历谱》一书,发凡起例,考证精实,使代远年湮之古史之年历,爬疏有绪,脉络贯通,有俾学术文化,诚非浅显,良深嘉勉,希由院转致嘉勉为盼。
中正午养侍秘。

在李庄板栗坳狭小的戏台上,董作宾上演了一出精彩的好戏,为中国历史研究填补了文明的空白,更为中国学术争得了世界性的喝彩。胡适、陈寅恪、马衡、唐兰等学术名家高度评价,海外学者德效骞、李约瑟等突破语言文字的障碍,同董作宾讨论和交流。

中华人民共和国成立以后,担任北京图书馆馆长的著名学者任继愈,就是在李庄认识了董作宾。那个时候，任继愈是北大文科研究所的研究生，他亲眼见证了董作宾的成功。在日后的回忆中，任继愈说："搞甲骨文的像董作宾先生，我认识的，他原来在集市上摆小摊，卖那个毛巾呀、雪花膏呀、发卡子呀这类的东西。顾客有时候来，有时候不来，赶集嘛。他就拿着《汉书》在那里看，结果被一个专家看见了，就说你这个年轻人不要摆摊了，跟我念书去吧。后来他就成了个甲骨文专家。"

彦堂董作宾用锐利的目光穿透厚重的黄土层，在沉默的甲骨上发现时光秘密的时候，鼎堂郭沫若还以一个国民政府通缉捉拿的政治罪犯的身份流亡日本。他用《请看今日之蒋介石》的檄文激怒了当时的国家领袖，被迫逃亡海外，并在日本宪兵的监视之下开始对中国古代史和甲骨文、金文的研究。

郭沫若在日本的小黑屋里读到了董作宾的《大龟四版考释》，瞬间就有一道火光点亮了他长久以来的困惑与迷惘，董作宾文章中对甲骨文"某日卜某贞某事"的诠释让他击掌惊叹："近时彦堂解为贞人之名，遂顿若凿破鸿蒙！"

郭沫若对史语所五体投地的佩服，就从这一刻开始。他不顾自己的政治立场和逃犯身份，给董作宾和李济去信，恳求一观大龟四版。

毕竟是书生。董作宾和李济丝毫没有忌讳郭沫若和他们对立的政治立场和国民政府的罪犯身份，史语所与郭沫若非亲非故，但一个流亡者在极端困难的条件下仍然执着学术，值得同情与支持。征得傅斯年同意之后，董作宾用最快速度寄去了大龟板拓片和新获卜辞拓片。不仅如此，忠厚的彦堂还将刚刚写完的重要论文《甲骨文断代研究例》三校稿同时寄上。董作宾在信中交代，这些珍贵的拓片和成果尚未发表，仅供参考。

收到材料之后的郭沫若欣喜若狂，立即将大龟四版拓片编入他的《卜辞通纂》一书中。出版之时，郭沫若在后记中说："大抵卜辞研究自罗王而外以董氏所获为多。董氏之贡献在与李济之博士同开出殷墟发掘之新纪元。""承董氏彦堂以所作甲骨文断代研究例三校稿本相示，已反复诵读数遍，既感叨其高谊，复惊佩其卓识。如是有系统之综合研究，实自甲骨文出土以来所未有……如此快事，几令人直欲拍案叫绝。""知我罪我，付之悠悠。"

郭沫若的书漂洋过海到达了史语所。八十年后，我们仍然可以想象得到大炮傅斯年的态度。当傅斯年从郭沫若的著作中看到史语所考古组发掘的二十二版新获卜辞时，怒火立刻涌上头顶，根根头发，竖立起来。他的暴跳如雷，破口大骂，让史语所的书生们又一次见到了这个山东大汉的脾气。不知远在扶桑的郭沫若，是否感受到了大陆这边的风暴。

日本军人侵华的炮火最终消除了郭沫若政治犯的身份。当董作宾在李庄埋首书斋的时候，郭沫若正以国民政府军事委员会政治部文化工作委员会主任的身份任职陪都重庆。长江，如同一条柔软的绸带，串联起了李庄和重庆的涛声。如果愿意，郭沫若完全可以作一个雪夜访戴的王子猷，在一个薄雾飘绕的早晨，悄悄地到达李庄。但是，史语所所长傅斯年，始终是他的忌惮。

是因缘，总有见面的时候。傅斯年一直对赠送郭沫若的拓片失策耿耿于怀。李济在重庆见到了郭沫若，当面指斥他拿别人当傻子的不对，并从此敬而远之。

董作宾与郭沫若的未尽之缘缘于傅斯年的身体不适。傅斯年委托董作宾赴重庆参加中央研究院院务会议。到了重庆，董作宾便放下一切事情，在重庆郊外找到了郭沫若的住所。

郭沫若自觉有愧于董作宾。对于彦堂的到来，鼎堂以最大的热情招待，酒醉耳酣之时，郭沫若泼墨挥毫，以诗相赠给过他真诚帮助的董作宾。

> 卜辞屡载建尸方，帝乙帝辛费考虑。
> 万蠕千牛推索遍，独君功力迈观堂。

郭沫若有多种才华，诗人，是他才华体现的一项桂冠。这首诗未能让我们看出多少诗歌艺术的精妙，但对于董作宾来说，却足以让他心花怒放。郭沫若用殷墟卜辞中的方国和晚商王朝的两位国王作典，夸赞董作宾甲骨文的考释研究成就超越了一代宗师王国维。董作宾在郭沫若的赞扬中轻飘起来，回到旅馆，立即作《跋鼎堂赠绝句》一首，回敬了郭沫若：

> 三十一年春，访沫若于渝，十年神交，握手言欢。彼方屏置古学，主盟文坛，从事抗战之役，余则抱残守缺，绝学自珍。一生事业，其将以枯龟朽骨之钻研而为余之止境乎？兴念及此，搁笔太息。

这个时候的董作宾，不仅忘记了当年郭沫若的侵权行为，更把史语所所长傅斯年请他出席会议并办理史语所书刊印刷及为合作社购物的委托忘得一干二净。大炮傅斯年后悔莫及，他立即给在重庆的中央研究院总干事叶企孙去信，发泄他的怨气："彦堂此行，旨在可谓场闹之至……旋思彦堂好朋友，而重庆未去过，故请他去，实在是有望助成其意之意。但绝未想到，彼到后只是演说，访友、寻友（例如郭沫若处，彼能去三次），而公事置之不问也……"

1942年春天的重庆，留下甲骨二堂把酒言欢，惺惺相惜的激情场面，灯火阑珊之时，忠厚的董作宾，做梦也不会想到，数年之后，一道海峡，将他和郭沫若隔绝。

八

远离了炸弹，死亡却没有走远，它的阴影始终笼罩在人们头上，一有机会，它就会兴风作浪，重重地击倒对手。它用一种新的形式悄无声息地侵蚀人的肉体。

李庄，是李济的伤心之地。每次去江边坐船，李济都不忍看山坳上那一座不起眼的土堆，然而，女儿的身影总是顽强地从那个土堆中站出来，让他泪眼蒙眬，让他肝肠寸断。那棺坟墓里，埋着贫病中倒下的十七岁的女儿凤徵。两年前，二女儿鹤徵在昆明不治身亡。贫困，夺去了李济两个女儿的生命。李济这个坚强的汉子，流干了眼泪，战争，没有追上他们一家逃难的脚步，贫困和疾病，却让两个如花似玉的生命倒在了路上。

饥饿，还夺去了劳干母亲的生命。劳婆婆死的时候，全身肿胀，缺医少药，当地的乡亲扯来一篮篮的夏枯草、车前草、金银花，也无法挽救她的生命。

在李庄这个陌生的坏境中，史语所研究员、著名考古学家梁思永也倒下了。迫使梁思永倒下的是当时常见却又没有特效药对付的肺结核病。而且，在与疾病的搏斗中，梁思永步步退却，生命之火逐渐黯淡。傅斯年知道，如无特别措施，李庄的野地里，将会立起一棺新的坟冢。

那时梁思永住在李庄镇上的羊街八号，那幢老宅虽然宽敞，但是阴冷，难见到阳光，讲究科学的傅斯年认为这样的环境绝对不利于梁思永的病情，于是，他便在板栗坳为梁思永专门租了一个院子，选了最通风采光朝阳的三间正房，请来工匠，装顶棚，铺木地板，为窗户安玻璃，铺设阳台。傅斯年要让梁思永羸弱的病体在最好的环境中慢慢健康起来。民国三十年的李庄，这座付出了傅斯年心血的住房可能是最豪华的五星级装修了。

然而，梁思永已经被肺病重重击倒了，他躺在阴冷的床上，无法走动。傅斯年找来一副担架，为了让梁思永平安顺利地跨越那道五百多级石阶组成的天梯险道，他让梁思成当了梁思永的替身，躺在担架上，反复试验，直到万无一失。考古学家梁思永，就这样在傅斯年的精心呵护下，顺利地到达了板栗坳的新家。

在运送梁思永的担架旁，傅斯年扮演了一个组织者和指挥者的重要角色。由于台阶漫长而陡峭，抬担架的人必须付出艰巨的努力。为了保持平衡，为了保证担架的水平状态，后面的人必须把担架扛在肩上，而前头的人呢，则必须匍匐着身子，膝盖直接跪在坚硬的石头上。这样的场面，现实生活中是不会出现的。我调动了一个文学创作者的全部想象，也无法完整地复制战乱时期中国知识分子们在李庄的温情和困苦。那种感人至深的画面，我只在电影《小花》中看到，陈冲和刘晓庆20世纪80年代扮演的角色，曾经感动过无数电影观众，它真实地复制了李庄板栗坳的一幕。

梁思永被人抬到板栗坳疗养的时候，他的嫂子林徽因也在贫病中倒在了床上。正在重庆为营造学社筹集经费的梁思成，立即买了些药品，心急火燎地赶回了李庄。

肺结核把林徽因折磨得失去了人形，这个北平城里曾经的美丽女人，面容苍白，颧骨高耸，四十度的持续高烧让她昏沉迷糊，那双晶莹的秀目也失去了动人的光彩。

在肺结核肆虐的恐怖中，傅斯年去李庄镇边上坝的张家大院看望林徽因。他从林徽因的病榻上看到了死神若隐若现的影子。傅斯年默默无言，他无法化作有效的药物到达病人的痛苦之中。

从林徽因家出来，傅斯年觉得全身发软，额头上不断有冷汗冒出来。他突然想起，一天当中，才吃了一盘缺油少盐的藤藤菜。他问自己，紧急关头，谁能挽救病人，谁能拯救史语所呢？

民国三十一年四月，远在重庆的中央研究院代院长朱家骅收到了傅斯年从李庄寄来的一封私信。

骝先吾兄左右：

兹有一事与兄商之。梁思成、思永兄弟皆因在李庄。思成之困是因其夫人林徽因女士生了T.B.，卧床二年矣。思永是闹了三年胃病，甚重之胃病，近忽患气管炎，一查，肺病甚重。梁任公家道清寒，兄必知之，他们二人万里跋涉，到湘、到桂、到滇、到川，已弄得吃尽当光，又逢此等病，其势不可终日，弟在此看着，实在难过，兄必有同感也。弟之看法，政府对于他们兄弟，似当给些补助，其理如下：

一、梁任公虽曾为国民党之敌人，然其人于中国新教育及青年之爱国思想上大有影响启明之作用，在清末大有可观，其人一生未尝有心做坏事，仍是读书人，护国之役，立功甚大，此亦可谓功在民国者也。其长子、次子，皆爱国向学之士，与其他之家风不同。国民党此时应该表示宽大。即如去年蒋先生赙蔡松坡夫人之丧，弟以为甚得事体之正也。

二、思成之研究中国建筑，举世无匹，营造学社，即彼一人耳（在君语）。营造学社历年之成绩为日本人羡妒不置，此亦发扬中国文物之一大科目也。其夫人，今之女学士，才学至少在谢冰心辈之上。

三、思永为人，在敝所同事中最有公道心，安阳发掘，后来完全靠他，今日写报告亦靠他。忠于其职任，虽在此穷困中，一切先公后私。

总之，二人皆今日难得之贤士，亦皆国际知名之中国学人。今日在此困难中，论其家世，论其个人，政府似皆宜有所体恤也。未知吾兄可否与陈布雷先生一商此事，便中向介公一言，说明梁任公之后嗣，人品学问，皆中国之第一流人物，国际知名，而病困至此，似乎可赠以二三万元（此数虽大，然此等病症，所费当不止此也）。国家虽不能承认梁任公政治上有何贡献，然其在文化上之贡献有不可没者，而名人之后，如梁氏兄弟者，亦复少！二人所作皆发扬中国历史上之文物，亦此时介公所提倡者也。此事弟觉得在体统上不失为正。弟平日向不赞成此等事，今日国家如此，个人如此，为人谋应稍从权。此事看来，弟全是多事，弟于任公，本不佩服，然知其在文运上之贡献有不可没者，今日徘徊思永、思成二人之处境，恐无外边帮助要出事，而帮助似亦有其理由也，此事请兄谈及时千万勿说明是弟起意为感，如何？乞示及，至荷。

专此，敬颂

道安。

弟　斯年谨上　四月十八日

弟为此信，未告二梁，彼等不知。

因兄在病中，此写了同样信给咏霓，咏霓与任公有故也。弟为人谋，故标准看得松。如何？

弟年又白

在别人眼里，脾气暴躁、办事有魄力，甚至被蒋廷黻讥讽为"太上教育部长、太上中央研究院总干事、太上北大校长"的傅斯年，在这封私信中处处谦卑，满篇乞求。后人在这封信中看不到半点骄横跋扈，字里行间，无一个字与私利有关。

如此诚挚恳切而又毫无私利的求援，在抗战最为困难的时期，与傅斯年私交甚好的朱家骅也无能为力。最后由傅斯年再次信呈："梁思永君之医药费经本所第七次所务会议议决，拟由本所医务室收入中补助四千元，并以前之六千元共一万元，敬请惠予考量。"

在与肺结核的鏖战中死里逃生的林徽因后来还是知道了傅斯年的侠义真相，他隐瞒的火炭终于烧穿了包裹的厚纸。林徽因用书信表述了她的感激：

今日里恭之人穷愁疾病，屯蹶颠沛者甚多。固为抗战生活之一部，独思成兄弟年来蒙你老兄种种帮忙，营救护理无所不至，一切医药未曾见缺，在你方面固然是存天下之义，而无有所私，但在我们方面虽感到Lucky终增愧悚，深觉抗战中未有贡献，自身先成朋友及社会上的累赘的可耻。

　　……

　　尤其是关于我的地方，一言之誉可使我疚心疾首，夙夜愁痛。日念平白吃了三十多年饭，始终是一张空头支票难得兑现。好容易盼到孩子稍大，可以全力工作几年，偏偏碰上大战，转入井臼柴米的阵地，五年大好光阴又失之交臂。近来更胶着于疾病处残之阶段，体衰智困，学问工作恐已无份，将来终负今日教勉之意，太难为情了。

　　……

国难与贫病中的李庄，人与人之间的感情和感恩变得单纯而质朴。

数十年后，历史学家们从翁文灏的日记中找到了证明。傅斯年情辞恳切的求援信打动了朱家骅。经与时任国民政府经济部资源委员会主任翁文灏商量，通过蒋介石侍从室一处主任陈布雷，向蒋介石呈报了事情原委，得到了特别经费二万元的有效救济。

九

林徽因从死神的堵截中逃出来了。但更多的人却无幸运降临。

史语所研究员刘半农患了回归热病，药石无医。唯一不同的是，刘半农病死于北京，他拒绝在李庄的荒野里增加一座殇冢。

梁思永虽然住进了傅斯年为他精心装修的房子，但住房毕竟不是药物，他在新的环境里也不能站立起来。

梁思永1930年从美国哈佛大学毕业后，就回国正式参加了傅斯年领导的史语所考古组。黑龙江昂溪、通辽河新石器遗址、河南安阳小屯和后冈、山东历城龙山镇城子崖以及安阳西北冈,都留下了他辛勤的脚印。梁思永是一个拼命的工作狂,傅斯年知道,没有什么东西可以中止他考古研究的雄心。

在傅斯年的期盼中,梁思永和董作宾合著的大型田野报告《城子崖》,就像一束雪中的寒梅,在1941年的苦难时光中开放在李庄小作坊的石板上。这是中国第一部大型考古学术报告,它开创了一段历史。

梁思永的学生石璋如亲眼看见他的老师写作这部书的投入状态。

> 第二年的初夏即卧病不起,由山下搬到山上的戏楼院旁,居住养病。在病榻旁放置几案,把所需的资料放在一旁,另制一块木质写板,把纸张夹在木板上,可以坐在床上,垫起后背随时书写,他这种精神和毅力真令人佩服,终于完成了报告的纲领,分为十三章三表。

与在长沙、昆明的战乱相比,李庄就是傅斯年寻觅到的世外桃源。山里没有电灯,桐油灯盏是唯一的照明工具。天黑关门,四野寂静,只有猫头鹰在屋后的大树上宣示山村长夜的寂寞。董同龢用一段简单质朴的话,表达了李庄这群书生共同的心声:"国家已穷苦到如此地步,还让我们这些研究文史的人有饱饭吃,其实我们这套学问,晚过几十年再研究又有什么不可以?"

董作宾埋首于《殷历谱》中。深知这部著作意义的傅斯年,特批一桶洋油和一盏油灯,专供董作宾享用。其他研究人员,熬不过昏暗的桐油灯和夏夜的闷热,偷偷来到董作宾的工作室揩油。董作宾弯腰曲背的身影和额上滚动的汗珠,让年轻人自惭形秽。

梁思永的玩命,正是董同龢这段肺腑之言的体现。在同病魔的抗争中,梁思永同敌人打了个平手。八十年后,李庄的老人还能记起梁思永的名字。他们用"硬人"这个方言词汇描述骨瘦如柴的书生,这个从不出门、天天在家写书看书的人,突然有一天说要走了,要一两个月才能回来。梁思永把生离死别说得轻描淡写,但是同他告别的乡亲看到的却是阴阳交汇的一幕:他平躺在滑竿上,铺盖笼到了头顶,几条汉子小心翼翼,把他从高石梯上缓缓抬到了李庄街上,然后上船。梁思永这一走,就再也没有回来。李庄的乡亲听说,这个硬人,肋巴骨被取去了几根。

李庄的疾病，不知击倒过多少人。即使是金发碧眼高鼻深目的外国人，恶魔也毫不留情，不因他们身形高大说一口病魔听不懂的异国语言而心生慈悲。

美国人费正清是民国三十一年十一月来到李庄的，这个在社会科学研究所长陶孟和陪同下专程来看望梁思成林徽因夫妇的老外，一到李庄就倒下了，感冒发烧，梁思成的家，无意中成了他的病房。

费正清同梁思成夫妇结识于20世纪30年代的北京。费正清是为了撰写19世纪中英关系的论文来中国实地调查的，这个高个子的美国人为博大精深的中国文化折服，很快就结识了北京文化圈的胡适、陶孟和、丁文江等一批朋友。而民国二十一年七月他同威尔玛·坎农·费尔班克在北平的婚礼上，梁思成林徽因夫妇则为他们取了"费正清、费慰梅"这两个中文名字。

民国三十一年费正清的身份是美国驻中国大使馆新闻处的官员，他的任务是搜集中日两国的出版物，协助国务院执行文化交流计划。这个被梁思成林徽因夫妇视为亲密朋友的美国人，后来为中外文化交流做出了很大贡献，他的中国问题研究，影响和改变了美国的对华政策，他主编的《剑桥中国史》，成了影响全世界的一部书。

费正清在李庄待了一个星期，由于疾病和寒冷，他的大部分时间，都是在床上度过的。刻骨铭心的体验中，滋生了他对李庄的敬意，他感叹说："我为我的朋友们继续从事学术研究工作所表现出来的坚忍不拔的精神而深受感动。依我设想，如果美国人处在此种境遇，也许早就抛弃书本，另谋门路，改善生活去了。但是这个曾经接受过高度训练的中国知识界，一面接受了原始纯朴的农民生活，一面继续致力于他们的学术研究事业。学者所承担的社会职责，已根深蒂固地渗透到社会结构和对个人前途的期望中间。"

跟在费正清之后来到李庄的外国人，是英国驻华大使馆的战时科学参赞李约瑟教授。不过，他幸运地逃过了疾病的追踪。

陶孟和领导的社会科学研究所落户在远离李庄镇街的门官田，和板栗坳一样，这是一个偏僻难行的地方。董作宾曾做向导带西南联大的梅贻琦、罗常培、郑天挺教授去过那里。

社会所有一个青年研究员，在日机的轰炸中受了刺激，精神失常，最后成为了李庄的又一个野鬼。

八十年之后，门官田还有老人回忆得起一个去河边挑水的女人，那个女人身形窈窕，气质高贵。如果不是战争，门官田这样偏僻的乡间，很难出现这样的人物和如此的情景。

这个挑水的美丽女人叫沈性仁，她曾经是浙江嘉兴城里光艳照人的沈氏三姐妹的小妹。她的两个姐姐，分别嫁给了国民政府的上海特别市长黄郛和曾任国民政府国防设计委员会副秘书长，1949年后当过全国政协副主席、民革中央副主席的钱昌照。而她与丈夫陶孟和，也是天作之合的一对。

曾留学日本的沈性仁，"五四"时期就翻译戏剧作品《遗扇记》在《新青年》杂志连载，还与陶孟和合译《欧洲和议后的经济》和房龙的《人类的故事》。这个才华横溢的女人，被第一次相见的金岳霖惊为天人，并用藏头诗歌颂她的美貌才华："性如竹影疏中日，仁是兰香静处风。"

然而，疾病的恶魔在战争年代的李庄肆虐，它没有放过沈性仁，结核病菌，悄悄地潜入她的肺部。在链霉素这个结核杀手尚未问世的20世纪40年代，肺结核面目狰狞，所向无敌，它摧毁了无数的肉体。沈性仁在同肺结核的较量中步步退却，从此门官田的小河边便断绝了沈性仁挑水的倩影。

陶孟和深知李庄的高温湿热不利于妻子的病情，正巧国民政府资源委员会有一个考察团去西北旅行，陶孟和便通过钱昌照，让沈性仁搭上了西行的便车。他以为高原的凉爽晴朗有助夫人的康复，不想，沈性仁一去竟成了永诀。沈性仁没有死在李庄，却倒在了千里之外的兰州。

在同济工学院任教的波兰人魏特，也将生命献给了李庄。这个犹太人，是在英国人李约瑟教授的日记中出场的。

同济大学是最早到达李庄的单位，所以，李庄那些平坦开阔近街依水的地方，大多让同济享受了近水楼台的好处。大学是传播科学文明的场所，同济工学院的师生们，移走了菩萨的金身塑像，不留情面地占领了东岳大帝的庙宇。英国学者李约瑟在民国三十二年的日记里，记下了工学院的强盛：

> 工学院各系都欣欣向荣。该院有一座自己的发电厂，学生们花大量时间来组装和架设从下游运来的大量设备。尤其给人留下深刻印象的是由能干的叶雪安博士领导的测绘系，设备精良，几乎垄断

了中国对勘测员和制图员的培养。这里也有同盟国的协助，因为那位研究钢结构的教授就是位波兰人。

魏特教授时年五十左右，西方人的严谨在他身上得到了充分的体现。他的西装面目陈旧，却不改干净笔挺的本色。他用德语讲课，板书写得一丝不苟。魏特在李庄单身一人，但他的妻儿子女却在遥远的波兰，那个家庭，必须依靠他每月的工资才能生存。

战争，是全人类的敌人，魏特的痛感尤甚。纳粹占领波兰后，迫害犹太人，魏特教授逃到了上海，在同济大学以一技之长谋生。然而好景不长，日本侵略者的战火，让他再一次沦为了难民。

在李庄，疾病成了魏特最后的敌人。李庄天井山的五同坳上，是这个波兰犹太人生命的归宿。那一棺孤坟朝着欧洲的方向，然而，凶残的战争和漫长的时间，阻断了多瑙河的流向，一个欧洲人的思念和梦想，永远埋葬在了李庄的土地上。

十

公元 2004 年，这是一个与李庄毫无关联的年份，六十多年的漫长距离，隔绝了中华人民共和国与一个在大陆上消逝了的时代的一切联系。然而，却有一个意外，串联起了两个时代的血缘，让我看到了李庄门官田的影子。

事件的起因源于北京，一个捡拾垃圾的老人，在废墟中意外捡到了一个麻袋。老人不认识麻袋中那些黄旧的废纸和纸上繁体的汉字，最后被中国社会科学院近代史研究所的专家鉴定为抗战时期中央研究院社会科学研究所在李庄完成的《1937—1940 年中国抗战损失估计》的学术报告。陶孟和与他领导的社会科学研究所，终于走出了垃圾的围困，穿透了六十年时光，回到了世人的关注中。

祖籍浙江绍兴，1887 年出生于天津的陶孟和是中国社会学的开山鼻祖。求学期间，他先在东京高等师范学校学习历史和地理，后赴英国伦敦大学学习社会学和经济学。二十五岁的时候，他就与同学合作，出版了英文版的社会学著作《中国乡村与城镇生活》。获得伦敦大学经济学博士学位之后，陶孟和回国，任教北京高等师范学校和北京大学。

兼有大学教授和社会学家双重身份的陶孟和，一边教书，一边开展社会调查。他在《社会调查（一）导言》中清楚地表明了自己的追求和抱负：

> 我向来抱着一种宏愿，要把中国社会的各方面全调查一番，这个调查除了在学术上的趣味以外，还有实际功用。一则可以知道我国社会的好处，例如家庭生活种种事情，婚丧祭祀种种制度，凡是使人民全体生活良善之点，皆应保存；一则可以寻出吾国社会上种种，凡是使人民不得其所，或阻害人民发达之点，当讲求改良的方法。

从1926年起，陶孟和主持中华教育文化基金会社会调查部和北平社会调查所，开展了农业经济、工业经济、劳动问题、人口问题、工人生活费统计、近代经济史等重点研究，并以《中国之工业与劳工》《中国劳工生活程度》两部社会学论文提交在荷兰海牙召开的世界社会经济会议和太平洋国际学会第四次会议，引起了海外学术界的关注。

1934年，北平社会调查所并入中央研究院社会科学研究所，陶孟和继蔡元培、杨铨、傅斯年之后出任社会所所长。

陶孟和研究视野开阔，他不是书斋里的冬烘。抗战爆发之后，陶孟和及时调整了社会所的研究方向，将明代田赋、清代关税田赋、川盐官运和近代重工业、棉业、漕粮运输等研究课题转移到抗战建国方面，确定了以研究战时经济为主的方针。

沈性仁的病逝，让陶孟和的生命大厦也垮塌了。陶孟和的弟子巫宝三，目睹了陶孟和的迅速消瘦和枯萎。一个人的生命失去了一半，无边的孤独和寂寞，如同弥漫的夜色，迅速笼罩了他。幸运的是，陶孟和没有倒下，他开始昏花的眼睛里闪烁着智者的光芒，他穿过时间的迷雾，依稀看到了抗战胜利的微光。

陶孟和不是先知，但是，海外留学的经历以及对世界发展的关注让他对第一次世界大战交战国各方的损失以及和平谈判的情况有过详细了解。历史发展的规律使他对未来有一个清晰的判断，他以一个战略家的眼光向国民政府提出了"战时经济状况及其损失应作为一个重大课题及早调查研究，以作为抗战胜利后和会谈判的依据"的建议。

在巫宝三等人的回忆中，后人看到了炮火纷飞的抗战期间，社会科学研究所的研究人员，用超前的眼光审视历史，研究现实，为一个饱受帝国主义欺凌的国家和民族做出的贡献。

李庄五年，梁方仲完成了中国历代户口田赋等资料的整理。四十多年后他那本被誉为"建国以后中国史学界为数不多的未受政治干扰而能垂垂久远的经典之作"的史学著作《中国历代户口、田地、田赋统计》，就是此时奠定的基础。那些有价值的文字，就是从这个偏僻的山庄滥觞。后人评论说，梁方仲的研究证明，"任何社会，养活一定数量的人口必须有相应的土地。对土地所需要的最低限量，就是这个社会'饥寒界限'，如果低于这个生产力水平所决定的'饥寒界限'，无论何种社会制度，都将无法解决人民的温饱问题，无法避免贫困和动乱的悲剧发生。"（岱峻《发现李庄》，福建教育出版社 2014 年出版）

巫宝三是美国哈佛大学经济学研究生。李庄时期，他根据卷帙浩繁的资料、数据，对抗战前后的中国经济增长速度进行了科学理性的分析，做出了1936年的经济总量达到了抗战前的最高水平的科学结论。

李庄门官田，这个偏僻的山村，见证了社会科学研究所的研究人员，用汗水和智慧留下了让后人钦佩的研究成果。战争，不仅让人民颠沛流离，那些物质化的工厂，更是在日军的炮火中疲于奔命，抗战以来经济大事记，真实地记录了这些迁徙变动。战时物价变动，抗战损失，沦陷区经济调查，都通过严谨的论文和调查报告，为一个战火中的国家留下了宝贵的资料。

《抗战三年我公私损失初步估计》《中国对日战事损失之估计》，分别出自研究员潘嘉林、韩启桐之手，这些运用了国际通用的科学统计方法，最早研究中国抗战损失的著作，成为社会科学研究所计划为国民政府向日本索赔提供有力证据的科学文本，《中国责令日本赔偿损失之说帖》，凝结了社会科学研究人员的心血。

陶孟和、梁方仲、巫宝三、潘嘉林、韩启桐、罗尔纲，这些一腔热血的爱国知识分子，不可能预测到这些耗费了他们心血的研究成果日后的命运。由于历史的吊诡，在战后复杂的国共两党和日本政府关系中，这些研究成果失去了应有的作用，它们沦落为一堆废纸。

抗日战争胜利之后的1952年，逃居在台湾岛上的国民党当局，同日本政府签订和约，放弃赔偿。二十年之后，在同日本建交的谈判中，中华人民共和国政府，也放弃了对日战争的赔偿要求。

放弃，是国家和国家、国家和政党间的一种交往策略。在国家利益博弈的棋枰上，胜负，是巨人间心里的烽烟和战鼓，没有人看得透历史的内幕。但是，陶孟和和社会科学研究所的工作，书生们的预见，还是没有白费。陶孟和们的意义，在于让后人知道了放弃了什么和放弃了多少。这些在极端困难的条件下坚持知识分子职责的人，他们圆满完成了艰巨的任务。历史，刻录了侵略者的罪证，也记住了中国有良知的知识分子们的名字。

十一

史语所所长傅斯年和社会所所长陶孟和两人之间不和，在李庄是公开的秘密。好在两个所分别驻在板栗坳和门官田、石崖湾，两地相距远，且路又难行，所以两个所和两个所长老死不相往来。

然而，也有交集的时候。不过，两个所长的见面，犹如上演了一出戏剧，这出戏剧的导演是建筑学家梁思成，戏剧最早出场的却是一个外国人。

英国人李约瑟博士来到李庄的时候是民国三十二年六月。李约瑟的到来，在李庄的知识分子中产生了轰动，大家都想一睹这个名声遐迩的外国学者的风采，现场聆听他的学术演讲。

不远万里来到中国的李约瑟，身兼中央研究院动植物研究所的通讯研究员。对于身陷乡村，与世界联系艰难的研究人员，他们渴望来自世界学术前沿的信息，盼望李约瑟教授带来新的研究成果。困境中的学者们，把李约瑟当成最尊贵的主人，所有的前嫌和不快，都在迎接贵宾的热情中融化了。陶孟和、傅斯年、李济、梁思成都在李约瑟的演讲中聚在了一起。

就在李约瑟登上讲坛前的一刻，梁思成看见了陶孟和同时也看见了傅斯年。两个人相距不远，只是，往日的隔阂，在两个人中间竖起了一道看不见的篱笆。此时的梁思成，心里突然动了一下，他快速走过去，抓住陶孟和的手，把他拉到了傅斯年身边，然后又握住了傅斯年的手。在傅斯年和陶孟和的惊愕中，建筑学家将两个学术巨人的手紧紧贴在了一起。热烈的掌声，突然在会场里爆发了。经久不息的掌声，让傅斯年陶孟和脸上浮现了久违的笑容，两双握笔的手，在众人的目光中融在了一起。

这一个意外的场景，让李济的心激动了。他大步走上前去，紧紧地握住了梁思成的手。李济想说，总有一种力量，能够融化心中的坚冰，但是，他看见了李约瑟教授的笑脸，听到了他不停的掌声。他觉得这一刻，正是李博士的学术报告开场的最佳时刻。

六十年过去，后人已经记不起了李约瑟学术报告的内容，但是两个学界精英握手的瞬间，却留在了时光的深处。人们还记得，李济大声说，应该把本年度的诺贝尔和平奖，颁给梁思成先生！

卧病在床的林徽因没有亲眼见证这温馨人性的一幕，她把别人的描述写成了信，寄给了费正清。林徽因说，人类总的来说还是大有希望的。

陶孟和与傅斯年，都有着北京大学的共同缘分。严格来说，陶孟和还是傅斯年的师辈，陶孟和在北大做教授时，傅斯年还只是个活跃的学生领袖。两个人的芥蒂，起因于社会所的西迁设想和两所研究范围重叠。傅斯年同陶孟和有过君子之约，"近一百年史，即鸦片战争起，由社会所办，其设备亦由社会所"，但陶孟和想聘用的李安宅、费孝通与韩儒林等人的研究选题和范围，却与史语所研究人员的工作有所重叠。

由于沟通不利，两个人用通信的形式，开始在纸上交锋征讨。陶孟和信中说："……今又遭一再鞭扑，且警告以所请之人不得任为研究员（实际上现仅有一人），弟行能无似，如足下承认弟无资格进行西北工作，或须完全退出中研院，尚祈坦白告我为幸。"在另一封信中，陶孟和更是用了"足下伎俩高超、素所深悉"等刺激的字眼。

傅斯年则直接回击说："'伎俩'一词，其 Connotations 在中国虽无标准字典，然试看《聊斋》《西游》《儿女英雄传》《封神榜》等书，完全是一句骂人很重的话，意为'小小阴谋'之类或英语之 treacherous……此等骂人话，最好盼望我公收回，即是说，下次来信，声明收回'足下伎俩高超，素所深悉'十个大字，除非我公认为不必再作朋友的话。"

不仅学术行为，在政治态度上，两人观点更有分歧。陶孟和公开抨击国民党政府的腐败，认为国民党政府已经烂到核心了，已经无可救药了。傅斯年一生从未曾改变过对蒋介石的忠诚和信任，他用恨铁不成钢的心情批评政府，但骨子里却是国民政府的忠臣。而陶孟和呢，则要弃暗投明。两个道已不同的人，老死不相往来，就是不可避免的了。

即使是领导方法和为人处世的方式，两个人也大相迥异，甚至相反。

四川大学中文系毕业的才子王叔岷来李庄史语所报到的时候，心中颇有些踌躇满志，他想到史语所之后，尽快拿出成果，显示一番才子的实力。因此，当他见到傅斯年的时候，就将他写的诗文呈上，客气地请他指数。谁知所长一句表扬肯定的话都没有，反而板着脸教训起来："要把才子气洗干净，三年之内不许发表文章！"一盆冰水，将王叔岷胸中"奇书十万卷，随我啖其精"的火焰彻底浇灭了。

傅斯年脾气暴躁，霸气十足。董作宾把傅斯年对年轻人"三年之内不许发表文章"的规定比喻为下马威。有一次，一位助理研究员在院中散步，时间略长，被傅斯年看在眼里，第二天，傅斯年吩咐大家到院子里晒太阳，唯独不让那位助理研究员出门。傅斯年挖苦说："太阳虽然暖和，但你昨天已经晒够了！"董作宾在史语所代理所务的时候，所里气氛活跃，欢声笑语不断，傅斯年一回来，大家马上一片沉寂。

傅斯年感觉到了，便问董作宾缘由："他们立在院内或大门口，一群人有说有笑，你去了，加入摆一套龙门阵，我去了，他们便一个一个，悄悄溜了，这是为什么？"

老实人董作宾笑着说："这正是我无威可畏，不如老兄之处。"

傅斯年只好长吁一口气。其实，董作宾顾全了傅斯年的面子，没有把社会科学所所长陶孟和的话转达给他。陶孟和曾经对董作宾说："胖猫回来了，山上淘气的小耗子，这几天敛迹了。"

傅斯年的学生马学良的回忆证实了陶孟和的调侃和描述：

所长傅斯年先生为人正派，令人敬重。初入所时，闻傅先生性情急躁，大家都生敬畏之心。当时我们小辈，晚饭后在田边散步，远远看到傅先生迎面走来，都转身急急奔逃，如果逃脱不了，就会被抓去下棋。其实傅斯年先生心不在棋，意在思考某一学术问题，或天下兴亡大事，不过借棋定神，心有别属。因而常常高举棋子而迟迟不落，令知者感怀，不知者诧异。也有传说他是借机测试，以便了解你的智能和学术造诣。

而陶孟和呢，在别人的眼睛里则是一个和气的人。对手下的研究人员，陶孟和是无为而治，让他们像门官田后山上的鸟，自由地飞来飞去。他选才不拘一格，不论出身。巫宝三、彭泽益、刘国光、梁方仲、汪敬虞等，都是他录用的人才。这些人才，在李庄期间，完成了一大批有价值的科研课题。汤象龙、梁方仲那时就在学界享有盛名了。

北大经济系毕业的千家驹，因一篇文章得到了胡适的赏识被推荐来社会所。陶孟和知道千家驹是共产党员，虽有犹豫，但也在胡适的说服下接纳了。千家驹回忆说：

> 陶先生是知道我的政治立场的，但他颇有蔡元培兼容并包的风范。他从不干涉我们的研究自由，他评判一个人的研究成绩，是看他的成果，而不是其他。此外，陶认为研究工作应该以自愿为原则，有研究兴趣的人会日以继夜地工作，没有兴趣的人让他整天坐在办公室也没用。我对社会调查所最满意的是它没有签到制度，工作时间每天六小时。

近几年突然在学术界跑红的王世襄先生，曾经在傅斯年面前碰过一鼻子灰。民国三十二年冬天，梁思成介绍王世襄进史语所工作。傅斯年首先就问："你是哪个学校毕业的？"王世襄回答毕业于燕京大学国文系本科及研究院。傅斯年当即祭出了他的下马威，他毫不客气地拒绝说："燕京大学毕业的不配到史语所来工作！"

青年王世襄在傅斯年面前赧颜而退的时候，他已经明白了傅斯年将他拒之门外的原因。老年王世襄后来在他的文章中多次诠释："我自幼及壮，从小学到大学，始终是玩物丧志，业荒于嬉。秋斗蟋蟀，冬怀鸣虫……挈狗捉獾，皆乐之不疲。而养鸽飞放，更是不受节令限制的常年癖好。"

时代变化，王世襄先生的玩家风度，如今已成逸事佳话，但在李庄的那个时代，当然无法得到傅斯年的青睐。

一个时代有一个时代的风气。王世襄先生是我们这个娱乐至死时代的新闻人物。2009年11月，九十五岁高龄的王先生驾鹤西去的时候，中央电视台评论说，一个时代结束了。如果我们将这个现实的评价置于沉寂的民国李庄，我们就看到了两个时代的不同性格。一个时代同另一个时代的区别，就通过这些细节展示，一个时代同另一个时代的深度，就在人物的命运和评价中浮沉。

林徽因在给费正清信中表达的人类希望，在傅斯年、陶孟和这里最终熄灭。傅斯年、陶孟和这两个学术巨人，辜负了梁思成的一片好心。1949年，在中国人民解放军的炮火声中，傅斯年追随国民党政权，指挥史语所，逃到了台湾。而陶孟和则做出了与傅斯年完全相反的选择，留守南京，迎接解放。在中央研究院迁台的问题上，两人爆发了激烈的争论。1948年的南京，见证了两个杰出学人的剑拔弩张。谁都没有想到，那是他们的最后一次争论。一湾浅浅的海峡，从此隔绝了他们的联系。

十二

史学大师陈寅恪，是史语所的台柱。然而，这个担负着史语所历史组主任的学界巨子，却没有踏上过李庄的土地一步，他只是一个无所不在的影子，活跃在李庄的山坳上，影响着史语所的同仁。

高血压病是傅斯年如影随形的一个恶魔。对于这个被称为"大炮"的山东汉子来说，高血压的危害几乎等同于日本飞机投掷的炸弹。民国三十年十二月，傅斯年在李庄倒下了，高血压让他在床上昏睡了三天。日本偷袭珍珠港，第二次世界大战全面爆发的惊人消息让傅斯年醒过来了。太平洋上的战火让他想到的第一个人就是陈寅恪。

三封加急电报,立即成了傅斯年营救陈寅恪的第一行动。

(款)重庆杭立武兄:
  务盼设法助陈寅恪兄来渝,电复宜宾转李庄。
                斯年
              三十年十二月十日

重庆王毅侯兄:
  祈电丁巽甫兄,设法助寅恪离港,先垫款,弟负责料理此事,并陈院长。再此间无存款,前说四千元,均为同人垫借,乞速汇。
                斯年

香港九龙太子道三六九号三楼陈寅恪:
  已电杭及丁巽甫兄,速飞渝。
                斯年

在陈寅恪无尽的人生灾难中,民国三十年的香港遭困遇险是他人生中最险恶的一场浩劫。一年前,英国皇家学会授予陈寅恪研究员称号,牛津大学也同时特聘陈寅恪为汉学教授,陈寅恪决定应邀赴英讲座。当他同西南联大和史语所办好告别手续,在香港等候开往英国的轮船时,他,以及傅斯年,这两个目光深邃的历史学家都无法预见一场生与死的劫难,已经埋伏在了人生的路途中。

其实,接到牛津大学的聘书时,陈寅恪犹豫了好久。面对牛津大学三百多年历史上首次礼聘的第一位中国教授这个巨大的荣誉,陈寅恪竟然两度辞谢。只是想到几近失明的眼睛,想到先进的西方医疗水平让他重见光明的希望,想到欧洲的汉学家们云集英国奥格司佛城翘首等待的情形,才终于下定了决心。

香港沦陷,一时成了人间地狱,街头上,到处都是中国人的尸体。远在昆明的西南联大学生得到了陈寅恪教授在日本人的炮火流弹中死去的消息,于是他们便写了一篇《悼陈师寅恪》的文章,发表在《论坛》的壁报上。西南联大教授刘文典经常在课堂上说："陈先生如遭不幸，中国在五十年内，不可能再有这种人才。"

随着西南联大学生游行罢课通电声讨行政院院长孔祥熙，远在李庄的同济大学师生和史语所、社会所、中国营造学社的研究人员都知道了陈寅恪香港遇难的消息，陶孟和、李济、董作宾、梁思成、林徽因等同事，大为震惊，傅斯年更是惊恐万状，立即急电重庆的中央研究院总办事处，打听详情。

就在傅斯年暴跳如雷，大呼要"杀飞狗院长孔祥熙以谢天下"的时候，陈寅恪正和一家老小，被子弹和硝烟困在家中。数十年后，陈寅恪的女儿陈流求著书回忆：

> 日军占领后，禁止使用大额港币。粮食奇缺，母亲费尽心机，寻找全家吃的口粮，并不得不控制我们进食。红薯皮都成了美食，但谁也没吃饱过……第二天早晨，母亲含着眼泪，拿一块浅色布用毛笔写上家长及孩子姓名、出生年月日、亲友地址，缝在四岁美延的罩衫大襟上，怕万一被迫出走后失散，盼望好心人把她收留送还。如此情景，不仅全家人眼眶湿润，连正要告辞返乡的保姆也哭了。

不过，陈寅恪还是大难不死，他历尽千辛万苦，逃离了香港，辗转抵达桂林，在中央研究院物理研究所歇下脚来。

桂林，让噩梦中的陈寅恪松弛下几乎崩断了的神经。对于陈寅恪来说，桂林，如同天堂，这里不仅安静，而且，中央研究院的物理所、地质所、心理所驻扎在这里，尽是熟人朋友。物理所所长丁西林的热情接待，让住在茅草房里的陈寅恪感到了无比的温暖。

桂林，不是陈寅恪此行的终点和目的地。住在物理所的茅草房里，西北望的陈寅恪仿佛看到了史语所同人盼望的目光，他知道，同他谊兼亲友的史语所所长傅斯年，更是在李庄的板栗坳上翘首以盼。但是，舟车劳顿、疾病复发以及旅费无着等，拖住了陈寅恪通往四川的脚步。直到1943年8月，陈寅恪才带着家人，离桂启程。

然而，陈寅恪的目的地却不是李庄，而是载着他们全家的货车，开往了成都。

有关陈寅恪弃李庄而直奔成都燕京大学任教的缘由，我在数十年后《消失的学术城》一书的作者岱峻先生对陈流求的采访中找到了答案：

> 我们一到广西良丰就借住在中央研究院的物理所宿舍，当时良丰还驻有心理所（所长汪敬熙）、地质所（所长李四光）好几个所。中央研究院各个所之间是相通的，知道彼此的情况。时局不稳，研究院的家属们常聚在一起议论，听说史语所李济先生的两个女儿在李庄得急性病去世（实为一个死在昆明，一个病死李庄），无药可治。女眷们觉得很可怕，都劝我妈妈不要去。父母身体都不好，母亲有严重的心脏病，小妹美延身体也很弱。妈妈一咬牙坚持不去李庄。从当时的形势看，广西不保，下一个撤退的目标就是四川。昆明海拔高，妈妈有心脏病不能去，重庆爬坡上坎，父母都感到吃力。正好这时燕京大学梅贻宝来了聘书，于是我们一家就决定去成都。

在开往成都的货车上，陈寅恪脑子里想的却全是李庄。他在想象李庄是一个什么样子，想着他在李庄史语所里保存的书，还有，傅斯年心中的遗憾与失望。那天晚上，汽车夜宿内江，陈寅恪忘了旅途的疲劳，让女儿流求带着自己，来到了内江城外的沱江边上。陈寅恪知道，这里，是离李庄最近的地方，船行水路，三四个小时可以到达，若走公路，两个多小时就可看到南溪的影子。夜色浓郁，江水沉静，陈寅恪久久望着李庄的方向，自言自语地说："李庄，一切都是缘分啊！"

陈寅恪与李庄擦肩而过，成为史语所的憾事，傅斯年没有想到，陈寅恪自己也没有想到。陈寅恪滞留桂林，傅斯年更是没有想到，因为陈寅恪，他竟和中央研究院总干事叶企孙，闹出了一场风波。

广西大学，亲眼见证了它的客座教授陈寅恪在桂林的日子。由于身体原因无法继续北上，陈寅恪便同中英庚款会商量，在广西大学开办讲座，由中英庚款会和广西大学合付薪酬。由于每周只开课三个小时，所以月薪不多，但为过渡之计考虑，也不失为一个办法。

陈寅恪逃出香港携家抵达桂林的消息传到了重庆，中央研究院总干事叶企孙异常高兴。叶企孙同陈寅恪相交于北平清华园中，情似挚友。出于对朋友的关心，叶企孙写信给李庄的傅斯年，谈到史语所是否聘陈寅恪为专任研究员以及月薪事宜，并提醒傅斯年说："以寅恪夫妇之身体论，住昆明及李庄均非所宜，最好办法，似为请彼专任所职，而允其在桂林工作。"

对于叶企孙的建议，傅斯年首先想到的是规章制度。在回信中，傅斯年郑重强调了史语所研究员专职与兼职的区别。傅斯年信中陈述："陈寅恪来史语所任专职，则是傅氏本人及全所同人渴望日久之事，但由于中央研究院和本所有严格的制度和服务规程，故陈寅恪不能常住在桂林而遥领本所专任研究员之薪水，必须来李庄住在史语所租赁的房中办公，才可以拿专任之薪。如果陈果能来李庄，其薪金自应为六百元又临时加薪四十元。否则，不能为之。"傅斯年又进一步强调说："于章制之有限制者，则丝毫不通融。盖凡事一有例外，即有援例者也。"

史语所兼任研究员的薪水，只有一百元，外暂加薪四十元。对于贫病交加中的陈寅恪来说，何尝不愿在李庄领取专职研究员的薪水呢。陈寅恪离开桂林，经宜山、金城江进入贵州，过独山、都匀到贵阳后，夫妻双双都被疾病击倒了。经过一个多月调养之后重新上路，11月底才到达重庆。当时在重庆厦坝复旦大学任教的原清华国学研究院学生蒋天枢、蓝文征拿着费尽辛苦买到的三罐奶粉来看望老师时，陈寅恪艰难地倚被坐起，捧着奶粉，爱不释手。"我就是缺乏这个，才会病成这个样子呵！"

叶企孙是陈寅恪的朋友，而傅斯年呢，除了朋友这层关系之外，还同陈寅恪是亲戚。傅斯年同陈寅恪相识于北京大学，陈寅恪的弟弟陈登恪是他们结缘的纽带。傅斯年虽然是北大校园里牛气冲天的学生领袖，连一般教授都不放在眼里，但他知道陈寅恪此时已在日本、德国、瑞士、法国游学多年，满腹洋墨水，深表钦佩。多年后，两人又在德国柏林大学同窗。受陈寅恪的影响，傅斯年的兴趣由心理学逐渐转向语言文字比较考据学。傅斯年对陈寅恪的佩服，就是他经常挂在嘴边的那句话："三百年仅此一人。"后来，傅斯年娶陈寅恪表妹俞大彩为妻，让他们的关系更深入了一层。

叶企孙非常了解傅斯年同陈寅恪之间的关系，他没有过多考虑陈寅恪是否能来李庄这个前提，用一腔热情，以中央研究院总干事的名义向陈寅恪寄去了史语所专任研究员的聘书。

叶企孙越过史语所直接为陈寅恪寄发专任研究员聘书的行为让傅斯年暴跳如雷，骂过之后，他提笔展纸，向叶企孙展开了讨伐：

> 弟绝不承认领专任薪者可在所外工作……自杏佛、在君以来，总干事未曾略过所长直接处理一所之事。所长不好，尽可免之；其意见不对，理当驳之……与此事有关院章各条文：组织通则第十条"专任研究员及专任副研究员应常在研究所从事研究"；第二条"本院各处所及事务人员之服务均须遵守本通则之规定"。此外，间接有关者尚多，故领专任研究员薪而在所外工作，大悖院章也！

叶企孙不愿与"太上总干事"纠缠，在傅斯年的愤怒和压力下，叶企孙最终还是给陈寅恪寄发了兼任研究员的聘书。

傅斯年胜了叶企孙，但是他却担忧陈寅恪那边是否会产生误会，得罪陈寅恪太太唐筼，是他不愿看到的事情。傅斯年火速修书说明："此事在生人，或可以为系弟作梗。盖兄以本院薪住桂，原甚便也。但兄向为重视法规之人，企孙所提办法在本所之办不通，兄知之必详。本所诸君子皆自命为大贤，一有例外，即为常例矣。如思永大病一事，医费甚多，弟初亦料不到，舆论之不谓弟然也。此事兄必洞达此种情况。今此事以兄就广西大学之聘而过去，然此事原委就不可不说也。"

傅斯年的担心，在陈寅恪那里，显然是多余的。在规章制度面前，自律甚严的陈寅恪从来未有逾越和践踏。在傅斯年的记忆中，也肯定忘不了抗日战争爆发前一年，陈寅恪写给他的那封信。陈寅恪的敬业态度和严格自律精神让傅斯年肃然起敬。

1936年春天，正在清华大学授课的陈寅恪收到了傅斯年请他赴南京参加史语所会议的通知和赴会的旅费二百元。在上课和请假赴会的选择上，陈寅恪表现了让人尊敬的"纲纪精神"。

陈寅恪答复傅斯年说：

……今决计不南行,特陈其理由如下:清华今年无春假,若南行必请假两礼拜,在他人,一回来即可上课,弟则必休息及预备功课数日不能上课,统合计之,非将至三礼拜不可也。初意学生或有罢课之举,则免得多请数日之假,岂知竟不然,但此一点犹不甚关重要。别有一点,则弟存于心中尚未告人者,即前年弟发见清华理工学院之教员,全年无请假一点钟者,而文法学院则大不然。彼时弟即觉得此虽小事,无怪乎学生及社会对文法学院印象之劣,故弟去年全年未请假一点钟,今年至今未请一点钟假。其实多上一点钟与少上一点钟毫无关系,不过为当时心中默自誓约(不敢公然言之以示矫激,且开罪他人,此次初以告公也),非有特别缘故必不请假,故常有带病而上课之时也。弟觉此次南行亦尚有请假之理由,然若请至逾二星期之久,则太多矣,此所以踌躇久之然后决定也。院中所寄来之川资二百元,容后交银行或邮局汇还。又弟史语所第一级主任名义,断不可再遥领,致内疚神明,请于此次本所开会时代辞照准,改为通信研究员,不兼受何报酬,一俟遇有机会,再入所担任职务。因史语所既正式南迁,必无以北平侨人遥领主任之理,此点关系全部纲纪精神,否则弟亦不拘拘于此也……

陈寅恪大师圣人的精神风范通过信件到达了傅斯年身边,傅斯年心中的一块石头在陈寅恪的文字中彻底放下了。陈寅恪告诉傅斯年,叶企孙寄来的专任研究员聘书,两个小时内即冒着暑热下山邮寄回去了。陈寅恪还换位思考,站在傅斯年的角度表示:"院章有专任驻所之规定,弟所夙知,岂有故违之理?今日我辈尚不守法,何人更肯守法耶?"

一场风波,就在陈寅恪的书信中平息。然而,陈寅恪那些真诚朴实的文字,却字字闪光,让七十多年后的我们心生感动和惭愧。

李庄,这块陈寅恪一生都未曾踏上过的土地,却记录了一个史学大师的精神节操。

十三

王叔岷是以北大文科研究所研究生身份来到李庄的,这个四川大学中文系毕业考试第一名的学生,背着一包沉重的古书,怀抱一张古琴,在板栗坳的蝉噪声中见到了傅斯年。

傅斯年一眼就看出了这个年轻人的"才性"。傅斯年的才性典出《世说新语》,即有史才,史识,悟性好。他问道:"你将研究何书?"

"《庄子》。"

傅斯年突然笑了。他不紧不慢地背诵起来。王叔岷吃惊了,他想不到,傅所长能把庄子的《齐物论》一字不漏地背下来。

在王叔岷的惊愕中,傅斯年又说:"研究《庄子》当从校勘训诂入手,才切实。"傅斯年的口气很严肃,聪明的王叔岷听出了警告的弦外之音。

王叔岷的发愤刻苦从此就加倍了。几年之后,这头初生牛犊就用《庄子校释》向庄子研究权威刘文典发起了挑战。

史语所之所以大师云集,人才辈出,和傅斯年的眼光和选拔用人方式有莫大的关系。傅斯年兼职北大文科研究所,其中一个目的,即是从学生中选拔人才,充实史语所。陈槃、张正烺、傅乐焕、逯钦立、马学良、李孝定、王明等人,都是他一手挑选出来的千里马。

傅斯年以燕京大学毕业的理由拒绝王世襄入史语所的时候,他没有想到这条站不住脚的理由是那样的弱不禁风,不堪一击。周一良,同样毕业于燕京大学,却在陈寅恪的鼎力推荐下进入了史语所。然而,陈寅恪誉为"清华近年学生品学俱佳者中之第一人"的张荫麟,却未能进入史语所的行列,陈寅恪的推荐也无济于事。

武汉大学毕业的严耕望也是想进史语所的人,但无人推荐,甚为苦恼。当他听人介绍说傅斯年为人正直,用人不重名望,只看真才实学,于是冒昧寄了三篇论文,毛遂自荐。不想很快就收到了傅斯年的回信,顺利地成了史语所的助理研究员。

在史语所的三个主任中,陈寅恪始终没有踏上过李庄的土地一步,而语言组赵元任,也和陈寅恪一样,遥领主任头衔。和陈寅恪不同的是,被称为汉语语言学之父的赵元任,却是在史语所迁李庄之前,举家迁往了美国。

陈寅恪被聘燕京任教,赵元任远走美国,史语所这幢学术大厦,只剩李济独梁支撑。就在史语所迁川同时,曾经跟随梁思永参加殷墟发掘,并以发现牛鼎和鹿鼎为学界瞩目的考古学家胡厚宣,又被顾颉刚、钱穆以齐鲁大学创国学研究所,所藏甲骨需整理研究所引诱,转投了齐鲁大学。

胡厚宣的改换门庭让傅斯年、李济、董作宾集体愤怒。傅斯年在致齐鲁大学的公函中毫不客气地警告:"至此后关于胡福林(厚宣)个人之行动,自与本所无涉,但在该员服务于贵校期间,若在贵校任何刊物内,载有本所未经发表之任何材料,自应由贵校负责,本所当采取适当办法办理!"

在李庄的艰苦和孤寂中,王叔岷以庄子为伴,方外神游,解脱无碍。两年中,他用《庄子》考校和十余篇文章作毕业论文,完成了庄子研究这个深奥复杂的课题。西南联大教授汤用彤和罗膺中两位导师自昆明寄题笔试,通过毕业,获得硕士学位。此后,王叔岷一鼓作气,以史语所助理研究员的身份继续校释《庄子》。二十多万字的《庄子校释》于民国三十三年八月二十日在李庄昏暗的煤油灯下完成。

当年在李庄的空坪里给他下马威的傅斯年所长,成了《庄子校释》的第一个读者。傅斯年脸上洋溢着笑意,他说:"我给你写个序推荐吧。"

王叔岷却不领情,他用"不用"两个字拒绝了傅斯年的好意。然而,所长脸上却看不出半点尴尬恼怒。他知道,史语所的研究人员,都是森林里独立生存的老虎狮子,独创性,是学术的生命,是他们追求的目标。所以,四年后,在中央研究院首届院士选举中,并非评议员,且只有三十三岁的中研院史语所助理研究员却挑战院士候选人、云南大学教授刘文典。王叔岷说:"刘文典先生之《淮南子》及《庄子》,校勘考据皆甚糟糕,并云傅先生如出席,必不推荐为候选人。"

王叔岷贬损的刘文典是学术界公认的狂人。作为研究庄子的专家,刘文典经常在西南联大的课堂上夸耀:"古今真正懂《庄子》的,两个半人而已。第一个是庄子本人,第二个是我刘文典,其他研究《庄子》的人加起来一共半个!"

刘文典的狂妄和自负,不知引起过多少人的反感。一个人的敌人,常常在自己口无遮拦的率性中树立。在李庄研究《庄子》的王叔岷,充其量不过是刘文典眼中"半个"中的一分子,可以忽略不计。

刘文典在西南联大时期完成了十卷本《庄子补正》,这本刘文典一生用力最多的校勘著作,出版之后即被学术界看重。刘文典认为:"前人校释是书,多凭空臆断,好逞新奇,或有所得,亦茫昧无据。今为补正一字异同,必求确诂。若古无是训,则案而不断,弗敢妄生议论,惧杜撰臆说,贻误后学而灾梨枣也。"

《庄子补正》的学术成就,通过陈寅恪先生为此书作的序言可窥一斑。陈寅恪说:"先生之作,可谓天下之至慎矣……然则先生此书之刊布,盖将一匡当世之学风,而示人以准则,岂仅供治《庄子》者之所必读而已哉!"

陈寅恪是一个有风骨和尊严的学者。如果仅凭友情,陈寅恪是不可能为一本名不副实的学术著作口出谀辞贴金粉饰的。当然,陈寅恪为刘文典的《庄子补正》作序的时候,王叔岷的《庄子校释》尚在腹中,陈寅恪无法看到一个后起之秀对庄子的理解和评价。这是时间的局限,亦是后人无法苛求的逻辑。

王叔岷人微言轻,他知道凭着个人的力量是无法阻止刘文典在中央研究院院士的道路上前行的。因此他必须抬出史语所所长傅斯年这尊大神。

远在美国治病的傅斯年,通过信件遥控,成了中研院院士选举的在场者。宽阔无边的太平洋,无法阻隔傅斯年的政治热情。他在写给朱家骅、翁文灏、胡适、萨本栋、李济等学界大腕并转各位评议员的信中,毫不掩饰他的观点:

> 候选人中确有应删除者,如刘文典君,刘君以前之《三馀札记》差是佳作,然其贡献绝不能与余、胡、唐、张、杨并举(所列五人为:余嘉锡、胡适、唐兰、张元济、杨树达)。凡一学人,论其贡献,其最后著作最为重要。刘君校《庄子》,甚自负,不意历史语言研究所之助理研究员王叔岷君曾加检视(王君亦治此学)发现其无穷错误,校勘之学如此,实不可为训,刘君列入,青年学子,当以为异。更有甚者,刘君在昆明自称"二云居士",谓是云腿与云土。彼曾为

土司之宾，土司赠以大量烟土，归来后，既吸之，又卖之，于是清华及联大将其解聘，此为当时在昆明人人所知者。斯年既写于此信上，当然对此说负法律责任，今列入候选人名单，如经选出，岂非笑话？学问如彼，行为如此，故斯年敢提议将其自名单除去。

傅斯年的神威，成了刘文典落选中央研究院院士的主要原因。而王叔岷的《庄子校释》，则为傅斯年的开火直接提供了杀伤力极大的炮弹，王叔岷的《庄子校释》，用了相当一部分篇幅批评《庄子补正》，一是版本涉猎没有作者声称的那么多，二是征引古籍错误层出。

1993年3月8日，八十高龄的王叔岷在台湾傅斯年图书馆里，为自己四十六年前出版的《庄子校释》一书的重印本撰序。这个时候的川大才子，已是满头华发，心如止水。抚摸着书上冰冷的文字，他突然想起了刘文典教授，想起了李庄。批评《庄子补正》的时候，三十一岁的自己端坐在史语所的办公室里，手中捧着傅斯年用金条换来的宋版古籍，而另一头的刘文典，则历经磨难，从北平来到了昆明。在西南联大的讲台上，他经历了丧子之病、国难之艰和流离之苦，在战时条件下艰难出版的《庄子补正》，则耗尽了他的精力。于是，王叔岷在纸上写下了这样的文字："《庄子校释》乃岷少年之作，用力虽勤，不过校释古书之初步尝试……《校释附录》二，有《评刘文典庄子补正》一篇，乃岷少年气盛之作，措词严厉，对前辈实不应如此！同治一书，各有长短，其资料之多寡，工力之深浅，论断之优劣，识者自能辨之，实不应作苛刻之批评……最后附录'评刘文典《庄子补正》'一篇则删去，少年气盛，明于人而暗于己，实不应对前辈作苛刻之评，常引以为戒。"

王叔岷先生回忆当年的时候，刘文典和傅斯年早已作了古人。尤其是1949年后留在大陆，历尽磨难，在"文化大革命"中惨死的刘文典，无法为了他的《庄子》再置一言。庄子研究，是这个一身傲骨的书生心中永远的痛。

刘文典落选了中央研究院院士，傅斯年和他领导的史语所，则成了这次选举的胜利者。在中央研究院选出的八十一名首届院士中，人文组几乎成了傅斯年的天下。当选院士的史语所成员，有专任研究员傅斯年、陈寅恪、赵元任、李方桂、李济、梁思永、董作宾、吴定良，兼任研究员有冯友兰、汤用彤，通信研究员有胡适、陈垣、梁思成、顾颉刚、翁文灏。二十八个人组成的人文组，竟有一半以上的院士同史语所直接或间接有关。

十四

在李庄人眼里，那些"下江人"都是一些神秘奇怪的人，他们的真实面目，总是藏在大雾笼罩的深山里，让人无法看清。

那一天，几条精壮汉子帮史语所抬一个大木箱子上山。那个木箱子用铁钉钉得严严实实，不知里面藏了什么宝贝。上那个五百级天梯时，前头的人不小心失了足，木箱子掉在地下，被坚硬的岩石撞裂了。李庄人看见，箱子里头装着的全是一些白骨，还有几个森森的头颅。

那天晚上有个抬箱子的人便做了噩梦，他梦见史语所的人，到处挖坟掘墓，他听见老祖宗说，"下江人"吃人，要把这些人赶跑，李庄才会安宁。

李庄人把上坝的营造学社、板栗坳的史语所和体质人类学所、门官田的社会科学所和羊街上的同济大学的人统称为"下江人"。"下江人"吃人的消息瘟疫一样蔓延。李庄人开始大多不信，后来他们看到了同济大学医学院的人体解剖课，中国营造学社的古墓测绘，史语所和体质人类学所收藏的大量人体骨骼，尤其是那次用木箱搬运殷墟出土的人头盖骨暴露，都让当地人的疑心如同夜色，日渐浓酽，无法化解。

最后，李庄人抓住了把柄。

最初，李庄人看见那些挑着菜担的人，走进了板栗坳那个有着一百〇八道朝门的栗峰书院，却总也不见他们出来。有好奇心重的人循着脚印走进去，只见道路曲折，像进了《水浒传》中祝家庄里的迷魂阵，半天都找不到出来的路径。李庄便有人断言，那些送菜进去的人，多半被"下江人"做了人肉包子。

同济大学驻扎的祖师殿年久失修，屋顶漏水。泥瓦匠便架了长梯，爬上屋顶补漏。那个泥瓦匠揭开屋瓦，猛然间看见同济大学医学院的师生，围着一个死人，开膛剖肚。

那天，有个摇着拨浪鼓的货郎来到了下坝，看见几个"下江人"追打一条大蛇，然后剥皮煲汤吃肉。

一系列让当地人惊骇的事情引发了李庄的恐慌。有一天晚上，山野里突然响起了锣声，每一个山头上，都回荡起让人心惊胆战的喊声："吃——人——啰——下江人——吃人——"

"下江人吃人"的喊声长了翅膀，迅速地从李庄传开了。天亮的时候，那些恐怖的消息竟然栖落到了长宁、庆符的境内。宜宾也感到了心惊肉跳。

"下江人"一夜之间就成了让人惧怕的魔鬼。为了驱鬼避邪，李庄家家户户，挂上了照妖镜，点燃起柏枝，跳起了傩舞。古老的李庄，一时间鸡犬不宁，人人毛发倒竖，不寒而栗。

事态空前紧张，宜宾专员也感到了事态严重，于是乘了下水船，迅速地赶到李庄，召集邻县县长、乡镇长和地方乡绅在李庄南华宫火急开会。

在一个外敌入侵治安不靖的战乱时期，武力成了治乱的唯一选择。宜宾专员下令，各县武装联防，加强监控，若有不测，立即武力镇压。

李庄区党部书记罗南陔突然站起来，表达了反对的意见："容我一言，颁布的处理意见，愚下反对！"

南溪县长没有料到下属的官员竟会提出反对的意见，愣了片刻之后，满脸怒容地站了起来，指着罗南陔呵斥："放肆！"

罗南陔是个见过世面的人，他没有被上司的威严吓倒，仍然不慌不忙地说："谁见过'下江人'吃人？"看见参加会议的人面面相觑，罗南陔又说："李庄人看见牛肉馆门前堆着牛骨头，猪肉馆院坝里堆着猪骨头，又看见研究院、同济大学里的人骨头，就以为研究院的人吃人。乡下人没读过书，无知识，脑子糊涂。我看不如把研究院的人骨头展出来，让他们看个究竟，消除他们的猜疑。"

罗南陔不愧是个读过书的文化人，有见识。他的话引起了傅斯年的共鸣。傅斯年站起来，兴奋地说："好主意！我赞同罗党部书记的高见，组织一个科普展览，让大家都晓得研究院是干什么的！"

傅斯年的附议得到了大家的一致认同。一场科学普及展览会，就在这个会上萌芽了。

为了这场史无前例的科普展览，史语所进行了精心的准备。文物大都是现成的，只需陈列和讲解。文物科普展览的海报贴满了李庄，海报还插上翅膀，飞到了南溪、宜宾。一时间，前来看热闹的人不论远近，跋山涉水来到了李庄。

开展的那天是个好日子，傅斯年把它定在了中央研究院成立十三周年纪念日的那天。董作宾主持了展览开幕仪式，社会科学研究所所长陶孟和与体质人类学家吴定良先后上台，给那些好奇渴望的李庄乡民介绍了研究院的性质、工作方法以及研究人类骨骼的目的、意义、方法。在董作宾、李济、凌纯声、梁思永的解说中，人类进化的历史和人类文明遗迹一一通过实物在观众眼前展现。

文物科普展览成了李庄历史上最为轰动的事件。《中央日报》和《新华日报》这两张分别代表了不同政党的报纸发了消息。参观者从成都、重庆、泸州、乐山、南充等遥远的地方赶来，曹禺、欧阳予倩等流寓在外省的文化名流也跨越千山万水，来到了李庄。

李庄古镇，与重庆、昆明、成都并列四大文化中心，成了战时中国最具世界影响的人文中心，李庄的大师们，李庄的文物科普活动，为李庄的知名度插上了翅膀。战火纷飞中，那些来自海外的信件，省略地址，只需写上"中国李庄"这个地名，便不会迷路。而李庄寄往世界各地的邮件，也只需标明"中国李庄"这个乡土符号，便可准确栖落在异国的土地上。在日本侵略者烧杀掳掠的残暴中，几于熄灭的中华文明，在这片隐秘的乡土上保存了一星火种。

李庄人眼中的迷雾，被身边的文明和科学吹散了。站在脚下这块狭小的乡土上，他们第一次看到了世界，看见了历史。"下江人"身上的面纱，被科学的大手一层层揭开。

1941年6月9日举办的文物科普展览如同原野上的春风，它点燃了李庄此后科普展览的野火。类人猿化石和模型、殷墟殉葬人骨骼、甲骨龟片、鹿头骨文字、古代兵器、战车模型、历代衣冠服饰、甲胄、民族服装、外国进贡表章、贡品等展览，通过史语所、社会科学所的学者之手更充分地展示出历史的真实面目。中央博物院展出了石刀、石斧、骨环、骨针、鼎、盨、簋、觚等石器骨器和青铜器。同济大学医学院用人的尸体、图表、生化、药物等展示了人体的奥秘和生命的图谱。

"文化大革命"的时候，我还是一个小学生。由于学校不再上课，我便整天在外面疯玩。有一次，我同几个顽皮的伙伴在一个学校发现了一具浸泡在药水中的尸体。我们不断用长木棍打搅那个已经没有了知觉的死人，然而，一个小学生是无法破译人体的秘密的。晚上，我噩梦连连，不断惊醒。那个时候的我，似乎被1941年的李庄人灵魂附体。鬼，一直是我少年时期的一个噩梦，那个时期的科学，还没有走进我的心里。

写下这个句号的时候，我读到了《南方都市报》上有关"气功大师"王林的披露。这个让刘志军等高官和众多名人崇拜的"气功大师"，让媒体和群众揭开了诈骗、非法行医、介绍贿赂的画皮。一场普通的科普就可以让其现行的骗局，竟然可以以一顶"大师"的帽子招摇过市。

十五

明清大内档案的出现，被史学界称为20世纪四大发现之一。它和殷墟的挖掘、居延汉简的整理、敦煌百窟的发现并驾齐驱，成为史学研究的重要宝库。

一个人的命运，常常充满了不可预见的变数。李光涛的一生，如果不是与一堆已经死去了的纸页结缘，很可能平淡无奇，甚至暗淡无光。

诏令、奏章、则例、贺表、卷案、实录、殿试考卷以及种类繁多的各种簿册，是一个王朝的轨迹，更是一个国家中枢活动的记录和见证，也是国家机器出身正统的根据。然而，在一个王朝没落的时候，它的所有意义和重要性就像空中的柳絮一样，无足轻重。

晚清内阁大库档案的命运，终结于清王朝灭亡的前夜。宣统二年，存放档案的内阁大库再也经不起了风雨侵蚀，大学士张之洞看到了内阁大库的风雨飘摇，他预见到了皇家档案即将成为废墟的命运，于是奏请朝廷，允准销毁。但是参事罗振玉却建议将档案移交国子监保管，于是八千麻袋的皇家档案得以在世间苟延残喘。

改朝换代之后，傅增湘和陈垣分别出任了中华民国的教育部长和教育部次长。版本学家傅增湘和历史学家陈垣都喜欢考据，这批重要的大库档案经过他们挑选之后，一部分被北京大学分去，其余的藏于历史博物馆。然而，改朝换代并没有给这些文物带来好运，几年后，这批档案被历史博物馆视为废物，以四千元的价格贱卖给了同懋增纸店。眼看这些档案即将成为纸浆，罗振玉又以一万二千元的价格将它们购回，暂时寄放在商部。随着商部从故宫迁出，它们又面临着无家可归的命运。天津的李盛铎听到了日本人有意购买这批大库档案的消息，于是他就抢在日本人之前，以一万六千从罗振玉手中买入，成了它们的又一任主人。由于条件所限，李盛铎将这批文物分放在北京和天津两处地方。

史语所，最终成了这批档案的救星。1928年，史语所的成立是这批档案的福音。眼光独到的傅斯年认为："此事如任其失落，实为学术上之大损失，明史清史，恐因而搁笔。且亦国家甚不荣誉之事也。"在蔡元培的支持下，史语所出资两万元，让这批岌岌可危的文物找到了最后的归宿。

这个时候，李光涛这个名字才有了意义。1929年，李光涛应聘以书记员的身份进入史语所，从此与这堆故纸陪伴终身。而李光涛呢，则在这堆霉变腐烂的经卷中看到了历史的真相。那些一般人看不到的绝世风景，成了李光涛青灯黄卷岁月的乐趣。李光涛说：

> 我把一些烂册取下来，一本一本地检查，有的真正无法揭开的就算了，有的也可以揭得一二页如三藩史料，也是可喜，便即编入《明清史料丁编》了。最令人高兴的是，当为迟起龙回书稿，是用高丽纸写的，叠成数叠，夹在烂册中，取出一看便轻易揭开，依然无恙。相反，如用其他纸张写的，水湿以后，就与烂册结为一体同归于尽。所以有些重要文册，都因此被永远埋没了。

每一个发现，都是李光涛在历史中捡到的珠宝。那种喜悦与欢欣，是常人体会不到的。一点蛛丝马迹，都让他眼睛发亮，心头鹿跳。李光涛在档案记录中读到清兵在山海关与流贼大战一天，"从辰时到酉时接连打了十几个回合，杀死流贼无数"，并有"大获奇捷"的奏报。这些文字证实了山海关之战是在四月二十一日清兵尚未增援之时已夺得胜利。《明史·流贼传》中多尔衮与李自成山海关之战"四月二十二日一战摧之"的记载其实是胜利之后的捷报。一天之差，历史却是两种面目。

受洪承畴"大节有亏"的误导，郑成功的身上蒙上了一层暗淡。李光涛用细心和严谨，发现了郑成功真实的一面，复原了一个大义凛然、誓不投降的英雄形象。李光涛说："顺治十年，清人因东奔西劳，兵力不济，决心与郑成功休兵讲和，以若干迁就之意动摇其心。殊不料郑成功唯知以'大明'为第一，尽忠不能尽孝，故其讲和大计，始终坚持'不剃头，不变衣冠'。顺治十一年十二月福建巡抚佟国器奏本，奏内描写郑成功之大节，有凛然不可侵犯之意。奏本云：'郑成功不受诏，不剃头，其意如山。'寥寥十三字，读来不禁为之肃然起敬。"

不知不觉，李光涛在清朝的大库档案中埋首了四十多年，他也完成了一个档案管理员到专任研究员和明清史学家的角色转变，他成了史学界公认的档案派代表人物，和正史派、野史派一同分享历史研究的丰硕成果。

由于缺乏印刷条件，李光涛在李庄六年的研究成果直到20世纪50年代之后才在台湾印刷完成。《明清史料》和《明清档案存真选辑》，凝聚了李光涛的汗水。它让后人看到了一个时代学术研究的身影。

《六同别录》，是史语所在李庄出版的唯一一部书。这本书的出版，创造了李庄历史上的一个奇迹。傅斯年用他的魂力完成了一个几乎不可能实现的任务。

《六同别录》为一套上中下三册的线装书，粗糙的毛边纸，每册一百五十页左右。石印，是这套书在当时的李庄别无选择的唯一印刷方式。

石印，这个动词在科学进步印刷业发达的今天，几乎是一个冷僻的想象。作为一个从毛泽东时代走过来的人，我对石印有着非常深刻的理解。我的少年时期，每天放学走过一条曲折狭窄的石板小街，我总要在那个石印作坊门口停下脚步，看那些工人在光洁的石板上一张张地铺纸，用棕刷在上面覆压，揭下来便是一张最简单的印刷品。这种出自手工的原始印刷品，没有图案，只有单一的颜色。20世纪70年代末期的基层政府的告示，无一不是出自那些笨重的石版和廉价的人工。那些醒目的宋体大字，是一个时代的独特标记。

《六同别录》的书名无法让我们窥视到纸页上的内容，《六同别录》其实是一套论文集，是史语所的研究人员在抗日战争极端艰难困苦的年代的学术研究成果。全书共收入董同龢、石璋如、周法高、李济、董作宾等人的二十七篇论文，涉及历史学、考古学、文学、语言学、民族学、民俗学、人类学等方面的内容。书中的每一个文字，都带着书生们的体温，伴随着抗日战争胜利的曙光，也是学术大师们与李庄告别的一种特殊方式。

《六同别录》没有任何装饰，它的朴实如同乡间无人耕作的田土，上面留着太阳走过的影子。《六同别录》的封面上，直接印着论文目录，现代印刷品所有让人赏心悦目的形式都与《六同别录》绝缘。

史语所所长傅斯年作于民国三十四年一月的序言，用"编辑者告白"的名义诠释了《六同别录》这个书名的全部秘密。

> 这一册何以名《六同别录》呢？其实这里面的论文，都是可以放在集刊里的，因印刷技术之故，单提出来，故曰别录。六同是萧梁时代的郡名，其郡治似乎即是我们研究所现在所在地——四川南溪的李庄镇——或者相去不远。其他的古地名，大多现在用在邻近处，而六同一个名词，颇近"抗战胜利"之意，所以就用了它。我们信顾亭林论文格的话，不取古地名的，独之乎我们不取古文一样，但是，总要有个标识，所以便用萧梁的一个古地名作为标识，更没有其他任何意思。

印刷业的进步让石版印刷成了博物馆里的遥远展示，当年那家与《六同别录》结下了缘分的石版印刷作坊，早已被岁月冲洗干净，不留痕迹，后人再也无法在李庄找到它的蛛丝马迹。岁月漫长，房屋会倒塌，生命会消失，连坚硬的石头都会化为灰烬，只有文字依然活着，让另外一个时代的人，看到了它的音容笑貌。

分为上中下三册的《六同别录》，面目简陋，形式上毫无巨著的光彩，二十七篇学术论文，它的作者以这样一个顺序缓缓出场：董同龢、石璋如、周法高、张政烺、李济、董作宾、屈万里、高去寻、劳干、逯钦立、何兹全、傅乐焕、王崇武、芮逸夫、马学良。以如今世俗的眼光，我们无法找到年龄、职务、姓氏等排名的理由和根据。民国时代的大师们，他们独创的学术秩序榜单上，毫无人间烟火的气息，只有学术的风骨，在民国的风中，旗帜一般猎猎作响。

岱峻先生认为："如果把这些论文视作提纲，后来几乎全部成了那个学科具有开创性奠基性的学术著作，而每一个作者，就是那个领域领军的大师。"

《六同别录》的问世，是和发行量、码洋等如今印刷出版业这些衡量指标无关的。这套书的印数，从作者只能领取有自己论文的一册以及所有赠书均须所长傅斯年或代理所长董作宾签字批准的严格规定中可以猜测和判断。任何一个时代，即使是印刷业空前繁荣的当下，印数有限，市场难觅踪影的著作，也许是真正有价值可以留传的经典。

在《六同别录》中，高去寻是少数几个只收录一篇论文的作者，他那篇《评汉以前的古铳之研究并论淮式之时代问题》，显然是我们这个时代陌生的命题。关于这个陌生的名字，我在资料中看到了人品的冰山一角。

高去寻是考古学家梁思永的弟子。李庄时期，梁思永抱病工作，完成了安阳西北冈考古发掘报告第一章至第七章的初稿。史语所迁到台湾之后的1954年，梁思永去世，高去寻被史语所委托整理梁的遗稿。高去寻以一种庄严和神圣的态度接受了这个任务，历时十八年，将梁思永生前的八十四页草稿——十五页表格和一百四十页大小草图组织成了八巨册、一千一百六十四页、九百三十九幅图版的考古学报告。这部学术报告的篇幅，是梁思永原稿的八十倍。在这部巨著的扉页上，署名梁思永未完稿，高去寻只是以辑补的身份出现。九泉之下瞑目了的梁思永先生，他一定会认为，高去寻，是他最好的学生，是中华学术最合格的传承人。

一个学者，其学术著作的数量，往往不是证明水平和成就的唯一标准。一个人的风骨，往往撑起了一面不倒的人格大纛。

十六

1937年初，李济以中央研究院历史语言研究所考古组主任、中央博物院筹备处主任的身份应邀到欧洲讲学。这个哈佛大学的人类学博士，因为数次安阳考古发掘赢得了国际声誉，被正在英国伦敦大学研究院学习考古学的几位中国留学生热情追随，曾昭燏，正是其中的一个崇拜者。

无论是李济，还是曾昭燏，他们都没有想到，为了中国历史考古的脚步，他们的脚印，数年后，在李庄交汇。

曾昭燏是随着中博院的迁徙来到李庄的。两个月后，她就被中央研究院任命为中博院总干事。对于曾昭燏的职务任命，中博院主任李济是最高兴的人。李济的高兴在于，他的工作，从此有了一个得力的助手。李济的放心和期望是有根据的。早在曾昭燏回国之前，李济就看过她那部得到过导师叶慈赞许的学术专著《中国古代铜器铭文与花纹》。1938年9月放弃伦敦大学考古学院助教的诱人条件回国之后，曾昭燏同吴金鼎、王介忱一起组织了大理考古发掘团，通过对马龙、佛顶、中和、龙泉等遗址的考察，取得了重大成果。先后有新石器时代至汉、晋和南诏大理国时期文化遗址三十八处，南诏古墓十七座首次进入考古视野，并用苍洱文化的命名，有力地"证明此次在大理之发现，实代表一特殊系统之史前文化，似可与黄河流域之仰韶、龙山两文化并列"，"足证其与中华远古之其他文化有相当关系"。苍洱文化的考察成果，最后凝成了曾昭燏、吴金鼎、王介忱联合署名的《云南苍洱境考古报告》一书。

曾昭燏踏上李庄的土地不久，史语所、中博院、中国营造学社三家就联合组织了川康古迹考察团，曾昭燏成了这个考察团中的重要一员。在川康古迹考察团考古第一站的彭山江口镇汉墓现场，曾昭燏写下了《永元残墓清理报告》。

由于中博院总干事的身份，曾昭燏要协助李济分管中博院的日常事务，于是提前回到李庄。中博院绘图员索予明是当时单位里的年轻人，在他的印象中，曾昭燏是一个非常称职的人。"曾小姐好学，也鼓励下属用功，她中午不休息，教我们英文。李霖灿先生曾形容她的教学：'真是讲得好，原原本本，清清楚楚，首尾贯串，左右逢源。我们也知道她教得好，教得认真，但对我们而言真是苦不堪言。'"十几年后，索予明到了台湾，在回忆李庄的岁月时，他对曾昭燏的评价超越了时光和台湾海峡的苍茫，让后人肃然起敬。"我的顶头上司曾昭燏小姐，她是一位工作十分认真的主管……她学识好，能力高，受到傅斯年赏识，礼聘进入中博院。三十八年抵台，胡适之先生到了台中，就询问：'曾小姐来了没有？没有来，好可惜，那是个人材啊！'这是大家对她的评价。我认识的曾小姐：干练，有抱负，外文好，工作严肃认真。我们尊敬她又怕她，跟她在一个办公室里工作，除了跑厕所，差不多都坐在位子上工作，一点都不敢偷懒马虎。曾小姐也是位考古学者，她的考古工作做得十分出色。"

曾昭燏和李济合著的《博物馆》一书出版于李庄时期，这部建立在曾昭燏在柏林国家博物馆和慕尼黑博物馆两次实习报告基础上的学术著作，是西方经验与中国实际情况比较之后的思考。作者认为，中国历史虽然悠久，有丰富的文献，但由于科学技术落后，文物收藏只重实物，缺乏民众层面的展示。18世纪的欧洲各国确立了博物馆为大众服务的方向，而晚清时代的中国，文物仅仅是少数人手中的玩物。通过博物馆、科学馆的展示启发民智、教育民众，是曾昭燏、李济《博物馆》这本著作所表达的思想。

不仅是合作著述，在日常工作中，曾昭燏和李济以各自总干事和主任的职务身份达到了最大的默契。两个投身于博物馆事业的知识分子，犹如竞渡龙舟上的鼓手和舵手，他们的密切配合让中博院的研究工作乘风破浪，飞速前进。然而，男女之间的性别和合作的和谐为他们招来了无法证实的流言。

曾昭燏终生未嫁，她是一个自觉的独身主义者。在她人生的天平上，学问和学术的追求已经超过了婚姻和家庭的重量，在这个俗世中可以并行的多元人生元素中，曾昭燏却做出了非此即彼的单一选择。

任何男女之间的绯闻，都是长了翅膀的乌鸦，它的传播，是绯闻的当事人所无法控制的。傅斯年一贯轻视博物馆工作，李济在学术上同傅斯年出现分歧是必然的。一贯对别人要求严格的傅斯年当然不会容忍影响研究的私人情感，但他的正直让他坚守了证据和事实的原则，他并未公开指责过曾昭燏和李济。倒是数十年之后，李济之子李光谟先生在接受《发现李庄》一书的作者岱峻的专访时，以令人信服的分析隐隐约约还原了一段历史：

> 关于李济和曾昭燏的事，有人传过，后来中博物、史语所也传过，傅先生的一份已公开的日记中好像也影射过这件事。当时这种传言，也闹到母亲那里了。母亲很生气。曾先生人长得也不是很漂亮，老小姐一个。我父亲至不至于跟她有什么不轨的事，我很难想象。这桩事我以为有点不正常，恐怕有人际关系的纠葛在里面。曾先生管事很多也很细，不清楚的都要问，因此会开罪一些人。她当时四十上下，父亲也就五十岁左右，他们谈工作的时候不一定都在大庭广众之中，

有时需要在办公室谈,比如研究人事之类的事。就有人风言风语……李庄张家祠那个地方,百鹤门窗,人在外面往里看,什么都一览无遗。

战时的爱情,是最不容易开花的。尤其是在李庄,在李济、曾昭燏这样恪守"无欲无恶,无始无终,无近无远,无薄无浅,无古无今,兼陈万物而中悬衡焉"古训的正直知识分子身上,男女之情,缺乏发芽的雨露阳光。

这些在当今时代看来迂腐保守的行为,属于民国时期独有的一种价值和精神,后人可以不屑,但是我们不能不信。我曾经在刘仰东先生编著的《去趟民国:1912—1949年间的私人生活》中去了一趟民国,我看到了一个凄美动人的故事。

抗战期间,曹聚仁作为战地记者,跑遍了大半个中国。一天深夜,他在皖南一个小镇的饭铺和伙计攀谈,伙计说镇上没旅馆,楼上有一个房间,只能和别人搭铺,曹也只能答应下来。他后来回忆说:"房中有两张床,右边那张床,住着中年妇人,带着一位十六岁少女……我走得很疲乏,吃了晚饭便睡了。哪知到了半夜,那妇人一定要她女儿睡到我的床上。那少女一声不响,真的睡到我的身边来了。也就糊里糊涂成其好事了。后来,我才知道她们欠了饭店六块大洋,身边又没一文钱,只好听伙计的安排,走这么一条路了……第二天早晨,我便替她俩付了房钱,叫了一辆独轮车,送她俩上路,还送了十块钱。她俩就那么谢了又谢,把我看作是恩人似的。临别时,那妇人暗中塞给我一方手帕。我偷偷地看了,原来是猩红血迹的白手帕,我当然明白是什么了。"晚年,曹聚仁在回忆之余总结说:"希望读者不必用道学家的尺度来衡量这一类的课题;在战时,道德是放了假的。"

曾昭燏出身名门,她是曾国藩的弟弟曾国潢的曾孙女。作为湖南老乡,中国共产党的领袖毛泽东谈及对知识分子的改造和使用政策时曾说:"曾国藩的后代,还有个叫曾昭燏的。"由于她1949年国民党政权逃往台湾时坚定选择留存大陆,又同社会所所长陶孟和等人在《大公报》联名发表公开信,呼吁将已运往台湾的文物运回大陆,被毛泽东主席认为是可以教育好的子女。

中国人用漫长的八年时光赢得了抗日战争的胜利,李庄的日子在日本侵略军萎靡的白旗中结束。1946年10月,中博院迁回南京,中央研究院历史语言研究所考古组主任李济辞去了他兼任的中博院筹备处主任职务,此后又去了台湾。中博院的工作,更多地落在了一个女性的肩上。幸好曾昭燏并不懦弱,她有着超越性别的政治选择和锐利眼光。这个时候,天堑一般的台湾海峡,让她和李济从此天各一方。

1948年南京国民政府南迁台湾,让家族的血缘在海峡两岸断流,亲情撕裂的疼痛,曾昭燏最早感受到了悲伤。曾昭燏和二哥曾昭抡、妹妹曾昭懿留在了大陆,而她的另一个哥哥曾昭承、妹妹曾昭楣却去了台湾。还有俞大维,这个同傅斯年、陈寅恪有着亲缘的表哥,也坚定地远走他乡。1958年,金门炮战,曾昭燏配合南京军区,参与电台向国民党军喊话攻心,而敌方的金门前线,亲临指挥的正是台湾"国防部长"俞大维。在血肉横飞的炮战中,曾昭燏和俞大维这对表兄妹,也许想起了1940年9月的一幕。"与俞大维夫妇及兵工署等三十余人同至龙泉镇,大家聚于傅斯年、俞大綵家,共度中秋大会。下午众人散去,四哥(大维)、六哥(俞大绂)、叔兄(昭抡)、浸妹(昭楣)等均留下,聚谈甚欢,四哥健谈特甚。"抗战时期曾昭燏日记中温馨欢愉的一幕,如今化为了刀光剑影,你死我活。数年过去,傅斯年棺木已拱,而俞大维呢,则已成了"人民公敌"。

1951年的南京,曾昭燏被新政府任命为南京博物院副院长,三年之后又升任院长。政权变了,但是她工作的性质未变,野外考古,主持古陵墓发掘,撰写研究论文。曾昭燏担任院长之后,立下过一条院规:凡是从事文物工作的人员,尤其是做考古工作的,绝对不准私人收藏古董。立这条院规的时候,台湾海峡森严的政治壁垒已隔绝了她和李济的一切联系,但是,学术的精神未绝,她制定的这条院规,却有着精神的源流和传统。1929年,李济上任史语所考古组主任的时候,他同考古组的同人约定:一切出土文物属于国家,个人不能收藏文物,且终生不渝。在这些关系到精神、人品的原则上,政治、时间乃至政权更迭,都无法在正直的知识分子身上留下差异,那些永恒的东西,轻而易举就跨越了台湾海峡。时光是最好的证明,李济、曾昭燏去世之后,他们的遗物中,没有一件文物古董。

针对曾昭燏要求将运往台湾的文物运回大陆的公开呼吁,远在台湾的李济却是另一种截然不同的态度。李济用公开宣言的形式针锋相对:"你们说这批东西应该运回大陆,意思是运到台湾去就不是国内了?我们又没运到国外去。我工作了一辈子,经过的事太多了。一件事是战后被国民党政府派到战区查询日本人抢掠的东西,到了长春。我可知道,俄国人进到长春去解放长春抓走溥仪的时候,伪满洲行宫即溥仪宫殿里头,北京故宫最珍贵的东西都在那里,全部一抢而空。这个账可是怎样算?另一件事,历史上曾老九打南京的时候,屠城三日,不但杀人,金银财宝满地都是,文物也是。南京太平天国掠了好多民间的财物,最后一概都被曾老九抢走了——这是有所指的,陶先生那篇东西,你曾昭燏可签了字!"

李济的宣言,曾昭燏是无法回答的。李庄,已经走远了,李庄的一切,只在记忆中存在,它在骨头上刻着。1950年12月20日,傅斯年在台湾去世,消息漂洋过海到达南京,曾昭燏被这个晴天霹雳击倒了。悲伤不已的曾昭燏,立即掩上了办公室的门,眼泪,瞬间就流成了李庄的那条小河。

中华人民共和国成立后,和曾昭燏一样选择了留在大陆的陈寅恪教授写过两首沉痛的悼亡诗。一首用隐晦曲折的语言表达了对傅斯年的悼念:

不生不死最堪伤,犹说扶余海外王。
同入兴亡烦恼梦,霜红一枕已沧桑。

另外一首诗则是对曾昭燏的哀伤和追挽:

论交三世旧通家,初见长安岁月赊。
何待济尼知道韫,未闻徐女配秦嘉。
高才短命人谁惜,白璧青蝇事可嗟。
灵谷烦冤应夜哭,天阴雨湿隔天涯。

曾昭燏的母亲是陈寅恪的姑妈,而傅斯年则是陈寅恪的嫡亲表妹夫,加上陈寅恪同俞大维表弟兼妹夫的关系，这些错综复杂的血缘亲情让陈寅恪的悼亡诗深沉悲伤，外人无法感受到文字中的血缘痛楚。

曾昭燏是在政治的高压之下于1964年12月22日跳灵谷寺塔自杀的。噩耗被遥远的路途阻隔，陈寅恪次年才得知她的死讯，所以此诗的标题用了"追挽"一词。作为一个破译历史的大师，陈寅恪早已洞穿了人世的未知。他在《元白诗笺证稿》中为曾昭燏的人生结局作了注释："值此道德标准社会风习纷乱变易之时，此转移升降之士大夫阶级之人，有贤不肖拙巧之分别，而其贤者拙者，常感受苦痛，终于消灭而后已。"

十七

与李庄擦肩而过的陈寅恪用两首悼亡诗证实了自己的身份，他是史语所唯一一个未踏上过李庄土地的大师。而傅斯年、李济、梁思成、董作宾、高去寻、董同龢、王叔岷、石璋如、梁思永等书生们，却将名字刻在了李庄坚硬的石头上。

留别栗峰碑以一种不屈的昂扬气势生长在李庄板栗坳牌坊头，碑上的文字让坚硬的石头开出了中华学术的璀璨花朵。董作宾用他最擅长的甲骨文书写了"山高水长"的碑额，陈槃撰写碑文，劳干一丝不苟地手书了所有凝聚了李庄六年时光的汉字。字里行间，那些汉字的布局像收复之后的河山一样秀丽端庄，让人心生敬仰。

1946年5月1日，这个日子已经无法寻找到天气、温度的蛛丝马迹，但留别栗峰碑刻碑的那一瞬间，却永久地记录在了山河大地上。六十多年过去，碑上的文字依然鲜活、庄重、历历在目，它让历史刹那间就回到了我们面前："今值国土重光，东迈在迩。言念别离，永怀缱绻。用是询谋，佥同醵金伐石，盖弇山有记，岘首留题，懿迹嘉言，昔闻好事。兹虽流寓胜缘，亦学府一时故实，不为镌传以宣昭雅谊，则后贤其何述？"

五十三个立碑者，以"国立中央研究院"历史语言研究所同人的名义，向李庄表达了他们的情感和敬意。傅斯年、李方桂、李济、凌纯声、董作宾、梁思永、岑仲勉、丁声树、郭宝钧、梁思成、陈槃、劳干、芮逸夫、石璋如、全汉升、张政烺……他们在李庄的山野里排列成一道学术的风景。纪念碑立起的一刻，所有人的心都跨越了千山万水，飞到了南京。他们都在等装船的通知，等待启程的日子。

罗筱蕖，是立碑者之一。这个土生土长的李庄女子，当年史语所子弟小学的教务主任，嫁给了比她大十二岁的史语所助理研究员逯钦立。罗筱蕖的父亲是李庄区党部书记，这个开明的乡绅，支持了女儿的爱情，让他的女儿，成了第一个嫁给"下江人"的李庄女子，也成就了传统、保守的李庄历史上的一件盛事。

限于篇幅，我没有罗列留别栗峰碑立碑者的全部名字。那块不朽的石碑上，还有李光涛、杨志玖、王志维、汪和宗，他们都在逯钦立的爱情后尘中成了李庄人的女婿。爱情，是甜蜜的，但战时的爱情，李庄的爱情，却有复杂作了甜蜜的拦路虎。李庄人对书生们的担心不是多余的，他们在老家有无妻室，人品如何，何时远走高飞，都是他们的忧虑。傅斯年所长开始也不赞成他手下的书生们在李庄遭遇爱情，他担心错位的时空酿成年轻人未来的悲剧。后来他思想通了，便积极地为弟子们牵线搭桥。在写给罗南陔的族侄罗伯希的信中，傅斯年成了逯钦立爱情的浇花人：

> 助理研究员之资格，依法律所规定，等于大学之专任讲师。然中央研究院之标准，远比各大学平均之程度为高，此时敝所助理研究员就业大学者，至少为副教授。此一职业，在战前颇为舒服，今日所入几夷为皂隶，弟亦如此也。若在战事结束后，固不宜如此，惟值此遽变之世，一切未可测耳。彼于八代文字之学，造诣甚深，曾重辑《全汉晋六朝诗》百卷，用力之勤，考订之密，近日不易得之巨篇也。惜此时无法在后方付印耳。一俟抗战结束，此书刊就，逯君必为国内文学界中知名之士无疑也。

傅斯年还通过查阅档案及写信调查，为逯钦立未有婚娶作了负责的证明和保证。为了慎重，并能让罗南陔信服，傅斯年还让张政烺、傅乐焕、王明、劳干等人签名，证明逯钦立"年逾三十，尚无家室，以上所具，确系实情"。

战时的爱情，不仅甜蜜，而且坚硬、防腐、不会变质。时光翻过了七十年，历史的影子依然清晰。那一天，我走进了民国，在李庄板栗坳的土屋里，听到了婚庆的唢呐声，我看到了新娘罗筱蕖桃花一般的面孔，听到了她的四川口音……

抗战时期的李庄，是中国文化学术的中心，它由许多闪光的细节组成。1946年10月6日，史语所正式启程。在立碑到启程的半年中，史语所花费数十万元津贴，将他们租用的七处民房装修一新。这是六年中的最后一个细节，它的骨头和石头一样坚硬。

以"大师"的名义命名一个古老偏僻的乡村，李庄当得起这个荣誉，李庄的经历在中国近代史上是独一无二的。大师的村庄，从一群书生的醉酒开始，到一群读书人的酩酊结束。酒，是李庄成为大师群落的一个引子，也是李庄中外闻名的必然。

在兵荒马乱的南迁途中，民国四十八年冬天史语所考古组的李济、刘耀、王湘、郑延禧、石璋如、李景聃等人在长沙清溪阁酒馆中以酒痛国难卜前程的那场烂醉，是李庄成为大师的村庄的前奏和预示。而1945年8月侵华日军宣告投降，抗日战争最终胜利的喜讯，则让李庄沸腾，彻夜狂欢成为了结束，画上了一个硕大无比的句号。所有的酒，都在一个激动的瞬间溢出了大小容器，点燃了中国人内心沉积了八年的火山。

李庄所有的酒都出动了，南溪、宜宾甚至远在下游的重庆，每一滴酒倾巢都出发了。酒引领李庄人的欢呼和激情找到了发泄的出口。《发现李庄》一书的作者岱峻先生，日后用笔追述了那个让李庄终生难忘的场景：

> 平时里，烟酒不沾的先生们，这一天破戒了。他们开怀畅饮，用"包谷烧"浇化胸中的块垒。他们在大街上趔趔趄趄，手舞足蹈，被人搀扶着，手里捏着那张不知看了多少遍的传单，嘴里喊着口号，或唱着语不成调的救亡歌曲，一任枯发在热风中燃烧，一任苦泪在脸上纵横。
>
> 八月的李庄坝子，飘荡着禾香。有人坐在稻田埂上哭泣，把头深埋在稻丛里，他一定是想起了荒芜了的家园和离散的亲人。
>
> 很多人赤脚去蹚三江碛。三江碛是旧时李庄八景之一，也是战

时"下江人"来时的路。长江撼动着桂轮山的影子，几分悲壮，几分凄凉。芦苇深处，响着哗哗涛声。鸿雁春去秋来，转眼六个轮回。

正在重庆中央研究院总部开会的傅斯年，那一刻正躺在床头看书。在震耳的鞭炮和狂欢的口号声中，这个长期被高血压病折磨、不能饮酒的山东汉子，立刻拿出一瓶白酒，冲到街上，一路狂饮，一路欢庆。喝醉了的傅斯年，游荡在重庆街头，拥抱亲吻他遇见的每一个人。抗日战争的胜利，让这个学富五车的学术当家人忘掉了一切。

傅斯年醉倒在重庆，而他的夫人俞大綵带着儿子傅仁轨，却在李庄板栗坳的农舍里望眼欲穿。家人等待他带回的喜讯。

那一场喜悦的酒，一直香在李庄，香到了现在，香到了后人的心里。